Minerva Shobo Librairie

まちづくりによる介護予防

「武豊プロジェクト」の戦略から効果評価まで

平井 寛/竹田徳則/近藤克則
[著]

ミネルヴァ書房

まえがき

　2000年4月の介護保険制度開始から，高齢化の進展に伴う要介護者と介護サービスの需要増加を背景に介護給付費は膨張し続け，この膨張を抑制するための対策が求められた。介護保険制度は制度として当初から5年ごとの見直しが予定されていたが，2005年度の最初の見直しにおいて注目されたのは，要支援，要介護1の軽度要介護者の大幅な増加であった。軽度要介護者の発生を抑制することができれば，給付費増加をある程度抑えることができる。そのため2006年度の介護保険制度改正においては，介護予防を重視したシステムが導入された。その中心となったのは，健診でハイリスク者である「特定高齢者」を特定し介入するという方法であったが，これは十分に効果を上げたとはいえなかった。国は2014年から地域住民の力を活用し，地域でより多くの高齢者を対象とした介護予防を目指す，という方向転換を行い，住民の主体的な活動を促す「介護予防に資する住民主体の通いの場」事業の推進を始めたのである。

　本書出版にあたって想定した主要な読者は，厚生労働省が推進する「介護予防に資する住民主体の通いの場」のような高齢者の交流の場を新しく始めようと考えている，またはすでに同様の取り組みをしていて，活動をさらに発展させたいと考えている市区町村の職員，地域住民である。さらに「通いの場」に限らず，地域の課題に対し住民との協働で新しい試みを始めようとする人にとっても参考になることを念頭に置き内容を考えた。

　通いの場を始めたり，活動を発展させたりしようとする際に，知りたいことの一つは，その活動の準備や運営のためにどれだけ職員やボランティアの労力や費用がかかるのか，ということであろう。本書では，職員やボランティアへの調査を通じて明らかにした，活動への従事時間や，武豊町（愛知県）がこの事業のために使った費用など様々なデータが記録されている。そのほか，ボランティア養成の内容，活動内容を豊かにするための工夫など，すでに通いの場を実施している市区町村にも参考にできそうな資料を提供したい。

通いの場としての「憩いのサロン」活動は，武豊町にとって住民との協働による新しい試みであった。この事業は「予防重視型システムへの転換」が進められた2006年度の介護保険法の改正の直前に計画されたが，この時点で厚生労働省が示した介護予防事業の方法による介護予防の達成が難しいものであろうことは，私たち（筆者ら，共同研究をしていた市区町村）には予想できており，より効果的な独自の介護予防事業を開発しなければならないという現場の要望，危機感があった。武豊町はこの事業をつくるにあたり，これまでのトップダウン型ではなく，住民主体型の事業とし，住民の問題意識やアイデアを活かした事業を目指した。大まかな方針として設定した「高齢者の交流を促進する取り組み」というものが介護予防に良いという根拠は当時はまだなく，武豊町にとっては住民の主体性を引き出すしかけをすることも初めてのことであった。このような先の見えない状況の中で，職員や住民が，迷いながら，不安を感じながら事業を進めていった過程を，うまくいったことだけでなく，うまくいかなかったことも参考になると考え，なるべく掘り起こして本書に含めた。

　武豊町と私たち研究者は，この事業を，あらかじめシナリオを用意し，住民主体にみせかけてアリバイ作りのワークショップをトップダウンで進めるような「偽物」の住民参加ではなく，住民自身が関わってつくりあげていく本物の住民主体の事業にしようと考えた。それは，この事業で介護予防を成功させるカギとしてソーシャル・キャピタルの考え方を重視していたからである。ソーシャル・キャピタルとは簡単にいえば，信頼，規範，つながりである。「偽物」の住民参加を行っていては，これらはつくれず，むしろ失われると考えられる。このソーシャル・キャピタルについては，詳しく知りたい読者のために，第5章で解説している。

　あらかじめシナリオを用意せず，住民の協議によって進めようとすると，各自の問題意識や解決方法，思いなどを出し合うことはできるが，具体的な方法の選択に向けて議論が収束しにくいという状況になることがある。このような状況を防ぐためには，客観的なデータが必要になる。この事業においては，地域在住の要介護状態でない全高齢者に対する郵送調査，サロンボランティアに対する調査，サロン参加者に対する調査，などを事業の計画から実施まで各時点で様々なデータを収集して状況を把握し，それを住民に示して有意義な協議

ができるように努めた。これらのデータがどのように活かされたかについては各章で紹介する。

　序章では，2006年時点で厚生労働省が示した介護予防事業の方法では介護予防の達成が難しい，と私たちが判断した根拠を，公開統計データや地域を対象に行った調査と分析結果を用いて示している。新規要介護者の大半が，介護予防の重点6分野の要介護リスクが1つもない高齢者から発生しており，約9割以上が介護予防事業参加を経ずに要介護になっているなど，データが明らかにしたハイリスク・アプローチのみに頼ることの限界と新しい事業への必要性の認識が，武豊プロジェクトに取り組む原動力となった。

　第1章では　主に武豊町の概要と武豊町がサロン事業を選択した背景を記した。武豊町で事業がうまくいったのは何か特別に有利な条件があったのではと考える読者もいるかもしれないので，いくつかの統計データで，それほど特別な町ではないことを示し，他の市町村でも参考にできそうと思ってもらおうと試みた。また，なぜサロン事業を選び，多くの事業参加者を得る方針として，「アクセスの改善」「多彩なメニュー」「自主的な運営と支援」を設定した理由，その背景にあるソーシャル・キャピタルの考え方について記した。

　第2章では，大まかな方針によってぼんやりとした輪郭を持った事業をかたちにして実現するまでの過程において，実際に事業を動かすための人材（運営の担い手），場所，予算の確保，実施内容の決定という条件をどのようにして満たしていったかを記した。この過程で最重要のポイントは住民の主体性を引き出すことであり，そのためにどんなことに迷い，選択したかを記した。トップダウンで行う事業とは異なり，あらかじめシナリオを用意しない本事業の進め方は，職員にとっては不安の連続であった。不安は事業がある程度進んでも容易に払拭されなかった。それは事業の推進に中心的な役割を果たした保健師が後にその時の心境を語った部分からも読み取れるだろう。最後に，事業が安定するまでの過程でかかった職員とボランティアの従事時間数をまとめた。

　第3章では，住民主体で進めた事業がどんなサロン活動を生んだのかをまとめている。どうやって事業参加者を増やしていったのか，そのために会場と魅力的な活動内容を増やした仕組みを紹介する。ある1会場の立ち上げの事例紹

介では，当初地域住民が持っていた，町に対する「また町に仕事を押しつけられる」という疑いが晴れ，サロンが地域のものになっていくプロセスを記した。また事業が進んでいくにつれて発生する問題や変化に対し，武豊町職員がどのように対応し支えていったのかを，従事時間も合わせて記した。事業を支えるボランティアの活動内容と研修については，研修を担当した竹田徳則がまとめた。

　第4章では，事業を通じて行った事業評価の目的，方法と結果を記した。最終的な関心である，どれだけの労力と予算が必要になるのかを記した。どれだけの効果が期待できるのかだけでなく，1人の介護予防を達成するのに必要な費用など，効率の面まで評価を試みた。当事業は公費を投入する事業として評価が必要だっただけでなく，初めての事業として，改善していくための評価，事業を続けていくための評価が必要であった理由について解説している。

　第5章は，介護予防政策やソーシャル・キャピタル研究における武豊プロジェクトの寄与を考え，他地域の通いの場の事例，評価研究についてまとめた。

　終章では，武豊町の事業が，なぜ一定の成果を上げることができたのか，そして，通いの場や，それ以前からある地域での高齢者の介護予防に関わる活動などと比較しつつ，どのような意義があると考えられるのかをまとめた。

　前述したような，アリバイ作りのような「偽物」の住民参加は，担当している職員にとっても面白くはないはずである。しかし本当に住民主体に取り組もうとなれば，やり方も労力もどれだけ大変かもわからない。さして効果も期待できないのであれば，無難に済むことを優先して別に偽物でもいいか，となっても仕方ないのかもしれない。一方で住民にとっても，これまで市町村から地域組織に一方的に仕事が降ってきた経験があり，通いの場づくりのような話をもちかけられても，「本来は市町村がやるべき仕事を押し付けられる」という疑いを持ち，協力したくない場合もあるはずである。前例とその詳しい情報がないために，活かされていない住民の力があるのではないだろうか。

　本書が扱う事例は武豊町の事例であり，どこでやっても同じようになるとはいえないものの，計画から準備，事業開始，評価まで，各段階で様々な調査データや言動の記録を載せている。それは，労力やお金がどれだけかかるか，ど

んな問題が起こるのか，そして住民主体という方針によってもたらされた活動の豊かさ，面白さについて知ってもらいたいからである。このような住民主体の事業を行おうかどうか迷っている人たちに，「こんな感じならやってみようか」とか「やれそうだ」と思って下さる人が少しでも出てほしいと考えている。

2024年3月

平井 寛

目　　次

まえがき

序　章　データが明らかにした厳しい介護予防の実状……………………… 1
　　　　──対策の糸口としての「もう一つの戦略」・武豊プロジェクト
　　1　不十分だった介護予防──「もう一つの戦略」が求められた理由………… 1
　　2　自分たちのデータで現状を認識する──武豊プロジェクトへ …………… 6

第1章　参加しやすさを重視し地域を変える戦略 ……………………… 17
　　1　武豊町は特別な町か ……………………………………………………… 17
　　2　地域全体で介護予防 ……………………………………………………… 27
　　　　──地域のつながり（ソーシャル・キャピタル）を豊かに
　　3　敬老堂（韓国）の手法の導入……………………………………………… 31
　　4　サロンプロジェクトのメリット──参加しやすさ ……………………… 35

第2章　住民が主役となる「活動づくり」 …………………………………… 41
　　　　──「憩いのサロン」の設立プロセス
　　1　関係者を集めながら具体化する ………………………………………… 41
　　2　ハイブリッド型戦略の立案………………………………………………… 48
　　　　──ボトムアップだけでもトップダウンだけでもなく
　　3　「主役」となる住民を集める ……………………………………………… 51
　　4　住民の主体性を引き出す …………………………………………………… 55
　　5　行政による支援──協働のプロセスを通じて信頼関係を構築する ……… 76

第3章　「憩いのサロン」の取り組み………………………………………81
　　　　──町内全体へ活動効果を波及させるための
　　　　　多数の会場とプログラム

　1　「憩いのサロン」とはどのような活動か …………………………81

　2　サロンの参加者の特徴──一般参加者・ボランティアリーダー………86

　3　サロン会場で提供されるプログラム ……………………………92
　　　──多彩な会場・プログラムで参加者を増やす

　4　「通いの場」サロンなどのボランティアによる
　　　準備回数と時間はどれくらいか──武豊町及び他4市の状況 ………103

　5　サロンの立ち上げから住民委託までの過程 ……………………110
　　　──限られた人手で多数の会場を立ち上げるために

　6　「憩いのサロン」事業における運営ボランティア研修の紹介………116

　7　サロン事業にかかるコスト──業務内容と時間・費用 ……………126

　8　新型コロナウイルス流行期の憩いのサロン ……………………129
　　　──再び多くの参加を得られるように

第4章　「憩いのサロン」の事業評価…………………………………139
　　　　──その必要性と手法

　1　なぜ評価が必要か ……………………………………………139

　2　評価の方法──スモールステップで評価する……………………141

　3　サロンの成果はどのように評価されたか ………………………147

　4　評価はなぜ可能だったか ……………………………………167

第5章　地域づくりによる介護予防の理論と評価 ………………175

　1　介護予防政策への寄与………………………………………175

　2　ソーシャル・キャピタル研究としての「武豊プロジェクト」………191

　3　効果評価の方法と結果………………………………………204

終　章　国の介護予防政策と他の自治体への波及効果……………225
　　　　──武豊プロジェクトの成果と課題
　　1　サロン活動はなぜ成果を上げたのか ……………………225
　　2　今後の介護予防における意義……………………………231

あとがき
索　　引
コラム
　　1　論文かプロジェクトか　　14
　　2　敬　老　堂　　33
　　3　保健師小林さんの葛藤　　60
　　4　特定高齢者もボランティアとして活躍　　91
　　5　武豊プロジェクトとJAGES　　176
　　6　ソーシャル・インパクト・ボンドとPFS　　190

　本章では，武豊プロジェクトが生まれた背景について記す。前半は，介護予防がスタートした2006年当時の介護予防の状況，ハイリスク戦略に基づく介護予防の限界，もう一つの戦略としてのポピュレーション戦略に基づく事業が求められた理由を示す。後半は武豊プロジェクトが生まれるもう一つの背景となった，武豊町を含む愛知県知多圏域の市町と日本福祉大学の共同研究会の成果を紹介する。

1　不十分だった介護予防──「もう一つの戦略」が求められた理由

（1）介護予防のはじまり

　2000年度にスタートした介護保険制度は，世界的にも他に例のない広範囲な高齢者を対象とする新しい試みであり，施行から５年ごとに制度の見直しを行うことが当初からあらかじめ定められていた。2005年度の最初の見直しにおいて注目されたのは，要支援，要介護１の軽度要介護者の大幅な増加であり，この対策の第一歩として，2006年度の介護保険制度改正において介護予防を重視したシステムの導入が行われた。

　介護予防を進める具体的な方策として，厚生労働省は増加した軽度要介護（要支援１・２）の高齢者を対象とした「新予防給付」と，まだ要介護認定を受けていない高齢者を対象とした「地域支援事業」の２つの介護予防事業を創設した。新予防給付は，軽度ではあるがすでに要介護状態になった高齢者が重度要介護（要介護２以上）に移行することをなるべく防ぐことを狙っていた。地域支援事業は，まだ要介護状態になっていない高齢者が要介護にならないようにするもので，本書で紹介する武豊プロジェクトはこちらにあたる。地域支援事業は「介護予防事業（2020年時点では新しい介護予防・日常生活支援総合事業）」「包括的支援事業」などからなり，介護予防事業は，特定高齢者施策と一般高

齢者施策に分かれていた（2024年時点ではそれぞれ介護予防・生活支援サービス事業，一般介護予防事業）。

　特定高齢者施策は，要介護を受けていない高齢者の中でも，より要介護に移行しやすそうな高齢者を対象として，要介護状態への移行を抑制することを目的とした二次予防施策である。「地域包括支援センター業務マニュアル」（厚生労働省）によれば，この施策はスクリーニング（リスクを持つ者を見つけ出す）によりリスクの高い者（ハイリスク者）を「特定」して事業への参加を勧める「ハイリスク戦略」に基づいて行われる。事業内容として，特定高齢者把握事業，通所型介護予防事業，訪問型介護予防事業，介護予防特定高齢者施策評価事業の４つがあり，特定高齢者把握事業によりスクリーニングを行って把握・決定した特定高齢者を対象に，通所・訪問介護予防事業を実施し，そのプロセス・アウトプット・アウトカム評価を介護予防特定高齢者施策評価事業で行うものであった。

　一方，一般高齢者施策は，要介護リスクの高低を問わず，すべての高齢者を対象として，健康を維持したり，虚弱化を予防したりすることを目的とした一次予防の施策である。この施策はスクリーニングを行わず地域の全高齢者を対象とする「ポピュレーション戦略」に基づいて行われた。一般高齢者施策は介護予防普及啓発事業，地域介護予防活動支援事業，介護予防一般高齢者施策評価事業で構成される。介護予防普及啓発事業は，介護予防についての知識を普及啓発するためのパンフレットの作成・配布，講演会などの開催を行う。地域介護予防活動支援事業は介護予防に関わるボランティアなどの人材育成，地域活動組織の育成・支援を行うものである。介護予防一般高齢者施策評価事業は，事業が適切かつ効率的に実施されたか，プロセス評価を中心として，原則として年度ごとに事業評価を行うものとされていた。

（２）リスクを持つ人がみつからない・参加しない

　特定高齢者施策はリスク因子を持つ虚弱な高齢者を見つけ出して，運動器機能向上・栄養改善・口腔機能向上などを目的とした介護予防事業に参加してもらい，要介護化を予防するねらいを持っていた。健康に意識の高い高齢者が参加し，リピーターになったりすることがあった従前の事業実施方法に比べ，い

わば選択と集中を行うこの方法は一見理にかなっていそうに思えた。しかしこの方法は導入当初,「うまくいった」とはいえない状況であった。制度がスタートした2006年度, 基本健診参加者を対象としたスクリーニングによる特定高齢者抽出率の目標値は高齢者人口の５％とされていた。しかし実際に事業を実施してみると, 特定高齢者の抽出率は１％にも満たなかった。介護予防事業の対象となるリスク因子を持つ虚弱な高齢者として見つけ出された特定高齢者の数は想定の水準に遠く及ばなかったのである。

　このような結果を招いた原因の一つは, 健診を受診した者を対象にスクリーニングを行ったことにあると考えられる。先行研究によれば, 健診を受診する者は受診しない者に比べて主観的健康感や幸福感などの心理的指標が良い（自分は健康だ, 幸福だと感じている）ことや, 身体的に健康で, 良い生活習慣があることなどが報告されている（鈴木ら 2003；三鬼ら 2003；平松ら 2009）。つまり健診を受ける者は受けない者よりも健康であり, リスク因子を持つ者が少ない。健康な高齢者集団を対象にしてスクリーニングを行い, 健康ではない非受診者がスクリーニングから漏れてしまった結果, 想定した水準の数の「特定高齢者」を把握できなかったと考えられる。

　スクリーニングにより決定したわずかな特定高齢者のうち, 事業に参加しない者も少なくなかった。地域包括支援センター・介護予防事業担当者会議資料（2007年３月14日開催）によれば, 特定高齢者11万2,124人（2006年度）のうち, 本人の意思による不参加が２万7,025人（24.1％）, その他の理由による不参加が３万8,043人以上（33.9％以上）（「以上」となっているのは計算方法の制限による。実際はもっと高い）であり, 両者を合わせ特定高齢者の半分以上が参加していなかったことになる。

　特定高齢者にしてみれば, 現在の生活に支障はなく, 介護予防事業への参加の必要性を感じにくい。また虚弱な高齢者として「特定」されることも高齢者にとっては良い気分ではないだろうと考えられるし, 事業の内容に魅力が感じられなければ参加しようとは思わないだろう。

（3）ハイリスク戦略の限界

　特定高齢者に該当した全員が介護予防事業に参加していたとしても, 特定高

3

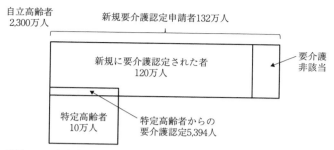

図序 - 1 自立高齢者に占める特定高齢者・要介護認定者規模のイメージ

出所：「平成19年介護予防事業報告」「介護保険事業状況報告（暫定）（平成19年10月分）」「平成28年度介護保険事務調査」より作成。

齢者施策のみでは，全体としての介護予防効果は限定的だったと考えられる。「平成19年介護予防事業報告」のデータによれば，2007年度の特定高齢者は10万9,356人であるが，この特定高齢者約10万人という規模が，ターゲットである「要介護移行のリスク因子を持つ虚弱な高齢者」全体のごくわずかしかカバーできていないと考えられるためである。

　実際に1年間で要介護者状態に移行した高齢者数を概算して比較を試みた（図序 - 1）。2007年度の全高齢者約2,700万人のうち要介護認定を受けていない自立高齢者は約2,300万人である（介護保険事業状況報告〔暫定〕〔平成19年10月分〕）によれば2007年10月時点での要介護高齢者は約400万人強）。1年間の新規要介護認定の申請者数は，平成20年度介護保険事務調査の集計結果によれば132万人であった。このうち非該当となった者の割合は3.4％（第4回要介護認定の見直しに係る検証・検討会資料）であるが，これは2回目以降の再申請を含んだ数字であり，初回申請に限定するとこれよりも少し高めになる。非該当となる者の割合を仮に10％とすると，申請者のうち90％が要介護認定されることになる。申請者が132万人であるので，約120万人が1年間で要介護者状態に移行した高齢者数となる。これに対し特定高齢者は約10万人で，この10万人からの要介護状態の発生をすべて予防できたとしても，年間120万人規模の新規の要介護者全体の1割未満であることになる。9割は特定高齢者になることなく要介護状態になっていることになる。

　効果的なプログラムが開発されて，特定高齢者施策のようなハイリスク戦略

4

に基づく事業の参加者の要介護化の予防が成功しても，事業参加者規模を拡大しなければ，特定高齢者でない層から発生している要介護者数の抑制にはつながらないことになる。

　このように特定高齢者施策には，スクリーニングの際に健康でない者があまり参加しておらず漏れていること，スクリーニングされても事業への参加が少ないこと，プログラムの規模（カバー割合）が小さいという限界を抱えていた。これらの改善を図りつつ，カバーするのが「もう一つの介護予防戦略」（＝ポピュレーション戦略）の一般高齢者施策であり，その検討・拡充が重要であると考えられた。

（4）もう一つの戦略

　一方，一般高齢者施策については，厚生労働省によって運動器機能向上・栄養改善・口腔機能向上など対象者と事業内容が具体的に示されていた特定高齢者施策とは異なり，具体的な事業が当時は明確に示されていなかった。また一般高齢者施策は前述のように，介護予防普及啓発事業，地域介護予防活動支援事業，介護予防一般高齢者施策評価事業で構成されるが，これらは特定高齢者施策に比べて各個人に強い影響を与えるような集中的なプログラムではないこと，一般高齢者の大半はもともと健康であり改善の余地が少ないことなどから，効果はさらに表れにくいという特徴がある。一人ひとりへの効果が小さくともポピュレーション戦略が予防効果を発揮するのは，対象となる人口集団が大きい場合である。つまり，一般高齢者施策が介護予防効果を持つためには，事業への参加人数が多くなければならない。

　「2007年度介護予防事業報告」によれば，一般高齢者施策の参加状況は，介護予防普及啓発事業（延べ人数のみ。実人数の把握はされていない）918万5,145人，地域介護予防活動支援事業132万1,946人で，計1,050万7,091人となる。自立高齢者が約2,300万人とすると1人1回参加としても46％，1人2回なら23％の参加ということになる。特定高齢者施策の参加延べ人数計177万1,528人，実人数計11万5,613人に比べると，一般高齢者施策は延べ人数で約6倍程度である。1人1回でなく，1人当たりの参加回数が特定高齢者施策と同水準だと仮定する（15.3回／人）と実参加人数は約70万人で高齢者人口の約3％の参加

ということになる。

　事業への参加者数がこの程度に留まっている背景には，事業を提供する際の
マンパワー不足があると考えられる。そのため，現状のままただ参加人数を増
やそうとするなら事業内容は普及啓発事業のような講座的なものにならざるを
得ず，参加者が能動的に参加するような事業の実施は難しい。ポピュレーショ
ン戦略とは本来，環境に介入して人口集団全体に影響を与えようとするもので
ある。参加実人数でみたカバー割合は把握すらされておらず，粗い推計でも地
域全体への介入とはいえない水準に留まっている可能性は高いと考えられた。
以上のように，2006年時点においては，一般高齢者施策においても十分な介護
予防効果を期待できるとはいえない状況にあった。

２　自分たちのデータで現状を認識する——武豊プロジェクトへ

（１）介護保険者と大学の共同研究会の経緯

　武豊プロジェクトの背景には，現地の高齢者を対象にしたデータ分析，それ
を材料とした介護保険者（市町村等，以降保険者と略）と大学の共同研究会の成
果がある。武豊町の介護予防事業としては前例のないサロン型の事業を実施で
きた理由の一つは，この共同研究会でのデータ分析による裏づけがあったこと
にあるといってよいと考えられる。また，同時に共同研究会でこれまでの介護
予防事業の限界や，ソーシャル・キャピタルなどの注目すべき点が明らかにな
ったことで，担当者が「では具体的には今後どのような事業を実施すればよい
のか」と私たちに問いかけてくる背景にもなっている。

　共同研究会が本格的に開始されたのは2003年，介護給付費適正化特別対策事
業の交付金を受けた武豊町を含む愛知県知多圏域の７介護保険者（１広域連合
と６市町）が日本福祉大学に委託し，要介護者・介護者・一般高齢者を対象と
する大規模なアンケート調査を行ったことに始まる。この調査に参加した７介
護保険者と日本福祉大学の間で，介護保険事業計画の策定を目的とした共同研
究会が定期的に行われるようになった。全保険者で共通の調査票を用いている
ため，各保険者は他保険者との比較を行い，自保険者の状況を客観的に知るこ
とができた。そのデータを根拠に介護保険事業計画を作成できるというメリッ

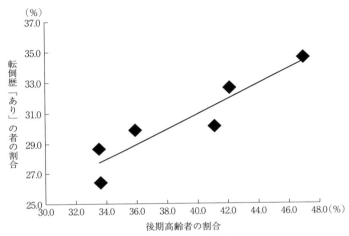

図序 - 2 保険者間比較の例（後期高齢者の割合と転倒歴のある者の割合）
出所：愛知県知多圏域介護保険者との共同研究会資料より作成。

トがあった。

　共同研究会でのデータ分析の成果として，要介護になりやすいハイリスク者
の把握，要介護リスクの検証，介護予防事業の現状把握などが行われた。介護
予防の重点として6つの要介護リスクが挙げられているが，これらの指標とな
る調査項目をアンケート調査で尋ねれば，自保険者にどれだけの割合のハイリ
スク者がいるのかがわかる。しかし単独の保険者のデータだけでは，その割合
が高いのか低いのか判断が難しい。介護予防の計画において，介護予防事業の
実施によって達成したい目標値を定める場合，例えば「閉じこもり」高齢者は
少ないに越したことはないからといって今後の目標として「閉じこもり」高齢
者0％を目指すことは現実的でない。他の保険者との比較を行うことによって，
より現実的な目標を考えることができる（図序 - 2）。他の保険者よりも成績の
良い（要介護リスクの該当者割合が低い）要介護リスクについては，すでに自保
険者の何らかの事業の効果が出ているか，住民の属性によるものかはわからな
いが，現状より大きく改善するのは困難かもしれない。反対に，他の保険者の
方が成績が良い（ハイリスク者該当者割合が低い）場合は，自保険者も改善でき
る余地がある可能性が高いと考えられる。またその改善の方法として，成績の
良い保険者の取り組みを参考にすることができる。このようなメリットがある

ため，愛知県で始まり，やがて全国の保険者とJAGES（日本老年学的評価研究）との共同研究は現在（2024年）まで継続している。また，市町村にとっては周りの市町村が参加していることによって，参加を継続しやすいと考えられる。

　一方，研究者側は知多圏域の複数の保険者の膨大な調査データを研究に用いることができるだけでなく，保険者・保健師が持つ現場の情報を得ることができた。調査データの分析結果をどう解釈すればよいのか，どんな分析が政策立案に役立ち得るのかを知ることができた。この研究会を通じ，保険者の現場に応用できる研究への接近がなされていった。

（2）共同研究会で用いられたデータ

　共同研究会で分析に用いられたデータは，高齢者を対象にしたアンケート調査と，介護保険関係の運用上作成されるデータである。アンケート調査は，要介護認定を受けていない高齢者のうち全数または無作為に抽出された者を対象に行った。2003年に行われた調査の質問項目には，治療中の疾病の種類などの健康状態だけでなく，2006年に厚生労働省が重点として挙げた要介護リスクや，友人や近隣との接触頻度やサポートの授受，信頼や助け合いの規範などソーシャル・キャピタルの指標となる項目が含まれていた。この後も共同研究会は継続し，2006・2008（武豊町のみ）・2010・2013・2016年度にも調査を行っている。

　介護保険関係の運用上作成されるデータには，要介護認定データ，保険料賦課情報データがある。要介護認定データは，高齢者が要介護状態になって介護保険サービスの受給を希望する際に，要介護認定を受けようと申請する際に作成されるデータである。アンケート調査データはその時点での自立（要介護認定を受けていない）高齢者が持つ要介護リスクの状況を把握することができる。また，アンケート調査以降の介護関連データを結合し，要介護リスクの有無や活動状況など，どのような特徴を持つ高齢者が要介護になりやすかったかを明らかにすることができた。

（3）共同研究会での分析でわかったこと

　共同研究会での分析による成果は，①アンケート調査結果を用いた地域間比

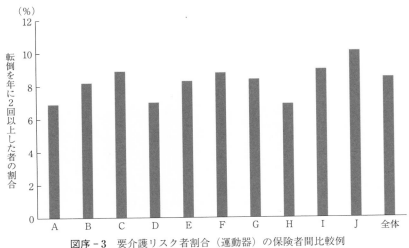

図序 - 3　要介護リスク者割合（運動器）の保険者間比較例

出所：図序 - 2 と同じ。

較でどの保険者にどの要介護リスク者が多いかを明らかにする，②追跡データ
を用いた分析で，どのような特徴を持つ高齢者が要介護になりやすいかをみる，
③事業参加者データを用いた分析で参加者の状況を把握する，の大きく3つに
分けられた。それぞれについて，共同研究会で用いられた分析結果のいくつか
の例を紹介する。

1）どの保険者にどの要介護リスク者が多いか

　厚生労働省が介護予防の重点とした6つの要介護リスク（運動器，低栄養，
口腔，うつ，認知症，閉じこもり）について，それぞれ調査項目を設定して要介
護リスク者を把握し，保険者間で要介護リスク者割合を比較した（図序 - 3）。
これは，自保険者がどこに注力すべきかを判断する材料として用いられた。保
険者間の比較以外に，保険者内でどの地域にリスク者が多いのかをみるため，
小学校区別（一部保険者は中学校区別）の割合の集計と地図化が行われた（図
序 - 4）。

2）どのような特徴を持つ高齢者が要介護になりやすいか

　アンケート調査データに介護保険関連の追跡データを結合することで，どの
ような特徴を持つ高齢者がその後要介護になりやすいかをみることが可能であ
る。共同研究会では，どの調査項目を用いたどのような指標が要介護リスク指

9

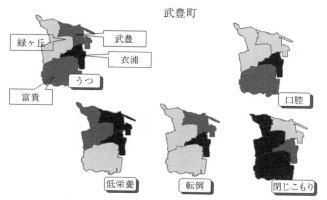

図序 - 4 校区間でのリスク者割合の比較例

出所:図序 - 2と同じ。

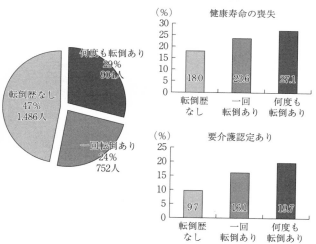

図序 - 5 要介護リスク要因の検討

出所:図序 - 2と同じ。

標としてふさわしいかの検討が行われた。

　2006年以降,厚生労働省によって,基本チェックリストによる要介護リスク者の定義が行われているが,共同研究会ではそれ以前から厚生労働省の定義とは別に要介護リスクについて検討していた。図序 - 5は運動器のリスクの指標

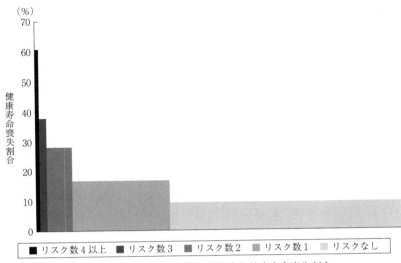

図序 - 6　リスク数別の該当者割合と健康寿命喪失割合

出所：図序 - 2 と同じ。

　として転倒経験と健康寿命喪失（要介護状態または死亡），要介護状態の発生の
関連をみたものである。自保険者に要介護リスク者がどれだけいて，どのくら
い要介護認定者が発生するのかを予想することができた。
　また，追跡データを用いて，各高齢者が持っている要介護リスクの数と３年
後までの健康寿命喪失の関係をみた。図序 - 6 のグラフは横幅が全高齢者に占
める割合，高さが健康寿命喪失割合を示している。グラフの面積割合は健康寿
命喪失者数に占める各群からの健康寿命喪失者数の割合を示している。リスク
数が「４つ以上」と多い高齢者は調査回答者全体の0.7％で，やはり健康寿命
喪失割合は約60％と高くなっている。一方リスク数が少ない高齢者ほど健康寿
命喪失割合は低くなっており，全体の63.8％を占めるリスクを一つも持ってい
ない高齢者の健康寿命喪失割合は10％弱である。しかしリスクを一つも持って
いない高齢者は健康寿命喪失割合は低いものの，該当人口割合が６割程度と集
団として大きいため，高齢者全体の健康寿命喪失数への寄与は大きい。これを
整理し，どの群から健康寿命喪失者が発生したかという割合をみたものが図
序 - 7 であるが，健康寿命喪失者の43.8％が「リスクなし」の高齢者から発生

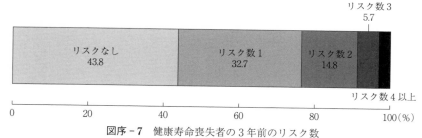

図序 - 7　健康寿命喪失者の3年前のリスク数

出所：図序 - 2と同じ。

していることがわかる。これは，リスクを1つ以上持つハイリスク高齢者を対象として介入するハイリスク戦略のみでは，4割以上が介入を経ずに要介護化してしまうことを意味する。すべてとはいえなくても，「リスクなし」の高齢者の要介護化を抑制できる可能性はあるにもかかわらず，ハイリスク戦略のみに依拠した介護予防ではこれらを放置することになるのである。このように，共同研究会のデータでも，ハイリスク戦略だけでなく，ポピュレーション戦略に基づく予防の必要性が示されたといえる。

3）事業参加者データを用いた分析の例

　各種の介護予防事業が効果を上げるためには，その事業にふさわしい要介護リスク者が参加することが必要である。低栄養状態の高齢者に転倒予防のための筋力トレーニングを行っても直接的な効果は望めそうにない。また要介護リスクを持たない健康な高齢者が事業に参加している場合は，予防的に全く無意味とはいえないが，費用と労力の効果的な使い方になっていない状態であると考えられる。介護予防事業と参加者がマッチしているかどうかについて，3市町のアンケート調査データと事業参加者データを用いて確認した。

　分析する事業の種類は，「いきがい通所」「食生活改善」「運動機能」に分類できるものに限った。「いきがい通所」事業にふさわしいハイリスク者として，「うつ」（GDS（Geriatric depression scale）15項目版10点以上）の者，または「閉じこもり」（外出頻度週1回未満）の者とした。「食生活改善」事業には「低栄養」（BMI≦18.5）の者，「運動機能」には「転倒」（一年間の転倒歴「何度もある」）の者とした。各事業に参加するのがふさわしい参加者（ハイリスク者）が事業参加者中どのくらいいるのか，つまり参加者と事業がマッチしている割合

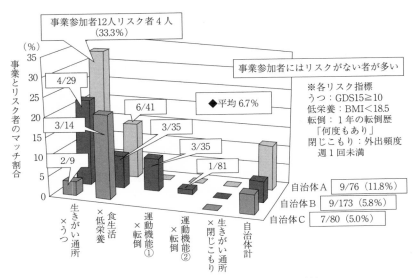

図序 – 8　介護予防事業者と参加者のマッチ割合

出所：図序 – 2と同じ。

をみた（図序 – 8）。

　事業参加者のハイリスク者割合が最も高かったのは，自治体Ａの「いきがい通所」事業に対する「うつ」リスク者のマッチ割合であった。しかし，それでも33.3％に留まっている。マッチ割合が低かったのは「いきがい通所」事業に対する「閉じこもり」リスク者の組み合わせで，自治体Ａ，Ｃの４事業すべてマッチ割合が０％であった。全部で15の事業・リスク組み合わせのうち，12の組み合わせでマッチ割合が２割以下というミスマッチがあることが明らかになった。

　このようなミスマッチが生じる一因として，ハイリスク者ほど移動能力が低いために，会場までのアクセスが良くないことが考えられた。介護予防事業参加者データ，居住地区のデータを用いて介護予防事業の参加者がどの地区から参加しているのかをみた（図序 – 9）。事業開催場所の近くに参加者が多く，事業開催箇所から遠いところでは参加者がみられないことがわかる。ハイリスク者の割合は地区別にみればある程度異なるが，会場に近い所で特別に多いわけではない。会場から遠い地区に居住するハイリスク者は，近い地区に居住する

13

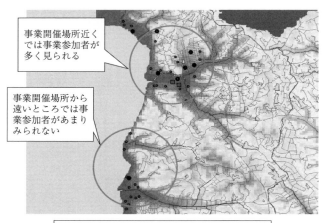

事業開催場所近くでは事業参加者が多く見られる

事業開催場所から遠いところでは事業参加者があまりみられない

| ▢ 事業開催場所　●事業参加者　● リスク者 |

図序 - 9　事業開催場所と参加者の居住地区
注：示した地図は加工してあるため実際の状況とは異なる。
出所：図序 - 2 と同じ。

ハイリスク者に比べて参加しにくいという状況が生じている可能性が考えられた。

―― 1　論文かプロジェクトか ――

　これだけ新しい介護予防事業の必要性を示すと，市町の担当者に「じゃあ，どうすればいいんだ」と尋ねられることになる。筆者は，当時の上司であった近藤克則教授からこのプロジェクトを受けるかどうかを尋ねられた。「このプロジェクトを行えば，様々な雑用が生じて，その分論文を書く時間は減ってしまう。大学研究者のポストを得るためには業績を積まなければならない時期だが，その点では不利になるかもしれない」と，このプロジェクトを行わないという選択肢も示してくれていた。しかし，2 時点の調査を行って高齢者の外出頻度の変化を捉えようとする科学研究費補助金の研究計画が採択され，新しい事業の事前事後評価を行うにはぴったりの条件が整っていた。当時，任期に限りのあるポスドク研究員だった筆者は，大学研究者を志望していたので業績を積むことが重要だったが，データによる知見を基に地域に出て実践を行うことにも関心があった（高校生時の筆者が農学部の農業土木分野を志望したのも砂漠の緑化という実践を志したからだった）。こんな機会は滅多にないと考えた筆者は，本プロジェクトを実施することを選んだ。

　データ分析を通じて，いくつかの知見が得られた。まず要介護状態につなが
るリスクをみるための指標として，転倒経験等の項目は妥当であることが確認
できた。自記式調査票の回答によって把握されたリスク者が，どの程度要介護
になりやすいかが示されたのである。市町の担当者はこれらのリスクを持つ高
齢者を放置すれば将来要介護者が増加し，その結果介護給付費が大きくなって
いくであろうことを十分に想像できたであろう。厚生労働省が介護予防を強化
しようとした2006年当時，武豊町を含む知多圏域の市町は，厚生労働省による
介護予防重点化を待つまでもなく，自市町のデータで介護予防の必要性を実感
し，何か対策をしなければいけないという危機感を持っていたはずである。

　また健康寿命喪失者の４割以上がハイリスク者以外から発生していたことは，
ハイリスク戦略に基づく特定高齢者施策では不十分であり，まだ厚生労働省が
具体的な事業の例を示せていなかったポピュレーション戦略によるアプローチ
に取り組まねばならないという認識を持たせる材料になった。

　このような危機感と新しい事業への必要性の認識が，武豊プロジェクトが誕
生する背景となった。また介護予防事業の参加者のミスマッチ，その背景の一
つと考えられる介護予防事業参加者の居住地の分析から明らかになった，介護
予防事業への参加者の実態の分析結果も，武豊プロジェクトの事業の方針に影
響を与えていった。

参考文献

鈴木隆雄・岩佐一・吉田英世・金憲経・新名正弥・胡秀英・新開省二・熊谷修・藤原
　　佳典・吉田祐子・古名丈人・杉浦美穂・西澤哲・渡辺修一郎・湯川晴美（2003）
　　「地域高齢者を対象とした要介護予防のための包括的健診（『お達者健診』）につい
　　ての研究——受診者と非受診者の特性について」『日本公衆衛生雑誌』50(1)，39-
　　48頁。

三觜雄・岸玲子・江口照子・三宅浩次・前田信雄（2003）「在宅高齢者の検診受診行
　　動と関連する要因　社会的背景の異なる三地域の比較」『日本公衆衛生雑誌』50(1)，
　　49-61頁。

平松誠・近藤克則・平井寛（2009）「介護予防施策の対象者が健診を受診しない背景
　　要因——社会経済的因子に着目して」『厚生の指標』56(3)，1-8頁。

（平井　寛）

<table>
<tr><td>第 1 章</td><td>参加しやすさを重視し地域を変える
戦略</td></tr>
</table>

　序章で示したように，2006年当時，ポピュレーション戦略に基づく事業の開発が求められていたが，前述のように厚生労働省はそれにふさわしい事業を提案できていなかった。本章では，多くの高齢者が参加でき，普及啓発型でなく，参加者が能動的に参加するような事業を開発するという目的のもと，本プロジェクトが選択した戦略方針とその背景について記述する。まず，プロジェクトが行われた武豊町の概要，本プロジェクトの重要なキーワードであるソーシャル・キャピタルの考え方，参考にした韓国の敬老堂，社会福祉協議会等によって進められている「地域サロン」について記す。プロジェクトがこれらを踏まえて設定した，「アクセスの改善」「多彩なメニュー」「自主的な運営と支援」の3つの方針について解説する。

1　武豊町は特別な町か

　本書では，新しい介護予防事業を開発し，従来の事業に比べ大幅に参加者を増やした武豊町の事例を紹介する。しかし，先行事例を参考にしてこれから類似の事業を行おうとする市町村の中には，「武豊町は条件に恵まれてうまくいっただけではないか」「うちのような小さな町ではできそうにない」「もともと介護予防への取り組みが盛んだったのでは」と考えるかもしれない。特別な条件が揃った場合にしかできない介護予防事業であったのなら，多くの市町村にとって武豊町の事例はそれほど参考にはならなくなってしまう。武豊町の場合，大学関係者が関わったことは一つの特別な条件ではあるが，それ以外の条件はどうだったのであろうか。ここでは，いくつかのデータを用いて武豊町の特徴を紹介する。

　最初に武豊町の概要を述べ，次に「自治体の規模が大きいか」「財政に余裕があるか」「人材に余裕があるか」「地理的な条件が有利か」について，利用可

能な公開統計データを用いてみていく。最後に，サロン事業以前にどのような
介護予防関連事業が行われていたかをまとめた。

（1）武豊町の概要

　愛知県知多郡武豊町は愛知県の知多半島中部の東岸に位置し，東側は衣浦湾
に接している。東西に5km，南北に6.5kmのほぼ長方形に近い形の面積約26
km² の町である。臨海部に工業地域があり，内陸部にかけて住宅地域が広が
っている。図1-1は「数値地図（国土基本情報）」（国土地理院）の標高データ
を ArcGIS（Esri社）を用いて図化し，主要な施設の位置を示したものである。
標高は高いところでも83.5mで比較的なだらかな地形である。役場，中央公
民館と保健センター等の町の施設は中央部に集中している。老人福祉センター
のみは南西部に位置している。

　武豊町誌編さん委員会編（1984）によれば，1878年に南部の富貴・市原・東
大高の三村が合併して三芳村となった。同年北部の長尾・大足の二村が合併し，
両村の氏神（武雄神社と豊石神社）の頭文字をとって武豊村となった。三芳村
はその後富貴村と東大高村に分離した後に再度合併し富貴村となり，武豊村は
武豊町となった。1954年に武豊・富貴の2町村の合併により現在の武豊町が誕
生した。これは本プロジェクトが開始された2006年の52年前のことであり，当
時プロジェクトに参加した高齢者は合併前の生まれということになる。1886年，
東海道（当初は中山道が想定されていた）線敷設のための資材を運ぶための資材
線として武豊線，荷揚基地として武豊港が整備された。その後，武豊港は1899
年に貿易港として開港の指定を受け，1933年には輸出量が全国200港中12位に
なるほどの盛況ぶりであった。その後も陸上・海上交通の要衝として発展した。
化学工業，窯業・土石業，繊維工業などの工業が発達し，衣浦臨海工業地帯の
一翼を担う工業都市となった。

　国土数値情報ダウンロードサービス（国土交通省国土政策局国土情報課）の土
地利用細分メッシュデータを用いて土地利用の変化をみたものが図1-2であ
る。事業開始の約30年前の1976年時点では，臨海部の北部，内陸の中央部に建
設用地が分布し，その他の南部，西部には農地が広がっている。1987年時点で
は南部を含めた沿岸部と内陸の北部の開発が進む。特に北の半田市と接する地

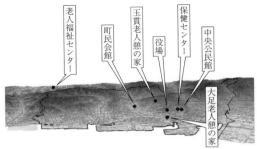

図1-1　武豊町の地形と施設配置
出所：国土地理院数値地図（国土基本情報）より作成。

域に建設用地が広がりはじめる。この時期に新住民が増えたと考えられる。それから1997年までには大きな変化はないが，2006年までには内陸の北部の開発が進む。一方で南部や西部にはまだ農地が多く残されている。このように住宅地の開発は中央部から沿岸部，北部の順に進んでいる。その結果，図1-3〜6（地図で見る統計2005年国勢調査データを用いて作成）でもわかるように農業就業者は沿岸部や中央部では少なく，南部，西部に多くみられる。高齢化率は比較的開発が早く行われた臨海部や中央部，農村地域である南部で高く，開発時期が最も新しい北部で低くなっている。65歳以上単独世帯数，65歳以上のみ一般世帯数は中央部と臨海部で多い。南部は高齢化率が特に低いわけではないが人口規模が小さく，農村地域で同居が多いためか，高齢者単独世帯の数はそれほど多くはない。

（2）統計データでみる武豊町

「自治体の規模が大きいか」については，「平成27年国勢調査」のデータでみると，武豊町の人口は4万2,473人（事業スタート直近の2005年では4万981人）で，全国1,718市町村中人口の多い順で600番目の規模であり，特別大きな都市とはいえない。

「財政に余裕があるか」については，「平成28年度地方公共団体の主要財政指標」（総務省）でみると，財政力指数は0.99で1,741市町村中75番目に高かった（上位4.3パーセンタイル）。全国的にみても財政力が高く財源に余裕がある町であるといえる。前述のように，武豊町は衣浦湾臨海部に臨海工業地帯があり，

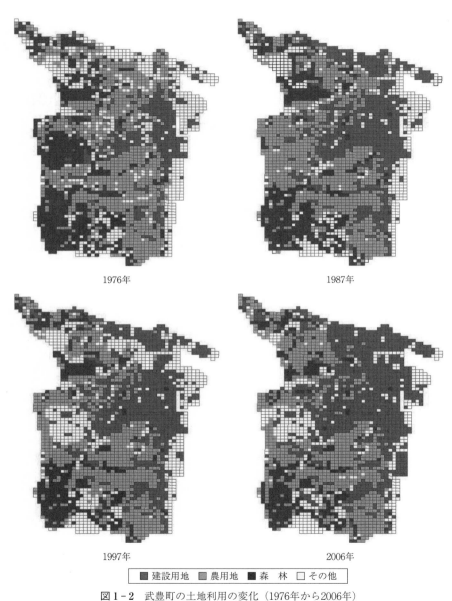

1976年　　　　　　　　　　　　　　1987年

1997年　　　　　　　　　　　　　　2006年

■ 建設用地　■ 農用地　■ 森　林　□ その他

図1-2　武豊町の土地利用の変化（1976年から2006年）

出所：国土交通省：国土数値情報ダウンロードサービスの土地利用細分メッシュデータより作成。

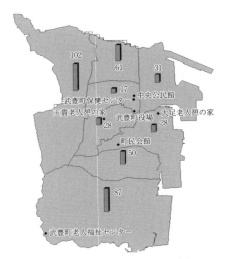

図1-3　農業就業者数（2005年）

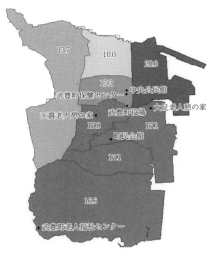

図1-4　高齢化率（2005年，単位％）

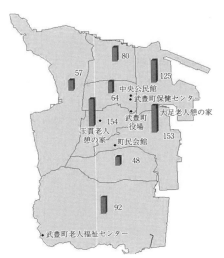

図1-5　65歳以上単独世帯数（2005年）

図1-6　65歳以上のみ一般世帯数（2005年）

出所（図1-3～6）：総務省統計局：地図で見る統計2005年国勢調査データより作成。

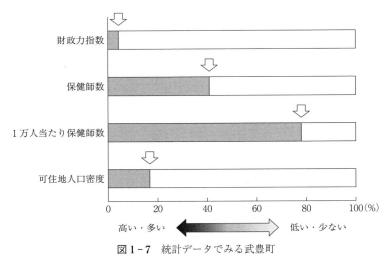

図1-7　統計データでみる武豊町

出所：総務省統計局「平成27年国勢調査」，総務省「平成28年度地方公共団体の主要財政指標」，厚生労働省「平成28年度　保健師活動領域調査」，総務省統計局「統計でみる市区町村のすがた」より作成。

発電所や工場が立地するなど産業の盛んな地域である。

　「人材に余裕があるか」については町の保健分野の専門職としての保健師の人数をみた。「平成28年度保健師活動領域調査」（厚生労働省）（2016年5月1日現在）によれば武豊町には保健師が11人（本庁4人，保健センター7人）でこれは1,647市町村中674位である（上位40.9パーセンタイル）。人口1万人あたりにすると2.56人でこれは1,284位となる（上位78.0パーセンタイル）。

　「地理的な条件が有利か」については，統計でみる市区町村のすがた（総務省統計局）の2005年における人口を可住地面積（総面積から山林等を除いた面積）で除した可住地人口密度をみた。人口が集中しているほど少ない会場数でも徒歩圏で多くの高齢者人口をカバーでき，効果的に事業が実施できると考えられるからである。武豊町の可住地人口密度は1,830.7人／km^{2}で，1,718市町村中288番目に高い密度で人口が分布している（上位16.8パーセンタイル）。

　図1-7に上記のデータでの武豊町の全国市町村における位置（パーセンタイル）を示した。武豊町は財政的に比較的の余裕があり，人口密度が高く，有利な条件を持っているといえるが，特別大きな町でもないといえる。保健師数につ

表1-1　町の介護予防事業（2005年度）

事　業		実施回数	参加実人数	参加延べ人数
初心者のためのわくわく体操教室	男性　　8回		13人	69人
	女性　　8回		13人	82人
アクアウォーキング		5回	8人	38人
簡単！感嘆！クッキング		4回	25人	53人
リラクゼーション教室		3回	22人	48人
リハビリ教室		12回	4人	24人
健康カレッジ		6回	13人	72人
老人センター健康相談		24回	150人	309人
老人センター健康体操		6回	8人	14人
福寿大学・出前講座		8回	369人	2,277人
劇団「おとめ座」公演		3回	342人	342人
老人クラブ・出前講座		7回	782人	782人
健康診査事後健康教室		4回	81人	81人

出所：武豊町・日本福祉大学「武豊町介護予防モデル事業に向けた共同調査研究報告書」。

いては人口当たりでみると少ないグループに属する町である。財政については，後述のように事業は介護予防の予算内で行われており，莫大な予算がつぎ込まれているわけではないので，武豊町ほど財政に余裕がなければできなかったということはないはずである。これについては第3章7を参照されたい。

（3）武豊町における2005年度までの介護予防関連事業

　2005年当時，武豊町における介護予防関連事業は，町，在宅介護支援センター，社会福祉協議会によって実施されていた。

1）町の介護予防関連事業

　介護予防事業として，体操教室など運動に関する事業，栄養関係の事業，講座などの事業が行われている（表1-1）。講座や相談の参加人数は100人を超えているが，一方で体操などの体を動かす事業への参加者は合計しても30人程度に留まっている。しかも，町の担当者によれば，健康意識が高い住民は数多くの事業に参加しており，その一部は同じ事業に毎年参加する「リピーター」となっていたという。一方，健康に関心の低い住民は全く参加しないとのことだ

った。また男性の参加の少なさも問題となっていた。男性の参加を増やすため，「初心者のためのわくわく体操教室」では2005年度に男性グループを設け募集することで，募集定員には満たないものの従来に比べ多い参加があった。しかし，教室終了後に自主グループを作る方向に進めなかったため，この教室をきっかけにした継続的な活動にはつなげられなかったという。

　町は介護予防事業以外の事業として，老人保健法に基づく「機能訓練事業」として「リハビリ教室」を1988年から実施している。2005年度の実績では，開催頻度は月2回（第1・3火曜日）で，開催時間は10：00〜11：30である。第1火曜日は授産所との交流事業で授産製品である「紐織りマット」作成，第3火曜日は作業療法士によるレクリエーションが行われた。実参加人数は6人，参加延べ人数は64人であった。新規参加者は減少傾向にあったが，その考えられる理由として，新しい対象者を把握しきれていない，開催頻度が低くニーズを満たしていないことが挙げられていた。現在のサロン事業に類似した事業であることもあり，2006年度からは，サロン事業への移行も視野に入れ，月1回の開催とし，内容も「閉じこもり予防」「交流」を主軸とすることになった。

2）在宅介護支援センターの介護予防関連事業

　在宅介護支援センターが行う事業には，世帯調査・定期訪問，小地域交流事業「はつらつひろば」，介護予防教室があった。

　世帯調査は，年度はじめに福祉課より提出されたリストに基づき，住民基本台帳で65歳に到達した独居世帯，高齢者世帯の実態を訪問により調査するものである。この訪問の際に本人が頻繁な訪問を希望した場合や支援センターが定期的な見守りを必要だと判断した場合（ケア会議で決定する），要介護認定者でも，ケアマネジャーが他機関の見守りを必要とした場合，認定されていてもサービスを全く利用していない場合に定期訪問者として扱う。訪問状況は，週に1回から3カ月に1回までと様々で，生活状況，身体状況等の個別の状況に応じて訪問間隔・日数が決められている。定期訪問者にならない場合は，1年に1回再調査として訪問する。2005年度実績では，独居（500m以内に子どものいない，ひとり世帯）が463人，高齢者二人世帯（500m以内に子どもがおらず，2人とも65歳以上の世帯）460世帯，その他601人に訪問を行っている。うち定期訪問者は588人であった。

表1-2　小地域交流事業「はつらつひろば」

回	開催日	会　場	参加人数
1	2005年4月27日（水）	小迎区民館	19人
2	2005年5月18日（水）	東大高公民館	14人
3	2005年6月22日（水）	中山区民館	16人
4	2005年7月20日（水）	玉貫老人憩いの家	21人
5	2005年8月24日（水）	砂川会館	25人
6	2005年9月21日（水）	中央公民館	24人
7	2005年10月26日（水）	大足老人憩いの家	18人
8	2005年11月9日（水）	富貴区民館	19人

出所：表1-1と同じ。

表1-3　在宅介護支援センターの介護予防教室

回	開催日	内　容	講　師
1	2005年5月13日（金）	80歳まで20本の健康の歯を	歯科医師
2	2005年5月20日（金）	あっという間に高齢者	在宅介護支援センター
3	2005年5月27日（金）	健康長寿の一歩は食生活から	管理栄養士
4	2005年9月2日（金）	自分をもっと知って好きになろう	在宅介護支援センター
5	2005年9月9日（金）	おしゃれして若返ろう	カラーコーディネーター
6	2005年9月16日（金）	正しい姿勢で歩きましょう	理学療法士

出所：表1-1と同じ。

　小地域交流事業「はつらつひろば」は，武豊町の福祉・保健等についての情報を提供すること，高齢者が地域において，孤立せず，健康で，生きがいを持つことができる機会を作ることを目的として4〜11月の期間に実施されていた（表1-2）。各地区の高齢者が参加しやすいように場所を変えながら月1回，10：00〜12：00に開催される。2005年度の内容は消費生活相談員による悪徳商法への対処の仕方（劇にして説明），自己紹介，レクリエーションであり，現在のサロン事業に類似した事業である。対象者は定期訪問者が主で，参加者募集は在宅介護支援センターだよりの配布と，センター職員がチラシを持って訪問して行われた。介護予防教室は健康づくり・介護予防のための知識を伝えることを目的とし，在宅介護支援センターや外部講師による講座が行われていた（表1-3）。

表1-4　2005年時点の武豊町の介護予防関連事業

実施主体	事業名	教室・講座	実践（運動等）	交　流	その他	備　　考
町	介護予防事業	○	○		○	リピーター，健康に意識の高い人が多い
	リハビリ教室		○	○		参加希望者が少ない
在宅介護支援センター	世帯調査・定期訪問				○	地域の一人暮らし・高齢世帯の状況を把握している
	小規模地域交流事業			○		参加しやすいように会場を変えながら実施しており。サロン事業の方針に近い 在宅介護支援センター便り，職員のちらし配布で募集
	介護予防教室	○				講座型
社会福祉協議会	ふれあい昼食会		○	○		演芸・体操等の様々なメニューを提供している 民生委員が一人暮らし宅に訪問してちらしを配布して募集

出所：筆者作成。

3）武豊町社会福祉協議会の介護予防関連事業

　社会福祉協議会の介護予防関連事業として，ふれあい昼食会がある。ふれあい昼食会は65歳以上の一人暮らしの人を対象に年2回開催されており，2005年度は延べ273人が参加した。民生委員・ライオンズクラブの協力による食事の提供のほか，落語，手品，演奏，体操などのメニューが提供されており，現在のサロン事業に類似した事業である。民生委員が地区の一人暮らし宅に訪問してちらしを配布して参加者を募集する。開催場所は中央公民館で，バス送迎，必要に応じ個人の送迎が行われていた。

4）武豊町の介護予防関連事業のまとめ

　2005年度の武豊町の介護予防関連事業をまとめたものが表1-4である。町は幅広い内容の事業を実施し，参加人数の規模も比較的大きいが健康に意識の高くない人や男性の参加があまり得られていないようであった。また現在のサロンに類似した事業を町，在宅介支援センター，社会福祉協議会がそれぞれ実施しているが，会場や開催頻度はあまり多くないため総参加人数・回数も多くはない。在宅介護支援センターは世帯調査により把握した高齢世帯の情報を基

にした職員による訪問，社会福祉協議会は民生委員を通じて，といったように異なるルートで参加希望者を募集していた。それぞれ類似した事業の必要性を感じながら，またそれぞれの情報把握・伝達ルートを持ちながらバラバラに事業を行っていたのである。このような状況は，武豊町に限ったことではなかったであろう。

2　地域全体で介護予防
——地域のつながり（ソーシャル・キャピタル）を豊かに

（1）ソーシャル・キャピタルへの着目

　序章で述べたように，2006年当時の地域支援事業による介護予防では，ハイリスク戦略に基づく「特定高齢者施策」のみでは不十分であり，ポピュレーション戦略に基づく「一般高齢者施策」において，効果が期待できる新しい事業の開発が求められていた。ポピュレーション戦略に基づく事業として，すでに行われている事業は，1回の参加人数の規模は大きいが開催頻度の低い講座等の受動的なものであった。これまでの介護予防事業の課題を克服し効果が期待できる事業とするためには，地域全体の多くの高齢者に高い頻度で参加してもらい，かつ参加者が能動的に活動できる内容が求められる。しかし，大勢が参加し，高い頻度で活動を行う事業を実施するためには運営に多くのマンパワーが必要になり，人件費等のコストが高くなるため現実的ではない。

　そこで，着目したのがソーシャル・キャピタルである。ソーシャル・キャピタルは日本語では社会関係資本と訳される。ソーシャル・キャピタルは現在様々な分野で注目されて研究が行われているが，論文数では社会学の分野に次いで健康の分野の論文が多く発表されてきており（埴淵 2018），ソーシャル・キャピタルが豊かなことが健康に良い効果をもたらすことを示唆する多くの研究が蓄積されてきている。ソーシャル・キャピタル研究が発展するきっかけをつくった政治学者パットナムによれば，ソーシャル・キャピタルとは「人々の協調行動を活発にすることによって社会の効率を改善できる，信頼，規範，ネットワーク（人と人とのつながり）といった社会組織の特徴」であるという（Putnam 1993 = 2001）。規範・信頼やネットワークが直接健康に結びつくとは考えられないので，何らかの間接的な経路を経て健康に影響するはずである。

どのような経路で健康に影響するかということについて，まだ実証は十分ではないものの，Kawachi et al.（2000）は仮説として①健康行動の変化，②健康に良いサービスが増える，③心理・社会的プロセス，④州レベルなど，自治体レベルの政策の影響の4つの経路を挙げている。

　健康行動の変化による経路とは，地域住民の間のネットワークが豊かになれば，健康に良い生活をしている人，例えば運動習慣がある人や禁煙をしている人との関わりを持つ機会が多くなり，情報を得たり影響を受けたりする機会が増え，健康に望ましい行動をとる人が増えやすくなるという経路である。反対に人との関わりを持つ機会が少なければ，孤立しやすくなる。孤立した者はそうでない者に比べて，生活習慣が乱れやすくなると考えられる。

　健康に良いサービスが増えることによる経路とは，例えば，地域のグループ活動が豊かになることによる経路である。スポーツをするクラブ・サークルがたくさんある地域は，そうでない地域に比べて，地域での定期的な活動やイベントの頻度が高く，ある個人がスポーツ活動に接したり参加したりする機会が増える。また始めた活動を継続する際に有利である。

　心理・社会的プロセスとは，地域の住民の間のつながりや信頼関係が健康に及ぼす経路である。信頼関係がない地域では不安が生じやすくストレスを介して健康に影響しうる。例えば近所で騒音があった場合に，つながりがあって相手の状況を知っていたり，信頼関係があったりすれば，騒音が生じた理由が理解・納得できるであろうし，騒音がなるべく早く止むように努力してくれていると考えることができるかもしれない。つながりや信頼関係がなければ，騒音の相手や原因がわからず，イライラが募るばかりかもしれない。また住民の間につながりや信頼関係がある地域では，あいさつや立ち話，相談をする場があることで情緒的なサポートが得られる機会があり，物のやりとり，用事をしてもらうなど手段的なサポートを得られる機会が増えると考えられる。「令和4年度社会意識に関する世論調査」（内閣府政府広報室）によれば，「何か社会のために役立ちたいと思っている」と答えた者の割合は64.3%であった。具体的な内容としては，「自分の仕事を通して（41.1%）」以外では，社会福祉に関する活動（老人や障害者，子どもに対する，身の回りの世話，介護，食事の提供，保育など）」を挙げた者の割合が31.8%と「自然・環境保護に関する活動（環境美

化，リサイクル活動，牛乳パックの回収など）」の35.2％に次いで2番目に高かった。ほぼ見知らぬ者同士では，このような意志があっても実現する機会は得られにくいかもしれないが，地域のつながりが増え信頼関係が向上することで，社会に役立ちたいと思っている人々が誰かのサポートをする機会を増やせるかもしれない。ほぼ見知らぬ者同士ではこのような意志があっても実現する機会は得られにくいかもしれないが，地域のつながりが増え信頼関係が向上することで，社会に役立ちたいと思っている人々が誰かのサポートをする機会を増やせるかもしれない。

　州レベルなど，自治体レベルの政策の影響による経路とは，地域における信頼や規範の向上が地域の政策への関心につながり，投票をはじめとする政治への参加が盛んになることによる経路である。投票率が上がれば，社会経済的地位が高く，政治への関心が高い一部の住民だけでなく，より多くの住民が求める施策である保健・社会保障等の施策が必要に応じて行われやすくなるはずである。

（2）ソーシャル・キャピタルの恩恵を受けたまち

　ソーシャル・キャピタルが健康に良い影響を与えることを示唆する事例として，「ロゼト」の例がある。「ロゼト」は19世紀後半にイタリアからの移民によってつくられたアメリカの町である（Bruhn et al. 1979）。この町が注目されたのは，1940年頃の心筋梗塞の死亡率が隣町の半分以下であったのに，特別この町の住民が心筋梗塞になりにくい生活習慣を持っていたわけではなかったことである。心筋梗塞の発生原因と考えられている住民の喫煙や運動不足の程度はロゼトと隣町で差がみられなかったのだ。調査の結果明らかになったロゼトと隣町の差は，移民特有の相互扶助の連帯感，つまりソーシャル・キャピタルであった。お金持ちも服装を派手にせず，高級車を見せびらかしたりしなかった。経済的な貧富の差はあったが，その差を感じさせない，住民の間に生じる心理社会的ストレスを小さくする社会のあり方であった。しかし，時が経つにつれロゼトの社会のあり方も変わっていった。住民の中での経済的格差は拡大し，「勝ち組」はそれを見せびらかすようになった。ロゼトのソーシャル・キャピタルは崩壊し，1960年代にはロゼトの心筋梗塞死亡率は周りの町と同程度にな

ったという。

　日本でも，埴淵ら（2010）がロゼトに類似したまちの例を紹介している。この地区（M地区）は，大企業の整備した住宅地で，住民のほとんどが企業労働者と家族であった。他地域からの転居者が中心をなしているまちというところが，イタリア移民の町であるロゼトと類似している。このM地区の住民は，他地区と比べて歩行時間が短い者，喫煙者，趣味活動がない者，酒を全く飲まない者が少ない（酒は少し飲んだ方が健康には良い）というように健康に悪い行動をする者が少なく，健康に良い行動をする者が多いことがわかった。この点は生活習慣が特に良いわけではなかったロゼトとは異なっている。ソーシャル・キャピタルの指標をみてみると，上下関係のない趣味の会などの「水平的組織」への参加が多く，互酬性が高いことがわかった。水平的組織に参加し，互酬性が高い個人は健康も良くなりやすいので，ソーシャル・キャピタルが豊かな個人が多い集団では健康な人の割合は高くなるのは当然である。

　しかし埴淵の分析によれば，そのような個人レベルの効果だけでは説明のつかない地域レベルの効果があるという。ロゼトが注目されたのは，心筋梗塞の死亡率が低いにもかかわらず健康習慣は隣町と差がなかったことにあるが，M地区の場合は，個人の健康習慣が良いことによる効果に上乗せする形で地域全体に対し地域のソーシャル・キャピタルの効果がみられたという。例えば，水平的組織に参加していない者でも，水平的組織参加が多いM地区に居住していることで健康に良い効果がある可能性があるということになる。

（3）どうやって地域全体を健康にしていくのか

　武豊町と大学関係者は，このソーシャル・キャピタル理論を用いることで，地域の高齢者全体を健康にする介護予防事業を開発しようと考えた。現在課題となっているポピュレーション戦略を成功させるためには，多くの高齢者の参加が必要であるが，従来型の介護予防事業のように市町村の職員のみで参加を呼びかけるのでは限界がある。地域住民の既存の組織やつながりを活用することで，より多くの高齢者に参加勧奨することができる。また武豊町の従来の介護予防関連事業での町，在宅介護支援センター，社会福祉協議会のように別々のルートを持っている主体をつなげることができればより効果的である。

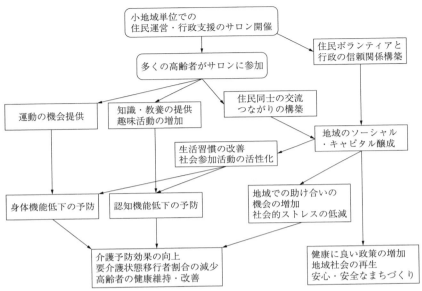

図1-8　「憩いのサロン」プログラム理論仮説図

出所：筆者作成。

　また地域全体のソーシャル・キャピタルを豊かにすることで，Kawachi et al.（2000）の経路を通じた地域住民全体の健康増進が期待できる。図1-8はソーシャル・キャピタル理論を用いて，事業への参加によってどのように介護予防を達成するかの考え方を示した理論仮説図である。事業の最終目標は「介護予防」である。これを達成するための方法として，高齢者の社会参加促進・活動活性化を進めることが下位目標として位置づけられている。サロン事業への参加を通じて住民相互の結びつきを強め，地域のソーシャル・キャピタルを豊かにすることで，サロン事業以外の地域全体の組織活動の活性化をはじめとする健康につながる効果を引き出すことを想定している。

3　敬老堂（韓国）の手法の導入

　多くの高齢者の参加を得られる事業を考えるにあたって，ヒントとなったのは韓国の敬老堂であった。前述の介護給付費適正化特別対策事業として2003年

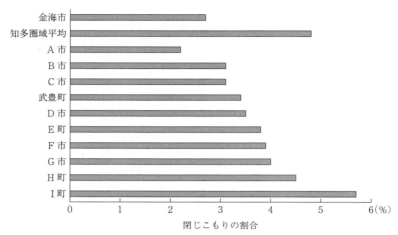

図1-9 韓国金海市と知多圏域の市町の閉じこもり高齢者の割合の比較
出所：愛知県知多圏域，韓国金海市での調査データより作成。

に行った調査と同様の調査を，日本福祉大学の韓国人留学生が韓国の金海市で
も実施していた。知多圏域での調査結果と金海市での調査結果を比較したとこ
ろ，金海市の高齢者の「閉じこもり（外出頻度週1回未満）」割合は知多圏域の
ほぼすべての市町村よりも低かった。つまり韓国の高齢者はよく外出している
ということがわかった（図1-9）。

　調査に関わった韓国の留学生に聞いたところ，韓国の高齢者の約半数が参加
するといわれている敬老堂があることが，韓国の高齢者の外出が多い理由とな
っているのではないかとのことだった。私たちは2005年7月，韓国の敬老堂研
究者を訪問し，現地の敬老堂の見学を行ってどのような活動が行われているの
かを調査した。ただし，日韓の調査方法は全く同じというわけではなく，さら
に「外出」の捉え方も異なる可能性があるなど色々なバイアスが考えられるた
め，韓国の高齢者は知多圏域の高齢者に比べて本当に外出が多いのか，それが
敬老堂の効果によるものなのかはわからない。しかしそれでも，私たちに有用
なヒントを与えてくれた。

　韓国の敬老堂の特徴のうち，本事業を行う上で参考としたのは「アクセスの
しやすさ」「住民主体による運営と行政による支援の体制」の2点である。

　「アクセスのしやすさ」についてみると，「韓国統計局報告」（2005年）によ

── 2　敬 老 堂 ──

　敬老堂の原型は朝鮮王朝時代に成立したといわれている。両班（ヤンバン）と呼ばれる経済的に裕福な家が儒教的観念に基づいて自宅の一部を裕福でない地域住民に開放していた。その後両班の家以外でも「サランバン」と呼ばれる空間が各地につくられた。特定の活動はなく，高齢者の集いの場所という位置づけだったという（Cho 2006）。

　「敬老堂」としては1960年前後に国，地方自治体，地域住民によって自然発生的に形成されていき，これを1989年の韓国老人福祉法の改正によって法律で福祉施設として位置づけた。老人福祉施設のうちの余暇福祉施設として，65歳以上の高齢者が自立的に交流，趣味娯楽，共同作業等の余暇活動を行う施設と定義されている（古賀ら 2006）。160戸につき１つの敬老堂の設置が住宅法（2003年）によって義務化されている。各敬老堂への参加者規模は，古賀ら（2006）の京畿道の山一区の10事例，慶尚南道の河東群の25事例の調査（2004・2005年）によれば，利用登録者数の平均でみると山一区で41.5人，河東群で28.6人であった。特別にプログラムが用意されているわけではなく，立ち寄った高齢者がそれぞれ自由に過ごす場になっており（古賀ら 2006），行政や社会福祉関係者からは「ただ休むところ」と認識されていた（小林 2005）。

　参加者の特徴として，参加者の約３割が低所得者だと回答したという調査結果があるが（Cho 2005），調査回答時に所得は高めに回答される傾向があるため，参加者に占める低所得者の割合がさらに高いと分析されている。また，昼間から飲酒して賭博に興じる人もいたため，敬老堂に対してマイナスイメージを持っている人が少なくない。そのため中間層以上は概ね「参加したくない」という態度を示すという。敬老堂は低い階層の高齢者の集う場として差別的にみられている面も否定できない（斎藤ら 2007）。筆者らも視察時に韓国人に敬老堂のことを尋ねた際に「なぜそんなものに注目するんだ」という疑問を持たれたことがあった。一般的には介護予防に役立つものとは認識されていないと考えられる。

　れば，高齢者人口約438万人に対し，韓国中に５万1,000カ所強の敬老堂が存在していた。単純計算では高齢者約86人に１カ所という非常に高い整備密度となる。高齢者の約４割が参加するといわれる要因の一つにこのようなアクセスのしやすさがあると考えられる。しかし韓国国内にも地域差があると考えられたため，私たちは都市部と農村部両方の敬老堂の見学を行った。人口の多い都市

部においては高密度に敬老堂が設置されており，住居から歩いて行ける範囲に複数の敬老堂があるとのことだった。韓国では住宅法（2003年）によって160戸につき1つの敬老堂の設置が義務化されているという。2005年の視察時，農村部の敬老堂では農繁期であったため，敬老堂で活動している様子を見ることはできなかった。農村部の敬老堂の設置密度は都市部に比べて高くないが，それでも日本における公民館くらいの地域単位にあるような印象であった。

「住民主体による運営と行政による支援」は，すべての敬老堂で行われているわけではなかった。韓国全体で約5万カ所ある敬老堂ではあるが，多くは特定の活動があるわけではなく，高齢者の集いの場所という位置づけであった。私たちが見学したのは，2000年以降，「老人福祉館」（保健福祉部，韓国の厚生労働省にあたる部署の管轄する施設）という施設の支援を受けて，モデル的に行われている「活性化事業（敬老堂活性化方策及び模型化事業）」の対象の敬老堂（2006年時点で1,500カ所）の一つであった。そのモデル事業では老人福祉館が，敬老堂へソーシャルワーカーの派遣，各敬老堂のリーダーを老人福祉館に集めての学習・研修事業による支援を行っていた。ソーシャルワーカーは1人で5カ所ほどの敬老堂を担当し，1カ所につき週に1〜3日訪問を行っている。そのほか，理学療法士などの専門職による支援も行われている。学習・研修事業として，新しい活動プログラムや運営方法を学んだり，他の敬老堂の活動を参考にしたりする仕組みがある。

その結果，それぞれの敬老堂が単独で運営するよりもメニューが豊富になり，活動内容が豊かになっていると考えられた。メニューにはダンス，マッサージ，歌，囲碁・将棋，習字，語学，パソコン，識字などがある（斎藤ら 2007）。このような多彩で質の高い活動プログラムを持つことも敬老堂の魅力を向上させ，多くの参加者を得ることにつながっていると考えられる。また，このように豊かなメニューがあるものの，視察した敬老堂では体操などのプログラムに参加せずに会場の端で見て楽しんでいるだけの人もいた。その人たちは体操はできないが，他の参加者との交流をするために来ているのであろう。このような参加の仕方ができることも参加へのハードルを下げ，参加者を増やすことにつながっていると思われた。

日本でも敬老堂のような場所がないわけではない。高齢者の居場所づくりの

表1-5　「ふれあい・いきいきサロン」の対象別設置数
　　　　の推移

	1997年	2000年	2003年	2005年	2018年
高齢者対象	3,159	12,669	32,314	32,522	68,447
精神障害者対象	43	52	111	119	250
知的障害者対象			89	90	126
身体障害者対象			159	214	134
ひきこもり	—	—	—	—	82
子育て家庭	58	236	2,183	3,337	4,716
複合型			2,062	2,719	10,703
その他	99	215	250	495	2,320
計	3,359	13,172	37,168	39,496	86,778

出所：全国社会福祉協議会（2006），全国社会福祉協議会，地域福
祉推進委員会，全国ボランティア・市民活動振興センター
（2020）より作成。

活動として，全国社会福祉協議会が進める「ふれあい・いきいきサロン事業」
がある。全国社会福祉協議会は1994年に「ふれあい・いきいきサロン開発マニ
ュアル」を発表し，高齢者の地域生活を住民自らが支え合う取り組みとしてサ
ロンづくりを提案した。全国社会協議会によれば，サロン事業とは「地域住民
の仲間づくり・交流」「健康の維持」「情報提供」を目的とする地域の拠点づく
りの活動である。参加者は当初高齢者が想定されていたが，子育てに悩む親，
障害者，青少年など多様化してきている。サロン事業の担い手は民生委員，児
童委員，町内会・自治会，地区社会福祉協議会などが中心となっているが，商
店街，福祉施設，NPO，学校，病院など様々な主体が関わる例がみられ，活
性化プログラムが導入されている敬老堂のようにプログラムの支援が制度化さ
れているわけではないが，本事業に先行する事業として重要な事業である。サ
ロン数，サロンを設置する市区町村とも増加を続けている（表1-5）。

4　サロンプロジェクトのメリット――参加しやすさ

　私たちは，地域全体のソーシャル・キャピタルを豊かにし，多くの高齢者が
いきいきと参加できる事業を開発するため，すでに社会福祉協議会等によって

進められている「地域サロン」，韓国の敬老堂を参考に，地域サロン型の事業を目指すことになった。参加をしやすくし，多くの参加者を得る方針として，「アクセスの改善」「多彩なメニュー」「自主的な運営と支援」を設定した。

　「アクセスの改善」は，公民館等を用いて多拠点に地域サロンを設けることにより，自宅から会場までの移動距離を短縮してアクセスを改善し，より参加しやすくすることを目指すものである。武豊町の従来型の介護予防事業では保健センター等で事業を実施する場合が多かった。保健センターや中央公民館は先述のように町の中心部に位置している。町の中心部近くに住む高齢者や元気で自家用車や自転車等を利用できる高齢者は参加するにあたって困難は少ないが，やや虚弱な高齢者のうち中心部以外の地域に居住している者にとっては参加へのハードルが比較的高くなる。アクセスを改善できれば，町の中心部以外の高齢者の参加を増やすことができると考えた。アクセスが良いほど参加が増えるという関係は，武豊町の65歳以上の自立高齢者を対象に行った調査データを用いた分析（平井ら 2008）でも確認された。図1-10は自宅から介護予防事業や保健センター，中央公民館等の町施設までの距離別の町施設の利用者割合（月1回以上）をみたものである。男女とも，町施設までの距離が近い者に対して遠い者で参加割合が低く，アクセスが参加しやすさと関連していることが示された。

　アクセスの問題を克服するため，徒歩で参加できるように徒歩15分圏程度の小地域ごとにサロンを設置することを目指そうということになった。図1-11は2006年時点の自立高齢者の分布を100mメッシュ単位で示したものである。高齢者の歩行速度を0.5～1.0m／秒とすると15分圏は450～900mとなる。ここではやや虚弱な高齢者の参加を考え500m圏を用いて，自立高齢者の分布に合わせて配置しどの程度の数の会場が必要になるかを概観した（図1-12）。実際には会場になり得る建物がなければその場所で実施することはできないが，この図からは，この方針を実現するためには少なくとも14カ所前後の会場が必要になりそうであることがわかる。

　「多彩なメニュー」は，「参加してみたい」「参加できそう」と思う高齢者を増やすための方針である。例えば，体操だけのプログラムを実施するだけのサロンであれば，体力・運動に自信のない高齢者は参加しようと思わないであろ

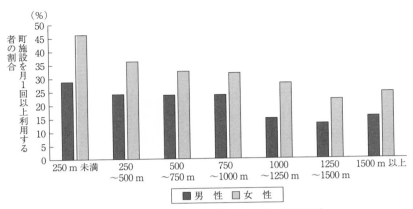

図1-10　町施設までの距離別の町施設利用者割合

出所：平井ら（2008）より作成。

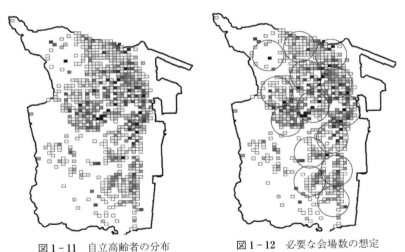

図1-11　自立高齢者の分布　　図1-12　必要な会場数の想定

出所（図1-10・11）：総務省統計局「地図で見る統計2005年国勢調査データ」，国土交通省「国土
　　　　数値情報ダウンロードサービスの土地利用細分メッシュデータ」より作成。

う。また，お茶を出しておしゃべりをするだけの集まりなら，多くの男性は敬
遠するかもしれない。多彩なプログラムメニューを持つことで，これなら参加
できるかな，と思ってもらい，参加機会をできるだけ増やすことを狙った方針
である。

「自主的な運営と支援」は，「アクセスの改善」のための多拠点での事業実施

のために運営者として住民の力が不可欠だという必要性とともに，より参加者に近い住民の視点で適切で魅力的な活動内容を作っていくというねらいを持っている。地域高齢者全体をターゲットとする本事業では，前述したように町内に14カ所前後の会場が必要になると予想され，その会場を運営するため多くの人員が必要になる。事業の運営を職員・専門家のみで行おうとすれば，人数上の限界から頻度が小さくなり，開催できる地域も限られざるを得ない。前述のように在宅介護支援センターが実施していた小地域交流事業「はつらつひろば」は，なるべく多くの地域で参加してもらおうと町内で場所を変えながら実施していたため，各地域あたりの開催頻度は小さくせざるを得なかった。専門家ではなく，敬老堂やいきいきふれあいサロンのように住民による運営とすることで，多くの地域で比較的高い頻度での活動が可能になる。しかしただ住民に丸投げしてしまうのではなく，住民の主体的な運営に対し行政が地域サロン運営の場所・資金確保，人材養成や広報などで支援を行うという事業を目指した。「多彩なメニュー」の提供においても，ある1つの会場のスタッフで多彩で質の高い活動プログラムを作り続けるのは負担が大きい。そこで，敬老堂のように，プログラムの開発を支援したり，サロン間で情報交換したりできる場を設定するという支援も必要であると考えられた。

　これらの3つの方針に沿った事業が実現できれば，従来の介護予防事業に比べて，高齢者における健康格差の抑制が期待できると考えられた。序章で述べたように，健診受診によるスクリーニングでは身体的に健康で，健康への意識が高い者のみが集まりがちである。前述の武豊町の介護予防事業でも意識の高い者が複数の事業に参加し，リピーターとなっていた。一方で社会経済的地位の低いほど生活習慣が良くない（松田ら 2005）など健康への意識が低い者は健診を受診しにくく，従来の介護予防事業に参加しにくかったかもしれないが，サロン事業では多彩なメニューを提供することで健康に関心がなくても参加してもらえる可能性がある。

　また社会経済的地位が低いほど，自家用車を保有できなかったり，タクシーが利用できなかったりと移動が不利であると考えられるが，徒歩圏にサロンがあればその不利の影響は大幅に緩和されるであろう。趣味を持つことは介護予防にも効果的であるが（竹田ら 2010），社会経済的地位が低い者ほど趣味は少

38

ないという分析結果が報告されている（竹田ら 2005）。自宅近くで様々な趣味的な内容のプログラムを提供するサロンへの参加をきっかけに趣味を持つ機会ができれば，社会経済的地位による健康格差を縮小できる可能性がある。これまでの介護予防事業や町中心部で行われる講座や活動では届かなかった人たちに参加の機会を増やし，多くの参加を得ること，健康への意識が強くなくても，自然に健康になりやすいまちに変えていくことが武豊プロジェクトのねらいであった。

参考文献

厚生労働省「平成28年度　保健師活動領域調査」（https://www.mhlw.go.jp/toukei/list/139-1.html，2019年 1 月31日アクセス）。

古賀紀江・横山ゆりか・金光浩・李京洛（2006）「高齢期の地域生活継続を支える場としての韓国敬老堂――敬老堂の使われ方の報告と考察」『前橋工科大学研究紀要』9, 93-96頁。

国土交通省国土政策局国土情報課「国土数値情報ダウンロードサービス」（http://nlftp.mlit.go.jp/ksj/，2019年 1 月31日アクセス）。

小林和美（2005）「韓国における高齢者の暮らしと福祉サービスの利用」『大阪教育大学紀要Ⅱ，社会科学・生活科学』53(2), 1-12頁。

斎藤嘉孝・近藤克則・平井寛・市田行信（2007）「韓国における高齢者向け地域福祉施策――『敬老堂』からの示唆」『海外社会保障研究』159, 76-84頁。

全国社会福祉協議会（2006）「多様化し地域に根づく『ふれあい・いきいきサロン』」『NORMA』199, 2-4頁。

全国社会福祉協議会，地域福祉推進委員会，全国ボランティア・市民活動振興センター（2020）「社会福祉協議会活動実態調査等報告書 2018」（https://scb43a48fd0a99fa2.jimcontent.com/download/version/1592877241/module/13668826189/name/%E7%A4%BE%E4%BC%9A%E7%A6%8F%E7%A5%89%E5%8D%94%E8%AD%B0%E4%BC%9A%E6%B4%BB%E5%8B%95%E5%AE%9F%E6%85%8B%E8%AA%BF%E6%9F%BB%E7%AD%89%E5%A0%B1%E5%91%8A%E6%9B%B82018.pdf，2023年 8 月25日アクセス）。

総務省「平成28年度地方公共団体の主要財政指標」（http://www.soumu.go.jp/iken/zaisei/H28_chiho.html，2019年 1 月31日アクセス）。

総務省統計局「統計でみる市区町村のすがた」（https://www.stat.go.jp/data/s-sugata/index.html，2019年 1 月31日アクセス）。

竹田徳則・近藤克則・平井寛・斎藤嘉孝・吉井清子・村田千代栄・松田亮三（2005）

「地域在住高齢者の趣味活動と社会経済的地位」（日本の高齢者——介護予防に向けた社会疫学的大規模調査）『公衆衛生』69(5)，406-410頁。

竹田徳則・近藤克則・平井寛（2010）「地域在住高齢者における認知症を伴う要介護認定の心理社会的危険因子——AGES プロジェクト 3 年間のコホート研究」『日本公衆衛生雑誌』57(12)，1054-1065頁。

武豊町誌編さん委員会編（1984）『武豊町誌　本文編』武豊町。

内閣府政府広報室「社会意識に関する世論調査（令和 2 年 1 月調査）」(https://survey.gov-online.go.jp/index-sha.html，2020年10月17日アクセス）。

埴淵知哉・近藤克則・村田陽平・平井寛（2010）「『健康な街』の条件——場所に着目した健康行動と社会関係資本の分析」『行動計量学』37(1)，53-67頁。

埴淵知哉（2018）『社会関係資本の地域分析』ナカニシヤ出版。

平井寛・近藤克則（2008）「高齢者の町施設利用の関連要因分析——介護予防事業参加促進にむけた基礎的研究」『日本公衆衛生雑誌』55(1)，37-45頁。

松田亮三・平井寛・近藤克則・斎藤嘉孝（2005）「高齢者の保健行動と転倒歴——社会経済的地位との相関」（日本の高齢者——介護予防に向けた社会疫学的大規模調査）『公衆衛生』69(3)，231-235頁。

Bruhn, J. G., Wolf, S. (1979) *The Roseto story: An anatomy of health*, University of Oklahoma Press.

Cho, So-Young. (2006) "Development of Kyunrodang senior care services in Korea" 21st Century COE Program, Nihon Fukushi University Working Paper Series. (http://www.nihonfukushi-u.jp/coe/report/pdf/wp-cho.pdf, 2019.1.31.)

Kawachi, I., Berkman, L. F. (2000) "Social Cohesion, Social Capital, and Health" in Berkman, L. F., Kawachi, I. (eds.) *Social Epidemiology*, Oxford University Press, pp. 174-190.

Putnam, R. D. (1993) *Making Democracy Work : Civic Traditions in Modern Italy*, Princeton University Press. (＝2001，河田潤一訳『哲学する民主主義——伝統と改革の市民的構造』NTT 出版。)

（平井　寛）

第2章	住民が主役となる「活動づくり」
	——「憩いのサロン」の設立プロセス

　第1章では，従来の介護予防事業の限界を踏まえ，その限界を克服するような新しい事業の漠然としたイメージが他地域の事例を参考にしてつくられた経緯を記した。これまでの町の介護予防事業にはない，「アクセスの改善」「多彩なメニュー」「自主的な運営と支援」という方針は定まったが，これらの方針を実現する事業を地域で立ち上げ，展開していくためには，いくつかの条件を揃えることが必要になると考えられた。揃えるべき必要な条件とは，人材（運営の担い手），場所，実施内容，予算であり，それを揃えていくための具体的な計画を作成しなければいけない。本章ではこの計画をどのように作成し，事業実施の準備を進めたかをみていく。特に先行事例の視察から何を学んだか，どんなメンバーで計画したのか，どうやって運営の担い手を集め，主体性を引き出していったのか，最後にこの期間に町職員が事業の準備に費やした時間を記した。

1　関係者を集めながら具体化する

　この新しい事業を効果的にするため，また持続的にするため，事業の具体的な計画を誰が作っていくのかを十分に検討する必要があった。私たちは具体的な計画を作成するため，定期的に開催する「武豊町介護予防モデル事業計画準備会議」「武豊町介護予防モデル事業介入研究会」の2つの会議を両輪として進めることにした。

　「武豊町介護予防モデル事業計画準備会議」（以下，「会議」）は，主として計画書の作成と事業実施に必要な条件を揃えるための準備を進める役割を担っていた。当初の参加者は介護保険の担当課である福祉課，保健センター，大学関係者だったが，後述するように計画・準備に必要なメンバーが加わっていった。会議は2006年2月から2006年9月の間に7回行われた（表2-1）。「会議」以外

表2-1 計画書作成までの経緯

日　付	会議・視察	協議内容	決定・確認事項	参加メンバーの変化
2/22	第1回会議	計画書の期限の決定 計画を作るメンバーについて	12月の議会で補正予算を組むことを想定する 社協の人に計画組織に参加してもらう 先行事例視察が必要	福祉課・健康課・大学関係者でスタート
3/14	第1回 先行事例視察	多摩市「永山福祉亭」柏市「ほのぼのプラザますお」視察	事業に必要な人員・資金のめど ハードは行政，ソフトは住民で 各課の連携が必要	健康課・大学関係者
3/17	第2回会議	支援の方針について 地域の資源・人的資源と利用可能施設の確認	目的を介護予防として明示する 支援は人材育成・資金・場所 食生活改善員・保健推進員・自主サロン主催者への呼びかけ	社協ボランティアセンターが参加
4/5	第2回 先行事例視察	知多NPOツアー	行政の理解・後ろ盾があるとよい 情報発信が重要	福祉課・健康課・大学関係者・社協ボランティアセンター
4/20	第3回会議	既存の事業について 支援の内容について	在宅介護支援センターの行っている小地域交流事業の紹介 ボランティアにすぐ任せるのは難しい バックアップ・研修が必要	在宅介護支援センター，企画情報課が参加
5/24	第4回会議	事業の方針について	プロジェクト型ではじめ，プロセス型へ移行する方針「ハイブリッド型」で行う	
6/30	第5回会議	報告書検討	報告書内容の検討 理念・方針　←介入研究会から提案	
7/27	第6回会議	報告書検討 視察準備	報告書内容の検討 視察の際にインタビューする内容の検討	
8/10	第3回 先行事例視察	兵庫県稲美町視察	人材養成が必要 地域住民組織の活用が有効	
8/29	武豊町内視察	町内の地域資源を探す 利用可能な資源を探す 計画メンバー懇親会	サロン事業会場候補地の確認	
9/14	第7回会議	報告書検討 ボランティア募集／ワークショップについて	報告書の完成 ボランティア住民説明会とワークショップ日程の決定	

出所：平井（2009）を一部改変。

に，3回の事例視察，武豊町内の地域資源視察ツアーを町・大学共同で行った。

　もう一つの「武豊町介護予防モデル事業介入研究会」（以下，介入研究会）は，大学関係者のみが参加した。この事業には，まだ科学的根拠を持つ先行事例がない。お手本のないこの事業を，どのような方針で進めていくかを町担当者達が判断し選択していかなければならなかった。介入研究会は，町がより良い選択をするための判断材料を提供する役割を担った。介入研究会では先行事例の文献研究や，大学関係者の人脈を活かした情報収集，各学問分野の理論の紹介などが行われ，議論した内容が「会議」で報告された。

　第1回の「会議」の参加者は介護予防関連の職員と大学関係者のみが参加し，武豊町と大学との協定の締結，事業のスケジュールの確認，計画組織づくりの方針等の今後の進め方に関すること，事業の評価を行うための事前評価とボランティア募集も兼ねることになる高齢者対象アンケートの準備手続き，事業のイメージをつくるために次回「会議」までに急いで先行事例の視察を行うことが決定された。

　事業のスケジュールの確認として，揃えるべき条件のうちの一つ「予算」について，12月の議会で補正予算を組むことを想定して，11月までに事業の計画を固めなければならないことが確認された。計画組織づくりについては，運営の「担い手」に関して，住民ボランティアによる運営を考えていく必要性から，社会福祉協議会（以下，社協）に計画組織に参加してもらうことを決定した。

（1）どのような支援が必要かを探る

　第1回の「会議」の後，第1回の先行事例視察として保健センター職員と大学関係者で東京都多摩市の永山福祉亭，千葉県柏市の介護予防センターほのぼのプラザますお（以下，ほのぼのプラザますお）の2カ所の視察を行った。この視察の目的は事業のイメージをつかむこと，行政としてどのような支援が必要なのかを理解することであった。私たちは敬老堂をヒントにしつつも，日本における住民主体・行政支援の事業をまだ見たことがなかったのである。

　永山福祉亭は，団地の中のいわゆる「シャッター街」の一角にある，飲食物を提供している喫茶店タイプのたまり場で，1日あたり6〜8人程度のボランティアで運営されていた。ボランティアは交通費のみが支給されている無償の

ボランティアであった。永山福祉亭は市の呼びかけで集まったメンバーが都と市の補助金を受け，「高齢者の居場所確保」と「世代間交流」を目的とした，「高齢者社会参加拡大事業運営協議会」を結成して開始し，その後 NPO に運営が引き継がれていた。月の売り上げは90万円程度で，経営は非常に厳しい状況だった。また運営人材の面でもボランティアの不足が慢性的な問題となり，定休日を設けるようになったとのことだった。

　ほのぼのプラザますおは，柏市の介護予防拠点として2002年5月にオープンした。柏市の直営で「誰もが出かけていきやすい場所づくり」を目指して高齢者の仲間作りや健康づくり事業，ボランティア活動支援事業などを行っている。市職員4人（うち常駐は所長1人）とボランティアコーディネーター3人（社協ボランティアセンター，生涯現役ときわ会，レクリエーション協会から各1人）で企画運営を行っている。コーディネーターはアンケートのとり方や傾聴技法などを学んだ人が行い，企画の開発等を担当する。企画にはプラザ企画，住民とプラザの共同企画，住民の企画の3種類があり，どの場合でも必ず外部に呼びかけ常に新しい参加者を集めるようにしている。講座は長期間行わず，講座終了後に修了生をそのまま翌年の企画委員にする等，受講者がグループをつくって自立するように促しているのが特徴である。グループ結成後の活動場所はほのぼのプラザますおではなく，市会館等の場所を確保する支援が行われている。

　福祉亭は NPO，ほのぼのプラザますおは行政と立場は異なるが，活動の運営・支援方法については，場所や資金などのハードは行政，ソフトは住民が担当するのが良いという考えを持っていた。また，ほのぼのプラザますおの担当者は，行政の各課の連携の必要性を指摘していた。

　この視察の成果を踏まえ，第2回の「会議」では支援の方法について話し合った。行政が場所の確保や資金などハードの支援を行うこと，人材不足によって疲弊しないように人材養成を行うことが必要であることが確認された。人材の確保にあたって，明確な問題意識を持っているリーダータイプの人材だけではサロン運営に十分な人数には足りないと考えられた。そのため，リーダータイプ以外の「手伝ってもいい」という層を取り込むことが必要になる。比較的明確な問題意識を持たない「手伝ってもいい」という層を動かすためにはこちらで明確な目的があった方が良い。本プロジェクトには「ソーシャル・キャピ

タルの醸成」「まちづくり」など最終的な目的があったが，やや大きすぎで伝わりにくいと思われたため，わかりやすい目的として「介護予防」に絞り，小地域単位にサロンを形成するイメージを設定して明確に打ち出すこととした。

　事業開催場所や人材育成について検討するため，町内で活用できる資源や現在行われているサロン型の活動の洗い出しを行った。この第2回「会議」から社協ボランティアセンター担当者が参加し，町内でのこれまでのボランティアの養成と活動状況の情報が計画メンバー間で共有された。また，地域全体に関わり，多くの参加者や協力者を求める本事業では早い段階から関連する団体に計画に参加してもらう事が重要であるという意見が出され，町内ですでに活動している食生活改善員，ボランティア連絡協議会の準備会，自主的なサロンを運営する「おぶかめの会」に連絡をとることとなった。

　第2回視察は地元の事例をみておく必要性があるということで，介入研究会で提案された。武豊町のある地元の知多半島でNPOが運営する5つのサロンを視察した。どのNPOも長い時間をかけて事業を発展させてきており，活動に誇りを持っているためか，第1回の視察先の永山福祉亭やほのぼのプラザますおとは違い，全体的に各NPOのリーダーはあまり行政による支援の必要性を強調しなかった。しかし，「自分たちの活動に行政の理解がないことを残念に思う」という声もあった。行政が理解してくれて情報発信してくれるだけでも，周囲の理解があり，怪しまれることがなく活動がしやすいとのことだった。

　第3回「会議」においては，これまでの協議や視察の結果として，行政が場所・資金の確保，人材養成に加え，情報発信の支援を行うことが必要であることを確認した。また，この会議から参加した在宅介護支援センターの担当者から，これまで在宅介護支援センターが実施してきた小地域交流事業「はつらつひろば」についての報告があった（詳しくは第1章参照）。

　在宅介護支援センターは，第1章で前述したように，独居高齢者や高齢者世帯に訪問する世帯調査・訪問を行う中で，職員は地域で集まってみんなで顔を合わせるサロンのような事業があればよいと考え，小地域交流事業を始めていた。しかし運営する職員の人数の条件のために，町内の各所に場所を変えながら年9回実施するのが限度だったという。各地域の高齢者にとっては近所で開催されるのは1年に1回だけとなっていた。「地域の人たちの力も借りて全地

域で月1回程度実施する」という事業は，在宅介護支援センターの担当者たち
が目標としていたことだったそうだ。大学関係者だけでなく，保健センターの
職員もこの小地域交流事業，そしてこの事業の開催頻度を上げたいという思い
についてはこの時まで知らず，この場で初めて共有された情報であった。

　予算の確保については，当初は11月までとされていたが，計画作成の期限を
8月頃までと早めて，その後関係部署に働きかけて調整をして11月末まで合意
が得られる形で12月の議会で補正予算をとるというスケジュールに変更した。

　第3回視察は兵庫県稲美町の事例を視察した。稲美町のサロンは「保健師を
必要とする健康活動だけでは限界があるため，保健師がいなくてもできる健康
活動をしたい」という思いで始まった事業で，老人会・自治会という既存の資
源を運営主体として49会場で月1回程度のサロン活動を実施していた。地域全
体で開催するという武豊町の目指す姿に近い事例である。

　稲美町は事業を始めるにあたって，各地域の老人クラブに電話調査を行い，
活動内容などを調査した上で，町の考える活動の趣旨を話し，好感触のところ
を選出した。選出した地域の退職職員や老人会長を説得して協力をあおぎ，13
カ所でモデル事業的に開始した。最初の2年は町の直営とし，3年目からは運
営を社会福祉協議会へ委託していた。自治会・老人会を母体にしていることで，
開催場所として公民館を確保できており，老人会に入ったらサロンにも入る，
というように新規参加者も入ってくるなどのメリットが得られていた。行政は
直営時のリーダー・講師である「インストラクター」の派遣，社会福祉協議会
への委託後にはリーダーとなる人材「ハートスタッフ」を有償ボランティアと
して養成・派遣するという方法で支援していた。

　視察に行った私たちへのアドバイスとして，サロンを面白いと思わせること
が重要であり，そのために盛り上げる役割（インストラクターやリーダー）が必
要であること，お金を十分にかけるのがよいとのことだった。稲美町では上記
のインストラクター費用（1回1万5,000円）や派遣する講師などの費用として
1会場で50万円（直営時）をかけていた。また，地域の自治会長・民生委員・
老人会長などの協力を得ることが重要であるとのことだった。

（2）どんなメンバーで計画するのがよいのか

　介護予防関係職員と大学関係者のみで始まった計画組織であったが，必要に応じて他部署のメンバーを加えてきた。本事業は地域全体に介入し，高齢者の介護予防やソーシャル・キャピタルの醸成を目指す事業である。通常の保健センターで行われている介護予防事業であれば福祉課，健康課と大学でよいが，多くの参加を得る上でも，また地域全体へ広げていくためにも，介護保険関連以外の部署にも遠からず協力を求めることになる。先行事例で訪問したほのぼのプラザますおの担当者も行政は各課の連携が必要であるという考えを持っていた。地域でのたまり場のようなものをつくろうとするなら，地域にすでに関わっている部署や組織を巻き込んでいく必要があった。

　また，各部署や組織からどのような人に参加してもらうかも重要である。いわゆる「えらい人」たちばかりでは，実際に現場で動けないかもしれない。若手すぎると意思決定ができないかもしれない。町と大学との協議で設定された理念・方針を，実際の事業として具体化していくための現場の経験と知識を持っている人，事業開催の際の担い手となる住民ボランティアや，利用者となる住民とのつながりがある人が必要とされた。そのため，担い手となるボランティアとの関わりがある社会福祉協議会ボランティアセンター，地域での交流事業を行っていた在宅介護支援センター，住民主体のまちづくりに取り組む企画情報課から現場に直接関わっている職員各1人が計画組織に参加したのである。

　本事業は最終的には町の直営でなく，住民による運営を目指している。将来的に事業の運営を担う可能性のある住民を集めて計画から参加してもらうかどうかも議論された。計画の早い段階から住民が参加する場合は，自分も関わった上で決めたことを実施することになるので，住民のモチベーションが高くなると予想される。参加するのが遅ければ，行政が決めたことを「やらされている」と感じる可能性が高まると考えられる。

　だからといって，早ければよいというものではない。まだ事業の明確な目的や方法が固まっていない段階では活動内容のイメージがつきにくく，集まった住民それぞれの問題意識が異なれば話し合いが収束しない可能性がある。しかし事業の方針がある程度固まった段階で，明確な目的を示して住民に呼びかければ，同じ問題意識を持った人が反応するはずである。当事業ではその上で住

民の自主性を発揮する余地を残したいと考えていた。

　また住民個人ではなく，事業の運営を委託できる可能性がある住民組織・主体には計画段階から加わってもらった方がよいのではないかという議論もあった。永山福祉亭のようにNPOへの引き継ぎを考える場合であれば，NPOに計画組織に参加してもらうという方法もある。しかしNPOの参加については計画メンバーから懸念が出された。NPOが計画から参加すると，事業の内容を自分たちの組織にとってやりやすいように誘導してしまう可能性があることが指摘された。運営者がやりやすいのは悪いことではないが，問題はNPOのやりたいことと町の高齢者のニーズが異なるかもしれないということである。そうなれば，ニーズがなくても毎年その事業に委託費がつくというようなことが起こりうる。高齢者のニーズといっても，特定のNPOが重要と考える一部のニーズではなく，なるべく多くの高齢者のニーズを満たすように考えなければならない。

　そのため，本事業では，計画段階では住民や住民組織を加えずに進めることとなった。これはあくまでも今回の事業の方針と取り巻く条件の下で議論された結論である。他の目的で異なる条件の事業であれば適切な方法は異なるだろう。

2　ハイブリッド型戦略の立案
——ボトムアップだけでもトップダウンだけでもなく

　本事業で実施するサロン活動は，住民が主体的に運営する住民参加型の活動とすることが方針として定まっていたが，一口に住民参加型の事業を行うといっても，その立ち上げや運営の方法には様々な進め方がある。それらは大きく分けてボトムアップ型とトップダウン型の2つに分けられると考えられた。

　第4回の会議ではどのような型で立ち上げ・運営を行うかについて協議した。ボトムアップ型は，住民を組織し地域の課題について話し合いを進め主体的な活動を行っていく方法である。この場合，より主体的な参加とその後の活動の継続性，民主的で自治的な地域づくりが期待できるという長所がある。その一方で，話し合いなどに準備期間が相当必要であり，その期間が年度内に収まるかどうかも不確実である。また住民自身の選択の結果としてサロン活動につな

がらない場合も想定しておかなければならないという短所がある。トップダウン型は，事業の目的と内容を行政が設定し，その事業に参加する住民ボランティアを募集する。集まったボランティアに事業の実施をしてもらうという進め方になる。目的が明確なので，それにあった人集めがしやすく，それに向けて機能的に準備ができるため，限られた期間の中で一定の成果を得やすいという長所があるが，行政の関与がなくなると活動が停滞する可能性が高く，サロン活動だけに活動が固定化し，その後の事業展開やまちづくりへの広がり，ソーシャル・キャピタルの醸成にはつながりにくいと考えられる。

　かつて国際開発の分野でも，先進国が資金と人材を注ぎ込んで途上国の開発をしたものの，プロジェクト期間が終了し資金と人材が引き上げられてしまうと地域住民が開発の成果を活用できず，開発前の状態に戻ってしまうということがあったという。だからといって行政の関与を続ける形をとれば，行政のマンパワーの限界により会場を地域全体に展開していくことが難しくなる。どちらの形をとるかは非常に難しい問題であり，簡単には決まらなかった。

　町職員は，トップダウン型だと「広がりがなく，みんなで一生懸命話し合いをして盛り上がったのに，そのあと下火になって10年後に何もない可能性もある」とトップダウン型の短所への限界を感じる一方で，「何をやるか考えて下さい」というより，活動内容を決めて依頼する方が人は集まりやすいという感触も持っていた。もう一方のボトムアップ型については，自分たちで地域の課題を考えるという意識づけだけでも時間がかかり大変なことになると予想していた。「担当としてはトップダウン型の方が無難なような気がする」と，ボトムアップ型の確実性のなさ，先の見えない危うさも感じていた。介護予防は1回やればよいというものではなく，今後も続いていくものであるため，ボトムアップ型にあるような地域づくりが理想だが，準備期間が長くなる可能性があり，いつになったらできるというめどが立たない。サロン事業などの交流事業になるかどうかもわからないなど不確実な要素が多く，完全なボトムアップ型で行うことは町の事業としては適さないという考えは「会議」全体で共有されていた。

　町と大学関係者の協議の結果，両者を組み合わせ，トップダウン型で開始しボトムアップ型に移行するという「ハイブリッド型」を目指すことになった。

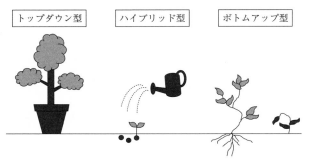

図2-1　トップダウン型，ボトムアップ型，ハイブリッド型の
　　　　イメージ

出所：筆者作成。

具体的には，事業の大枠の方針のみを定めて住民ボランティアを募集し，活動
内容を住民ボランティアの協議により決定していくというものである。その協
議の過程で，地域の課題を自分たちの問題として捉えて活動内容を考えること
により主体性を形成しよう，つまりボトムアップ型への転換を図ろうとするも
のであった。

　地域住民の中には種としての問題意識を持つ人々がいるが，きっかけも支援
もなくては芽吹くこともそこから成長していくのも容易ではないだろう。視察
を行った知多半島のNPOの活動も最初の数年間は参加者が集まらず「閑古鳥
が鳴いていた」という。私たちはその期間を乗り越えて生き残ったNPOの活
動を見ているが，その間に支援を得られず消えていった活動もあったかもしれ
ないのである。ハイブリッド型の方法は地域にある種にきっかけと支援を行う
ことで成長しやすい環境をつくることをねらっている。図2-1はトップダウ
ン型，ボトムアップ型，ハイブリッド型のイメージである。

　この方法はこの時点では「よし，これでうまくいくぞ」というような本当に
よい方法なのかどうかはわかっていない。活動の大枠を決めるところまでは従
来型のトップダウン型と変わらない。その途中から住民が主体的にやるように
と言われて自主的な活動になり，期待されるような効果につながっていくのか
どうかはまだわからなかったのである。計画づくりの大枠は，ほぼ第4回の
「会議」までで完成した。第5回と第6回「会議」は計画書の内容と視察先の
検討，第7回「会議」は本事業の「主役」となる住民を集め，協働を進めてい

く方法と日程について話し合いが行われ，計画の段階は終わった。ここから「ハイブリッド型」という，町にとって未経験の事業への挑戦が始まった。

3　「主役」となる住民を集める

　本事業は，住民ボランティアによる自主的な運営を行うことを想定していた。その住民ボランティアを募集すること，参加意思のある住民に事業を説明し協力を求めることを目的に，2006年10月に住民説明会を開催した。その住民説明会に先立って，町の高齢者を対象としたアンケート調査（事前調査）と，住民説明会で使用する事業内容の説明パンフレットの作成を行った。

　アンケート調査は2006年7月，武豊町の要介護認定を受けていない55歳以上の高齢者全体を対象として行った。この調査の目的は2つあった。一つは事業の効果を評価するため，事業開始後のデータと比較できるように事業開始前の事前評価データを収集すること，もう一つはアンケート調査を通じて事業協力ボランティアを募集することである。事前評価データ収集は，町の高齢者の中にこの事業を希望する人がいるのか，また「閉じこもり」などの要介護の予備群がどのくらいいるのか，サロン事業のような交流事業のニーズがどれだけいるのかというニーズ評価を行うためのものである。ここで把握した事業ニーズが町内のどの地域にどれくらいあるのかというデータは，この後，ワークショップ等の事業内容の検討の場において活かされていく。

　調査票による協力ボランティアの募集は，調査票の最後のページに事業の大まかな目的の説明をした上で，協力の可否を尋ね，協力してもよいという人には，町から説明会の案内を出す際の宛先となる住所を書いてもらうようにお願いするという方法で行った（図2-2）。これに対し，「中心的な運営者として参加してもよい」と答えた人は調査全体の回答者5,187人中31人，「可能な範囲で協力してもよい」と答えた人は1,290人で，約5人に1人が事業への協力の意志があることがわかった（図2-3）。このうち住所と氏名を記した者は74人で，うち44人が男性であった。これまで，新しい事業を行う際にボランティアの協力が必要な場合は，すでに町担当者が知っている人を「一本釣り」することが多かったようだが，このアンケートによって集まったボランティアには，これ

【武豊町事業へのご協力のお願い】

（中高年地域活動の拠点づくり事業運営協力者の募集）

　武豊町では平成18年度より、地域住民の活動拠点づくり事業を検討しております。中高年の保健活動・趣味等のグループ活動の拠点であると同時に、特定の目的がなくても立ち寄り、地域の人々との交流ができる場を想定しています。またここでは、健康増進、脳力開発（教養講座・認知症予防）などのプログラム提供を予定しています。

この活動拠点は、地域住民有志の手により運営されることを想定しています、これを武豊町が全面的に支援しますが、現在はその担い手となる地域住民の方を募集中です。

1）あなたは参加してみたいと思われますか。あてはまるもの一つに〇をつけてください。

1．場合によっては中心的な運営者として参加してもよい　　2．可能な範囲で協力してもよい

3．興味はあるが参加できない　　　　　　　　　　　　　4．参加したくない

（「1．場合によっては中心的な運営者として参加してもよい」と回答された方）

　もしよろしければ氏名・住所のご記入をお願いいたします。

氏名（　　　　　　　　　　）　住所（　　　　　　　　　　　　　　　）

図2-2　調査票の最終ページを用いたボランティアの募集

出所：「いきがい・健康アンケート」（2006年7月実施）調査票より。

● 中心的な運営者として参加してもよい
● 可能な範囲で協力してもよい

図2-3　事業に協力してもよいと回答した人の分布

出所：筆者作成。

まで町の事業に参加していなかった人，特に男性が多く含まれているという特徴があった。

　事業内容の説明パンフレットには，計画段階で作られたこの事業の理念・方針が示されていた。住民説明会では住民に事業の理念を理解してもらう必要があるが，「会議」が作成した80頁以上もある計画書を読んでもらうのは大変である。パンフレットの作成にあたっては，筆者がたたき台を作り（今から考えると落書きレベルのものだったが），町の担当者と協議しながら仕上げを行って完成させた。内容は当事業が必要とされる背景として町の高齢化の進行状況や要介護認定者の現状データ，視察を行った先行事例の写真と紹介，第１章で示した理論仮説，事業の方針からなっている。このパンフレットは，ボランティア間での議論が行き詰まった時，どう進めればよいのか迷った時に立ち返る原点になっていた。パンフレットに示された「楽しく，無理なく，介護予防」は事業の方針を端的に示したものであり，ボランティア・参加者の間での一つのキーワードになっている（図２-４）。

　サロン運営ボランティア募集を目的とした住民説明会への参加呼びかけは，町の広報に加え前述のアンケートで「中心的な運営者として参加してもよい」と回答した住民への案内状送付や，保健推進員や食生活改善委員などの町の保健センターが関わる既存のボランティア組織メンバーへの連絡により行った。

　住民説明会は2006年10月31日に開催された。町職員は果たしてどれだけの人数が来てくれるのかと心配していたが，62人が参加した。まず保健センターの保健師の小林さんからパンフレットを用いた事業内容の説明があった。続いて近藤克則氏（日本福祉大学〔当時〕）が，これまでのデータ分析結果を紹介しつつ事業の意義を説明した。事業内容の説明にあたっては，「町が一方的にこれをやれというのではなく，住民の皆さんで考えていく」「楽しいことでないと続かない。やりたいことをワークショップ，協議で企画する」という方針が強調された。

　説明後に質疑応答の時間をとった。４年前からすでに町内でサロンを立ち上げている人もおり，町がサロン事業を実施するのならその事業に移行したいとの発言があった。説明会終了後に参加者に書いてもらった感想をみると，「サロンの必要性を感じた」「自分の地域にほしい」という意見が多くみられた。

図2-4 事業内容の説明パンフレット

出所：武豊町「武豊町憩いのサロンパンフレット」。

「町がやっとサロンの必要性を考え出したかと思った」と，以前からサロンを待望していた参加者もいた。また今後の活動について，「体操をやりたい」「各々の得意なことを教えあって頭を活性化できればいい」等のメニューに関するものや，「区民館を活用すべき」「区長・組長を参加させるべき」という事業具体化に向けた意見も出された。参加者が説明会参加の際に期待していたこととして，「自分の知識や経験が活かされる」「町の人とつながりを持ちたい」「町のために役立つことがないかと思って参加した」などを挙げており，自分自身のいきがい探しや他者との交流，そして社会の役に立ちたいという意欲が動機になっていることもわかった。

　説明会後，ボランティア参加の呼びかけを行った。参加者62人のうち52人が事業へ協力すると回答した。期待以上の多くの協力者を得ることができたが，ここから始まる未知の領域に職員は不安を抱えていた。

4　住民の主体性を引き出す

（1）不安な初めてのワークショップ

　当プロジェクトにおいて，町のトップダウンで始まった事業を住民主体の活動に転換し，住民が事業を自分たちのものとしていく重要なプロセスとして位置づけられているのがワークショップであった。ワークショップとは，「先生や講師から一方的に話を聞くのではなく，参加者が主体的に論議に参加したり，言葉だけではなくからだやこころを使って体験したり，相互に刺激し合い学び合う，グループによる学びと創造の方法」であるといわれている（中野 2001）。

　ワークショップを行うには，ワークショップを回していくファシリテーターという役が必要になる。ファシリテーターとは，参加者主体の学びを促進し容易にする役割を担う者であり，単なる司会というよりも「進行促進役」「引き出し役」「そそのかし役」であるといえる。しかし，町職員には多人数のワークショップでのファシリテーターの経験がなかった。

　そこで町の職員と，保健推進員や食生活改善委員数人を集めて，一度ワークショップを体験する研修を行おうということになった。この研修では KJ 法を使ってサロンのイメージや武豊町の良いところ等についての意見を出し合い，

整理するという手順を原田正樹氏（日本福祉大学）のファシリテートで実際に行ってみた。

　KJ法とはグループ内での多様な意見を，類似性や共通性のあるものにグループ化して整理し，新たなアイデアを引き出していく方法である。具体的にはあるテーマに沿って参加者各々が小さなカードに意見や情報を書き，それを一枚の大きな紙に整理しながら貼り付けていくものである。声に出して発言する場合に比べカードに書くことで，声の大きい一部の人だけでなく全員の意見を均等に引き出すことが可能である。

　第1回ワークショップのファシリテーター役を担うことになっていた保健師の小林さんも，「KJ法により問題や課題がわかりやすくなり，整理しやすくなるということが実感できた」とこの方法の有効性を感じていたが，自分が回していく自信が持てなかった。当時の状況について「KJ法は習ったけど何のテーマでKJさせるんだっていうこともあって，もう誰かに来てもらわないと無理無理無理無理となって。あの頃は，本当に大学の先生たちがいないとうちらじゃ無理というのを私は確実に思っていたんですよ」と，振り返りの会（2007年7月実施）でもらしている。ワークショップでは，住民からどんな意見が出てくるかわからない。そんな時にどう対応したらよいのかわからないという不安がある。小林さんは，この事業のために通常の業務の他に多くの労力を注いできているし，事業の効果に期待もしている。ワークショップがうまくいかなかったら，この事業が失敗するかもしれないという思いがあったのかもしれない。

　行政の仕事の多くは，決められたことを間違いなく実施していく場合が多いと考えられる。何が出てくるかわからないワークショップには，不安があって当然であったろうと考えられる。結局，小林さんはファシリテーター研修を担当した原田正樹氏に日程の調整をお願いし，第1回のファシリテーターを依頼することにした。また同時に第2回以降のワークショップも先生に依拠して実施することを考えていたそうだが，原田氏も筆者も，なんとかして第2回以降は町職員の手でやるようにしなければいけないと思っていた。

　主たるファシリテーターは原田氏に決まり，筆者は先行事例の紹介をすることになったが，小林さんがどのような役割を担うかは決まっていなかった。そ

の時点では，会の全体の進行を行う司会ということになっていたかもしれない。ワークショップ直前，小林さんは名古屋でのライブ鑑賞のついでに筆者が勤務する日本福祉大学名古屋キャンパスに寄ってくれた。そこでの打ち合わせで筆者は小林さんにアイスブレーキングを担当してみては，と提案した。アイスブレーキングとはその名の通り，氷を溶かすように，場の雰囲気をやわらげて発言しやすい状態にすることである。小林さんは話すのが得意な元気で明るい保健師であったので，ぴったりの役だと思っていた。小林さんも経験があるらしく，原田氏の前座としてアイスブレーキングを担当することに決まった。

　第1回のワークショップ（11月30日）の目的は，呼びかけによって集められ，初対面の人も少なくない住民ボランティア同士が，お互いのことを知りサロン活動に対する思いを共有することであった。内容は事例紹介，アイスブレーキング，サロンについてのグループワークであった。事例紹介は参加者に本事業の方針を理解してもらい，ワークショップでアイデアを出す際の参考にしてもらうために行った。

　本事業の構想の際に参考とした韓国の「敬老堂」，兵庫県稲美町の「ふれあいサロン」，愛知県常滑市の「はっぴいひろば」の活動を紹介した。敬老堂は，個々の会場では住民が主体となり，行政がプログラム内容の開発やその他の支援を行うという方針で行われている例として取り上げた。しかし敬老堂はあくまでも韓国の事例であり，いきなり日本で同じものができるとは思ってもらえないかもしれない。そこで日本国内の事例として，介護予防を目的として町の働きかけによりスタートし，町内全域で「歩いて行ける範囲」の小地域単位に設置され，住民主体で運営されている実例として兵庫県稲美町の「ふれあいサロン」を紹介した。最後に，武豊町に隣接し親しみのある常滑市の事例として，今後の視察の候補になることを想定しつつ「はっぴいひろば」を取り上げた。

　受付時にランダムで5色のいずれかの名札を渡し，名札の色別に5つのグループに分かれてもらってアイスブレーキングを行った。自己紹介で住んでいる所や会場に来た交通手段を言い合ったり，握手，円陣を組んで手を重ねての声出し，「あ」から始まる食べ物の名前を出していってグループ対抗で数を競うなどのメニューを行ったりした。会場には参加者の笑い声があふれ，大いに盛り上がった。

サロンについてのグループワークでは，アイスブレーキングの余韻を引き継ぎ，原田氏のファシリテートで「どんなサロンにしたいか」というテーマを設定しグループ内で意見を出し合い，KJ法で整理を行った。自分の考えているサロン像を，各人5枚の紙に書き，チームの大きな紙に貼り付けていった。順番に自分が紙に書いたサロンのイメージを説明し，その後で似ているものを集めてグループにして大きな紙に貼り付けてグループに名前を付けるという作業を行った。できあがったものを各チームの代表が紙を見せながら参加者全員に説明していった。「気楽で楽しく」「ノルマを課さない」「自由」などの基本方針についてのものや，「おしゃべりができる」「簡単な体操をする」などのメニューについての提案が出された（図2-5）。

　このワークショップ後も，参加者（35人）に感想を書いてもらった。参加者の感想で最も多かったのは，「楽しかった」「気軽に話し合うことができ楽しかった」「もっと時間がほしい」と楽しくできたという意見であった（12人）。また，「意見が活発に出た」「グループの人が良かった。すごかった」「積極的に発言できた」という満足感や他の参加者への評価がみられた（5人）。一方，「場所・時間・費用などもっと具体的な話をしたい」「開催場所の候補を知りたい」など具体的な話に入りたいという気持ちを持っている人も目立った。ワークショップ中にも，「サロンのイメージ作りをしているのはまどろっこしいので，早く具体的な話がしたい」という発言もあったが，原田氏はまずイメージを共有することが重要であることを説明して理解を求めた。また少数だが「地区ごとにグループ化しては？」「他に手伝う人がいるのでは」「行政や社協はどういう体制で臨むか」という今後の進め方に関する意見もみられた。

　町のスタッフにも感想を書いてもらった。「最初はどうなることかと不安でしたが，みなさん積極的だった」「将来の夢等，多く持ち武豊町を思う気持ちが感じられました。とても楽しかった」「すごい熱気を感じました。サロンを作りたいと思っている人が，こんなにいると知り，うれしくなりました」と予想以上の手ごたえを感じているようだった。このワークショップに参加した日本福祉大学（当時）の国際開発分野の穂坂光彦氏は，これまでにいくつもワークショップをみてきたが，これほど盛り上がった例は珍しい，とコメントした。

　町がボランティアを募集して行う事業では，すでに他のボランティアなどで

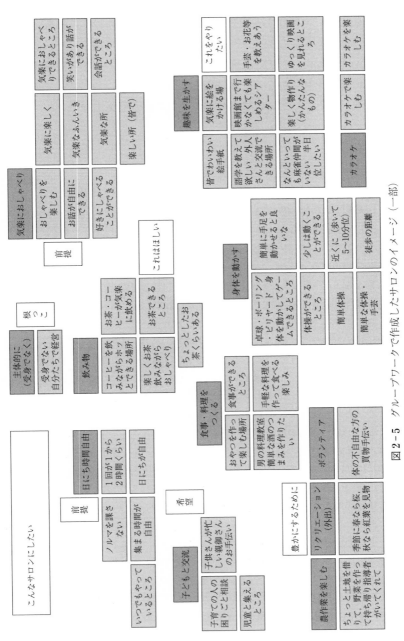

図 2 − 5　グループワークで作成したサロンのイメージ（一部）

出所：武豊町憩いのサロン第1回ワークショップ発表資料より作成。

知っている住民を一本釣りすることが少なくないと考えられる。本事業では上記のように事前の高齢者全数アンケートによって有志を募集し，それに自身の氏名と住所を書いて返送してきた人々が集まってきている。さらに住民説明会によって町の課題を具体的なデータによって認識するというプロセスを経て，この課題に取り組みたいという熱意の強い人たちが多く集まっていたのではないだろうか。

───── 3　保健師小林さんの葛藤 ─────

　後から聞いたこの時期の保健師の小林さんの本音（振り返りをした際の記録テープ起こしより）は，次のようであった。「正直言って，最初に近藤克則先生がサロンの話をもちかけて下さって，上司から『どう？』って聞かれた時に，私全然意味わからなかったんですけど，『いいっすね！』って言ってから，どんどん話が大きくなるし，本当にどうしようと思っていた。11月のワークショップの時まで，『あぁ，あんなこと言っちゃってどうしよう』ってずーっと思っていたんですよ。あくまで近藤先生の案なので，地域にサロンが必要ということを住民自身が思っているなんて全く根拠なくて，介護予防には大事だと言われたもんだから，『はぁそうなんですか』という感じで，何の根拠もない中で自分の中で始まってしまったので，近藤先生に『じゃあ，やってね』と言われても，『いやいやいやいや』というのがあったので，とんとん拍子で何月頃に運営委員会で，何回目のワークショップで立ち上げてみたいな，どんどん予定が作られていくんですけど，『そうなるのかーい』っていうところがあって……。期日的には締切りは迫っているけれども，どうしたらいいのかはわからなくて，KJ法を講座でやったけども，そこでも結局じゃあ実際どうしたらいいのというところを私は摑めなかった。1回ワークショップをやって，案外意見がたくさん出てきたというところで，『あぁ，やれる』というか，『これでいいんだ』というように思うことができた」。研究者（筆者も含む）から持ち込まれた突然の提案に，心乱される様子がよく伝わってくる。小林さんの言うように「地域に私たちが思うようなサロンが必要ということを住民自身が思っている」という確たる根拠はなかったのだ。筆者は事前アンケートの結果をみて「これはうまく行きそうだな」などと思うほど楽天的だったが，実際に事業を動かし，その後もずっと地域に関わっていく職員にとっては，不安な要素が多くあったのだ。

（2）非効率的でもよいという心構え

　このワークショップ後の町職員の打ち合わせでは，住民ボランティアと一緒に行く事例視察先の決定，第2回ワークショップ以降で住民ボランティアが活動の具体化について話し合う際の準備についての検討が行われた。具体化に向けて考えたいという住民ボランティアの意見がある一方で，サロンのような活動を見たことがない人が多かった。活動を具体的に考えていくために参考となるモデルを見る必要があるということで，先行事例の視察が必要であろうと考え，町はワークショップでも紹介した常滑市の「はっぴいひろば」の視察を計画した。同時に，今後の具体化に向けた準備として，活動内容の中でも重要であるサロン開催場所の選定の話し合いの材料とするため，町職員が町内の各公民館が使えるかどうかを各区の区長に確認することとなった。

　ワークショップから1カ月半後の12月中旬から下旬にかけて，常滑市「はっぴいわん」の視察を行った。「はっぴいわん」は高齢化の進んだ市街地で，倉庫を改装したスペースで定食やコーヒーを提供する食堂，空き家を利用したデイサービスの2つの活動を行っていた。運営は代表のKさんとその友人ら有志で行われている。Kさんは，活動内容とこれまでの経緯を説明し，「老後のよさを伝えたい，生きざまを伝えたいという思いでやってきた。最初の3年は採算がとれなかったが，今はなんとかやっていけるようになった」と語っていた。

　参加した住民ボランティアからは「活動内容の参考になった」という，視察のねらい通りの感想以外に，「代表とボランティアに感心，感激した」「元気が出てきた」など，感心し，励まされたという効果も大きかった。先行事例視察で得られたのは，運営のノウハウだけではなかった。苦しい状況を乗り越えて地域のために活動を行っている人々からは情熱と自信が伝わってくる。「町のために役立つことがないかと思って参加した」と考えている武豊町のボランティア達にとっては活動内容のイメージだけでなく近い未来，活動する自分達のイメージも描けたのではないだろうか。

　第1回ワークショップは原田正樹氏にファシリテートをお願いしたが，第2回ワークショップからは町職員が担当することになった。第2回は第1回のワークショップとは異なり，大きくふくらんだイメージを具体的な活動内容に収束することが求められる。そのためにはテーマ設定や，話し合いの方法にもこ

れまでと違う工夫が必要であった。町と大学はワークショップ準備のための打ち合わせを2回にわたって行った。

　本事業では，町内の複数箇所でサロンを行うことを目指している。これを実現するためには，各サロンの運営を担当する複数のボランティアグループを作る必要がある。そのグループ分けをどのように行うのかを決めるのが第1の課題であった。開催頻度が月に1回程度なのか，毎日のように開催するのか，活動内容は体操や工芸などメニューを準備するのか，立ち寄って話ができればほかにメニューはいらないのかなど，各個人が持っている活動イメージは様々であることが予想された。一方，活動内容よりも自分が参加しやすい地域で参加したいというボランティアもいると考えられた。自宅近くで参加したい人もいれば，逆に知り合いの少ない遠くの地域で参加したい人もいる。活動頻度や内容の似た人をグループ化するのがよいのか，大まかな開催地域，開催場所を決めてそこに来られる人を地域別にグループ化するのか。次のワークショップで話し合いを行う際に，どのようなグループで分けるのかを決めることが，町の担当者の悩ましいところだった。

　進め方として，町があらかじめどちらかに決めて案を作成し，それを住民ボランティアに認めてもらって進める，とした方が効率よく進められるのかもしれない。しかし当事業の特徴として，きっかけは町がつくるが，住民ボランティアが活動内容を決めていくという方針をとっている。参加者の「自分たちで」という気持ちをつぶさないようにするためにも，はじめから町の方針を言わない方がよいということになった。住民ボランティアには，「結果的にこちらでは決められなかったので，これからの進め方，やり方を参加者の皆さんに決めていただきたいと思います」と町と住民ボランティアで一緒に考えようと提案する形をとろう，ということになった。どんな形でやりたいかを参加者に聞き，聞きながら模索し固めていければいい，そのために意見が出しやすいような資料の準備をしようということになった。「いろいろな意見は出ると思うが，まずはやってみる。ダメなら次回仕切り直そう」という方針が定まった。

　この打ち合わせで，1回のワークショップで必ず何かを決めるということを目指すのではなく，時間がかかってもじっくり話し合っていこうという心構えができたように思われた。この方法は，意見を聞いてからグループを作り直し

たりする可能性があるため，すっきりとした効率的な進め方にはならないが，それよりも町で勝手に決めてしまわず，住民が選択して進めるということを優先した結果であった。

（3）事業の具体化を進める住民のリーダー達

　第2回ワークショップの参加者は男性13人，女性27人であった。ワークショップは武豊町内のNPOの活動事例紹介から始まり，続いて前回のワークショップで出された町に対する質問への町からの回答と情報提供が行われた。ワークショップでは，まず町が上記の「どんなかたちでやりたいか」という問いかけを行い，その結果，武豊町の4つの小学校区に該当する地域別の4グループと，地域に所属せず各地域の会場に講師・演者として出張して活動メニューを提供するボランティアの集まり「出前グループ」の5つのグループに分かれて話し合いを行った。

　話し合いのテーマは，活動を行う上で決めていかなければならない検討課題が何であるかを抽出していくことであった。町が「これとこれを検討して決めて下さい」と言うのではなく，そもそも何が必要かから考えてもらったのである。住民ボランティア各々が書いた検討課題をグループで集約し，最後に方眼紙に書いてグループごとの発表をしてもらった。

　各グループでの話し合いは，すべて順調に運んだわけではなかった。話し合う内容が具体的になればなるほど，参加者間で意見の食い違いがあり，摩擦が生じた。例えば活動頻度や内容については，月1〜2回程度開催し，講座や体操などしっかりプログラムを行うようなものから，毎日開催するが特にプログラムを行わず立ち寄った人が自由におしゃべりをするタイプのものなど様々な活動形態が提案された。

　しかし多くの住民ボランティアは，月1〜2回の頻度での開催を考えていた。町職員が関われる現実的な頻度ということが考慮されていたのかもしれない。その中で毎日開催型のイメージを持っていた人は孤立する形となり，グループの雰囲気は一時険悪になった。その人はその後ワークショップには現れなくなってしまった。このようなずれは，大まかな方針のみを示し事業の頻度・内容などの詳細を定めずにボランティアを募集したために生じたと考えられる。

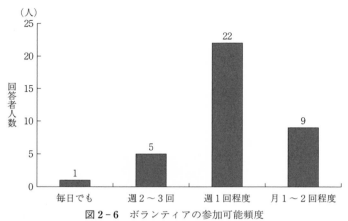

図2-6　ボランティアの参加可能頻度
出所:「武豊町憩いのサロン第2回ワークショップ後のアンケートデータ」より作成。

　様々な選択肢からボランティアが民主的に決めるというメリットがある一方,
このような摩擦が生じるというデメリットもある。このワークショップは一気
に多くの拠点を立ち上げるのではなく, 試験的なモデルとなる形を一つ定めて
数カ所の会場を立ち上げることを目的としていたため, 少数派は淘汰されてい
ってしまうことになった。

　最後に住民ボランティアにアンケートを行い, この活動にどの程度の力を注
げるのか (準備を含めた活動頻度等), 特技など, どんなことができるのかを尋
ねた。活動可能頻度の回答で最も多かったのは「週1回程度」であった (図
2-6)。特技やできることとして多く挙げられたのは, 料理 (10人), 体操 (6
人), 話し相手 (5人), ホームヘルパー (3人) 等で, その他には大正琴, 詩
吟, カラオケ, 編み物, 洋裁, 押し花, 写真, パソコン, 将棋等があった。

　出された検討課題の詳細な検討は大人数のワークショップでは難しい。具体
的な活動頻度, 場所, 活動内容などについてワークショップメンバーの代表に
よる少人数で協議し, 素案を作成することとなった。ワークショップの最後に,
代表となって検討課題を話し合うメンバーの立候補を求めた。この時, 自然に,
小学校区の各グループから代表者を選出しようという意見が出された。この少
人数の協議に参加してほしい人には事前に参加を呼びかけてはいたのだが, そ
の意見はそれとは関係なく出されたものだった。グループから代表を出すとい

表2-2　ワークショップで挙げられた検討課題と町職員が補足した検討課題

対　象	ワークショップで住民ボランティアから出された検討課題と協議内容	町職員が補足した検討課題と協議内容
会　場	参加しやすいところを選ぶ 一カ所ではカバーしきれない，会場を増やせば頻度が下がる（南部地域） 設備はバリアフリーになっているか	耐震基準は満たしているか 会場利用料はどうなっているか 利用できる空き日があるか 備え付け物品の使用補充 →準備委員会で決めればよい
活動内容	魅力的な内容にするには 頻度・時間帯をどうするか 食事を提供するか→昼食ありで終日の運営にするとスタッフに無理が出る	昼食は当日に利用を聞くのがいいか →これまでの昼食会では，食べると帰ってしまう人が多かった（社協事業）
参加者	参加対象を制限するか 周知・参加勧奨をどうするか 民生委員から情報がほしい	参加勧奨の方法→サロンの開始前に地域包括支援センター職員が高齢者宅をまわってくれる 本人の了解を得れば民生委員から情報提供
人　材	人材（講師，ボランティアなど，コーディネートとりまとめのできる能力）の確保と教育 特技を持っている人を発掘するためにどうするか	登録制にするなら登録の仕方を検討する ボランティアの管理は社協ボランティアセンターが行う
参加費	—	参加費は一律にした方がよい。わかりやすい
お金の管理	—	お金の管理はどうするか →住民ボランティアに議論してもらう
予　算	—	各会場間の会場使用料の差をどうするか
その他	保険加入について	地域の既存のサロン的活動の町事業への取り込み

出所：筆者作成。

う意見自体は格別新しいアイデアではなく自然なものではあるが，町の意図とは関係なく提案され，住民ボランティアの意志で選ばれた方針であることに意義があったように思われる。

　ワークショップ後の打ち合わせでは住民ボランティアから出された課題を見ながら町が補足を行って，今後検討すべき課題をまとめた（表2-2）。地区別の課題として住民ボランティアから出されたのは，会場，活動内容，周知・参加勧奨，運営する人材に関する課題であった。職員から出された課題としては，住民ボランティアから出された課題に加え，参加者の制限，参加費，お金の管

理や予算などである。会場については，住民ボランティアが立地，バリアフリー（トイレなど），利用可能施設など参加しやすさについての課題を挙げたのに対し，職員は会場の耐震強度や，消耗品の補充などの利用のルール設定など，町の事業として安全に，問題なく進められるように検討課題を補足していった。参加者の勧奨は，住民ボランティアの関心の高い課題であった。これについては，地域包括支援センターや民生委員の協力を得ようということになった。また参加費や利用料などお金に関する課題が挙げられた。

（4）住民のリーダー達に主導権を移していく

　第2回ワークショップ後に選出された代表者のグループは，「準備委員会」と名づけられた。この準備委員会の最終的な目標は，サロン事業の会場の決定，開催日時や時間，活動内容について検討し，住民ボランティア全体が参加する3月22日の第3回ワークショップまでに事業内容の素案を出すことであった。しかし第1回準備委員会ではすぐに課題の検討には入らなかった。原田正樹氏の提案で，お茶とお菓子を用意して和やかな雰囲気をつくり，自己紹介を行い，それぞれの意気込みや思いを話すことから始まった。住民ボランティアの中で選ばれた準備委員とはいっても，意見や活動のイメージ，思いは様々であり，ボランティア経験にも差がある。具体的課題を検討していくことも大事だが相互理解の上で議論しないと無用な摩擦が生じうる。原田正樹氏に真意を尋ねたわけではないが，まずは信頼関係を築くことを重視しているように思われた。

　準備委員会のメンバーは，自分たちでサロンをやってきた人や，他の活動で活躍している人，退職して地域に恩を返そうという人など様々であった。準備委員会が始まり，このようなリーダーになるメンバーと職員がこまめに話すようになった。このメンバー達と話すようになって，初めて保健師の小林さんはこのサロン事業がやっていけると感じたそうだ。「この時まで事業が回るとは思っていなかったんですよ，正直。打ち上げ花火的にやれても，それを維持していくことはすごく大変になってくると思っていたし。本当に住民説明会をやり，ワークショップをやり，また2回目にやり，見学に行き，ずっと自分の中では正直，ただ『やるよー』と大きな声で言っていても，自分自身がまだつかめていなくて，雲をつかむような話で，事業が回っていくことを私自身が一番

信じていなかったんです」と，小林さんは振り返っている。

　準備委員会メンバーの提案により，区が主体となりサロン型事業を行っている隣市の半田市岩滑地区の事例視察を行った（2月22日）。ここでは，豆から挽いた本格的なコーヒーを出すことが特徴の一つであった。この視察は活動内容，特に飲食物を提供することによる参加促進の有効性と衛生面での困難さを理解するのに役立った。また「これまで活動内容をどうするかを考えてきたが，何をやるかよりもまず動き出していく，活動を始めていくことが重要ではないかと思った。そういう意味では，ちょっと気が楽になった」という考えが，準備委員会で共有されるようになった。

　準備委員会での重要な検討課題の一つに開催場所の選定があった。場所の選定においては，介護予防上の必要性の高さ，参加者の集めやすさ，設備などの条件を考慮すべきだという意見が準備委員会で出されていた。検討課題に挙げられていた設備については，町職員が町内の全会場候補施設の情報を収集・整理した。高齢者の状況については，要介護認定を受けていない高齢者全数を対象に2006年7月に行ったアンケート調査のデータでの把握を試みた。要介護予備群，事業の種類別の参加希望者数などのニーズについての情報，ボランティア参加協力者の数というリソースについての情報を地区（国勢調査区）別集計したものを大学が検討の材料として提供した（図2-7，表2-3・4）。

　要介護予備群については，介護予防のための基本チェックリスト項目で把握し，基準に該当した人数と割合を示した。事業の種類別の参加希望者数は，サロンのような事業のニーズがあるのかを把握すること，またサロンでの活動内容を検討するため，「健康についての知識提供や健康相談」「体に良い運動の方法や鍛え方を教えてくれる」「教養講座」「仲間と話したり活動したりできる場所を提供する」「その他」の各種サービス事業の利用意向を尋ねた。その結果，いずれかの事業参加を希望する人は2,128人であった。サロン型の事業を意識して尋ねた選択肢は「仲間と話したり活動したりできる場所を提供する」であったが，合計で692人が利用したいと回答し，その必要性が確認された。その他の内容のニーズはサロンよりも多かった。ただ集まった仲間と話すということだけでなく講座，体操などのプログラムが求められている可能性が確認された。

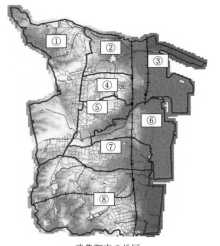

武豊町内の地区　　　　　　　　　　　　施設配置

地　区	総合的		運　動		栄　養		口　腔	
	実人数	割合（%）	実人数	割合（%）	実人数	割合（%）	実人数	割合（%）
①	4	1.88	3	1.41	3	1.41	10	4.69
②	5	1.42	5	1.10	5	1.10	7	1.55
③	6	1.51	9	1.21	10	1.35	13	1.75
④	6	1.57	6	0.97	5	0.81	9	1.45
⑤	9	1.83	12	1.47	12	1.47	15	1.84
⑥	10	2.39	14	2.71	11	2.13	6	1.16
⑦	4	2.04	4	1.23	5	1.54	6	1.54
⑧	4	1.16	9	2.62	5	1.45	8	2.33

図2-7　開催場所の選定のために大学が提供した資料（要介護予備群の人数）
出所：「いきがい・健康アンケート」（2006年7月実施）データより作成。

　これらの事業について，「どのような条件でサービスを提供されれば，参加
したい・参加しやすいと思いますか」という点も尋ねた。「場所が近い」とい
う回答が69.1%と最も多く，場所の近さが重視されていることがわかった。次
いで「内容に共感できる」52.0%，「時間や期間に拘束されない」51.0%，「気
の合う仲間がいる」40.3%と続いた（図2-8）。

　ボランティア協力者人数の「中心的に運営」とは，ボランティアのリーダー

表2-3　開催場所の選定のために大学が提供した資料（サービス種別希望者数）

地　区	健　康	運　動	知　識	サロン
①	65	68	46	47
②	111	119	86	89
③	127	127	99	97
④	147	128	101	101
⑤	150	173	134	146
⑥	141	137	118	100
⑦	72	65	50	47
⑧	128	117	94	65
計	941	934	728	692

健康：健康についての知識の提供や健康についての相談をうけてくれるサービス
運動：体によい運動の方法・体の鍛え方を教えてくれるサービス
知識：幅広い知識や教養を提供してくれる講座などのサービス
サロン：日中，仲間と話したり活動したりできる場所を提供するサービス

出所：図2-7と同じ。

表2-4　開催場所の選定のために大学が提供した資料（ボランティア協力者の分布）

地　区	協力者人数		役割別人数(1)				地域・会の役員に占める協力者割合		
	中心的に運営	可能な範囲で協力	運　営	相　談相　手	広報・事務	講　師	自治会役員に占める協力者割合	民生委員に占める協力者割合	趣味・スポーツの会の役員に占める協力者割合
①	1	36	1	10	2	4	2/8	0/1	3/10
②	2	69	9	17	10	8	4/10	0/1	8/18
③	1	78	9	17	5	5	12/21	2/8	5/19
④	1	81	4	19	11	9	7/12	2/4	14/31
⑤	6	108	14	35	21	17	7/20	2/2	20/34
⑥	4	73	8	23	11	6	6/13	2/4	11/18
⑦	1	37	1	11	3	2	2/8	1/2	5/8
⑧	2	67	5	21	11	8	4/15	1/6	6/14

注：(1)「運営」は事業全体の運営企画，「相談」は活動拠点に立ち寄る人の相談相手，「広報・事務」は広報の作成・運営に関わる事務，「講師」は教養講座などの講師・講師の補助者のことを指す。

出所：図2-7と同じ。

になりうる候補の人数をみようとしたもので，「可能な範囲で協力」はリーダーを支えてくれるボランティアの人数をみようとしたものである。リーダー候補は各地区にみられるが，⑤⑥の地区で多いことがわかる。地域・会の役員に占める協力者割合をみたのは，地域や趣味・スポーツ活動組織の役員に協力者が多ければ，地区や組織の支援を受けやすいと考えたからである。

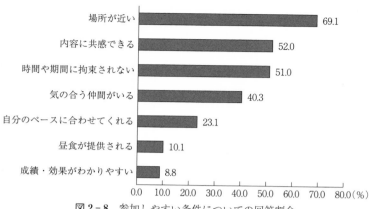

図2-8 参加しやすい条件についての回答割合
出所：図2-7と同じ。

　地区の協力が得られるかどうかが重要であるということは，兵庫県稲美町の担当者が，私たちへのアドバイスの中で強調していた事の一つでもあった。準備委員会メンバーからは，サロン候補地区の区長さんの後押しがほしいという意見があがった。これについて，町職員・事務局が次回までに各区の区長にサロン事業について説明し，場所の提供だけでなく全面的に協力をお願いすることとなった。これらの資料は会場候補地決定の際の根拠として十分に活用された。その後，国勢調査の地区単位ではなく，会場候補地から一定の距離圏内にいる要介護予備群の数と事業へのボランティア参加希望者の情報がほしい等の要望が出され，筆者は何度か修正版を作成した（図2-9）。

　第3回ワークショップ直前の第4回準備委員会は，3月14日に開催された。1週間後に迫ったワークショップの流れをどのように運ぶかが，中心的な議題となった。これまでワークショップ，準備委員会の当日は住民が主役として協議をしていたものの，ワークショップや準備委員会の持ち方，進行の方針は町と大学研究者が用意したものであった。しかしこの時から，住民ボランティアと町職員が協議して今後の方針を立てて会議の準備を進めることになった。これはこのプロジェクトにおいて，事業が町のものから住民との協働によるものになった重要な転換点であるといえる。この時期には，住民ボランティアの中に「自分達が解決したい地域の問題への取り組みを行政を利用してやるという

会場候補	要介護予備群 (500 m 圏内)				ボランティア参加希望者 (1000 m 圏内)	
	閉じこもり	転倒	栄養	口腔	中心になって企画運営	可能な範囲で協力
北山区民館	1	0	2	2	0	16
馬場公民館	13	3	6	6	3	102
市場公民館	11	6	3	8	4	122
上ケ公民館	15	7	4	6	6	158
緑区区民館	7	4	3	7	8	208
玉貫老人憩いの家	26	9	5	10	7	150
玉貫区民センター	15	9	2	7	7	126
大足老人憩いの家	27	10	8	6	3	129
大足公民館	31	7	8	3	4	107
市原担い手センター	0	0	0	0	2	17
富貴公民館	6	1	0	2	1	70
新田構造改善公民館	4	2	2	3	1	58
笠松公民館	2	2	1	0	1	31

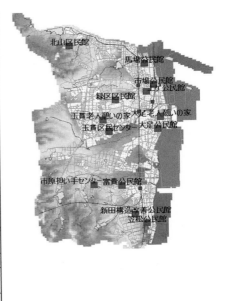

図 2-9　要介護予備群の数と事業へのボランティア参加希望者（会場間重複あり）
出所：図2-7と同じ。

気持ちでやろう」という人も出てきていた。

　場所の候補については町が提案し，3カ所の候補地別にグループ化して活動内容を住民で決めようということになった。なぜこの3つの候補地に決めたのかという疑問が出ることが想定されたため，それを説明できる資料を準備しようということになった。それでもうまく話し合いができるかどうかはわからなかったが，「一度グループに別れて考えてみてだめだったら統合すればいい」「ボランティアの人数が足りなければ1カ所でもかまわない。無理せずできる範囲でやろう」ということになった。様々な可能性を考慮しつつ柔軟性を持って臨もうという姿勢は第2回ワークショップ前の町職員のみの打ち合わせで出された結論に似ている。

　また，町の体制として，主に福祉課，保健センター，社会福祉協議会が関わっているが，住民ボランティアからの問い合わせに対しどこでも対応できるようにし，「うちは担当ではないから」とたらい回しをして，住民の信頼を損な

うことがないようにすることを確認した。住民参加で行う事業の取り組みは，全国でこれまでも多く行われてきた。しかし，その中には行政やコンサルタントが事業内容を確定した後で住民説明会を行ったり，ワークショップを行っても行政の委託を受けたコンサルタントが住民を予定された結果に誘導したりするような事例があることが指摘されている（梅津 2015）。そのような「偽物」のワークショップでは，住民が何か意見を出しても事業の内容に反映されることはない。そのような住民参加を行っていては，住民は「都合よく利用されている」「やらされる」と不信を深めていくばかりである。

　当プロジェクトでは，事業の大まかな方針のみを設定し，事業内容は住民ボランティアが決定するようにし，住民が必要と考える事業になるように住民自身が導いていくことを目指した。最終的にどこに落ち着くかわからないこの事業を推進することは，町職員にとって不安が多かったかもしれないが，行政はここまでの協働のプロセスを通じて，会場の設備についての調査，地域の区長への紹介など，住民の要請にその都度応じて支援の役割を果たし，信頼関係を築いていったと考えられる。

（5）住民主体で最終準備を進める

　第3回ワークショップは，他の会合と日程が重なったため，参加者は26人とこれまでに比べやや少なめだった。準備委員会での話し合いの結果を紹介し，たたき台となる活動頻度・内容の選択肢の提案を行った。65歳以上の高齢者が多い所や，スペースがあってある程度活動がしやすく借用状況も割と良いという条件の場所を最初に事業を始めるモデル地区として3カ所設定した。その結果，上ケ地区，玉貫地区，大足地区の3カ所でモデル地区として実施したいということが提案された。他の地区での開催を希望するボランティアもいると考えられたが，今後その3カ所で開催しつつ試行錯誤しながら経験を積み，他の地区での開催準備を進めていこうということで，とりあえず参加者26人にその3カ所に分かれるように求めた。

　また活動を支援するため，町から予算の確保の報告，ボランティアの担当配置決めや会計事務，実績報告を行う職員を各会場のボランティアグループに配置すること，そしてその業務は1年後を目処に住民ボランティアのリーダーに

移行したい旨を伝えた（後にこれは十分伝わっていなかったことが明らかになる）。参加者の26人は提案された3カ所に分かれ，これが初年度のモデル事業3拠点を担うチームとなった。その後の1時間程で，各グループで活動頻度，時間帯，大まかな活動内容を決定し発表した。短い時間だったが，各グループでチームカラーをつくろうという提案もあり，チームの結束を固めていこうという雰囲気が感じられた。

　第3回ワークショップ後，結成された3拠点のチームで個別打ち合わせを行い，開催への準備が進められた。第1回の開催をオープニングセレモニーとし，町長をはじめとする来賓を呼ぶこと，手品や演奏などの演者に依頼してイベントを行うことなどが企画された。これらは5月11日に開催された第4回ワークショップで発表されたチーム間で意見交換が行われた。町職員の話によれば，この時期3拠点でかなりの温度差があった。

　玉貫会場の第1回の個別打ち合わせの参加者は6人のみであった。玉貫地区は最初からプロジェクトの中の大本命と言われていた場所で，高齢者人口が多く，前述の調査データでも協力してもよいという回答者が多かったため，順調に進むと予想されていたが，実際にはあまり協力者が集まらず，話し合いもうまくまとまらなかった。活動内容についても，お茶やお菓子を提供しながら歓談し，参加者がサロンで話ができたと思ってもらえるような会にしたいという漠然とした内容が出たものの，ボランティアが何人入るか，お茶やお菓子をどのように提供するのかなど，具体的なことは全然決まっていなかった。このような状況を受けて，保健センターの保健師が4月の玉貫地区の老人会の総会へ出向きサロンのPRをして，ボランティアや参加者になりそうな人に呼びかけを行い，さらにチラシや広報で，実動部隊を増やしていけるように動いていくこととなった。

　上ケ会場の準備は，おだやかで順風満帆に進んでいた。月に2回の頻度で第2・4水曜日の10〜15時，1日かけて開催し，昼食は出さず，コーヒーやお菓子を提供するという内容が設定された。会場である上ケ公民館の前に昔ながらの小さな魚屋さんがあり，そこが地区の高齢者のたまり場になっていたという。高齢者は午前中集まって昼に一度帰り，昼過ぎにまた集まって15時過ぎに帰っていくという行動パターンがあることを地域包括支援センターの職員が目にし

て知っており，この時間に合わせて設定することで，そこに集まっている高齢者に参加してもらおうと考えたのである。毎回ではないが年に何回かイベントを開き，そこで食事をしたり世代間交流もしたりできるとよいという意見が出されていた。開催する曜日を決めて周知しても高齢者の中にはわかりにくい人もいるので，公民館や区の掲示板を使って開催日を掲示し，捨てられないようなカレンダーやチラシのようなものを作って参加者に渡そうという案が出た。地区のお祭りで区長さんも会場の方も準備で忙しいので，そのお祭りが終わってから必要な物や会場でどういうことをしようかという細かい打ち合わせが行われた。区長はとても事業に協力的で，老人クラブへの話も通してくれていた。参加者への呼びかけは，広報の配布時に一緒にチラシを配布すること，大き目のポスターを作り，掲示板や通り沿いの家の前に貼らせてもらうことになった。さらに地域包括支援センターの職員がチラシを配布するなどいくつかのルートで周知を行っていった。

　大足会場も順調に進んだ。午前中は病院などに行く予定のある人が住民ボランティアの中に多かったため，時間帯は13時半から15時半という開催時間になった。活動内容は，コーヒー，お茶，お菓子を出してみんなでおしゃべりをしてもらうということに加え，出前グループから講師を呼んで企画を行うこととなった。毎回行うこととしては，疲れない程度の軽い体操（演歌体操，フォークダンスなど）と，認知症予防になる頭の体操を少しずつでも毎回行ったらどうかとなった。

　開所日のオープニングセレモニーについては，特に派手にやろうということで，町長，部長，副部長を呼ぶこと，楽しい企画，今後サロンでやることのPR，お土産（お持ち帰り）を１つ用意するという内容が計画された。広報や回覧板でオープニングセレモニーと６月19日以降のサロンの案内を行い，参加を呼びかけていくことになった。オープニングセレモニー以降の通常の活動内容については，どんな世代の人が来るのかということの想像ができないと企画も決められないという意見も出たので，お膳立てするより来た人の意見を聞き，その後決めていけばよいという方針になった。

　ただ，順調な会場，そうでない会場があり，各会場で異なる方針が出てきた。これは町が各会場の自主性を尊重し，メンバーも町が割り当てたのではないか

図2-10　第一期の3サロンの開所

出所：武豊町福祉課より提供。

　らであると考えられる。人数が集まらないなど順調にいっていない所では職員が呼びかけをするなどの支援が行われた。その他の会場では利用者の生活様式を考慮したり広報だけでなく，それ以外の手段を用いて熱心にPRしたりすることにより，多くの参加者を得ようという意欲がみられた。また事業内容を最初から決めてしまわず，来た人に合わせて作っていこうという方針は，従来型の町の事業ではなく住民の自主的な活動だからこそ生じやすかったと考えられる。

　2007年5〜6月にかけて，老人憩いの家2カ所，地区公民館1カ所を会場として3拠点で事業がスタートした。開所セレモニーには，各地域サロンとも予想を上回る120〜150人以上の人が詰めかけ，町長が挨拶を行った（図2-10）。

5 行政による支援——協働のプロセスを通じて信頼関係を構築する

　本事業は，住民が主役で，行政が支援するという方針で進められてきた。ここでは行政がどのような準備・支援を行ってきたのか，その準備・支援のためにどのくらいの労力を払ってきたのかを調査結果を用いて概観する。これはこれから武豊町のような事業を始めようとする市町村にとっても参考になると考えられる。

　町は，大きく分けて「開催場所」「予算」「人材養成」「情報発信」についての支援を行ってきた。「開催場所」については，住民ボランティアが開催場所の場所選定をするために，老人憩いの家，公民館等，町内で会場候補になりそうな施設の広さ，設備，利用料等の情報収集を行うだけでなく，その施設の利用状況を調べ，サロン活動に利用できるかどうかを確認したり，当該区長に協力をお願いしたりという役割を町が担っている。「予算」については，計画書の作成，それを根拠とした予算要求を行い，初年度については，5カ所でスタートした場合を想定し介護保険の介護予防の予算から200万～300万円近くの額を確保していた。「人材養成」についてはサロン運営を担うボランティアの養成講座を開催している。養成講座の詳細は第3章で紹介する。「情報発信」の必要性については，先行事例の視察時にもその必要性が指摘されていた。町の広報に毎月1回サロンのページが設けられ，各会場の開催内容（レギュラー内容以外の特色あるプログラム）が示されるほか，町のホームページ，ケーブルテレビでも紹介されている。

　その他，最初の3拠点事業開始前に地域包括支援センターが独居・高齢世帯へ周知にまわるなどして参加勧奨を行った。サロン開始8カ月後（2008年2月）に町高齢者を対象に実施した調査データを用いて，サロン参加者がどの情報をきっかけに参加したのかをみた（複数回答）のが表2-5である。年齢・性別・世帯種類関係なく「広報」の割合が最も高かった。「回覧板」や，男性以外については「近所の知人友人」なども比較的高い割合になっている。独居高齢者については「地域包括支援センター」も25.4％とまずまずの割合を示しており，それぞれの情報発信が一定の役割を果たしたと考えられる。

表2-5　年齢・性別・世帯構成別・参加のきっかけ

(単位%)

	年　　齢		性　　別		世　　帯	
	65-74歳	75歳以上	男　性	女　性	独　居	同　居
広　　　報	36.7	34.2	37.2	34.7	43.3	31.9
掲示板	7.2	9.4	10.5	6.5	17.9	5.2
回覧板	25.3	17.1	19.8	23.1	28.4	19.7
地域包括支援センター	15.1	17.9	18.6	15.1	25.4	12.7
家　　　族	1.8	0.9	3.5	0.5	1.5	1.3
近所の知人友人	21.7	24.8	7.0	29.6	26.9	21.4
サークルの知人友人	16.3	15.4	5.8	20.1	16.4	15.7
老人クラブ	10.2	12.8	14.0	9.5	9.0	11.8
その他	6.0	0.9	9.3	1.5	0.0	4.8

出所：図2-7と同じ。

表2-6　職員・ボランティアの従事時間

(単位：時間)

期　　　間		職　　員				ボランティア	合計
		保健センター職員	福祉課・地域包括支援センター・社会福祉協議会職員	非常勤職員	職員計		
町と大学による計画作成の期間	2006.2-2006.9 約8カ月	220	96	0	316	―	316
住民参加による活動内容づくりの期間	2006.10-2007.5 約8カ月	480	479	16	975	507	1,482

出所：「平成19年サロン関係人件費経費調査」（武豊町内部資料）より作成。

　次に，この事業を進めるためにかかったコストとして，行政による準備・支援の労力を，職員・ボランティアのこの事業への従事時間でみてみる。このデータは2010年，町の保健センター職員，福祉課・地域包括支援センター・社会福祉協議会職員，非常勤職員，住民ボランティアに行った調査により得られたものである。

　ここまでの事業準備期間は，大きく分けて①町と大学による計画作成の期間（2006年2～9月の8カ月間），②住民参加による活動内容づくりの期間（2006年10月～2007年5月の8カ月間）に分けられる。

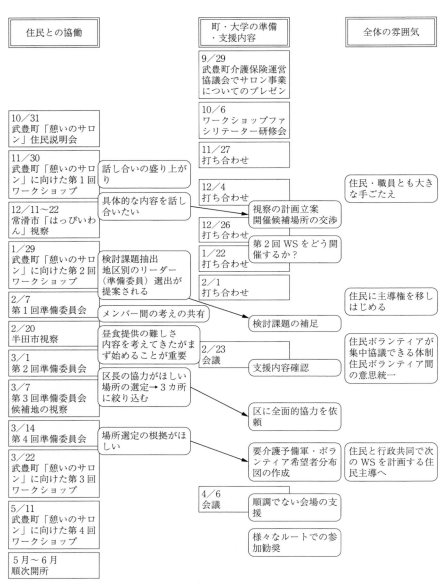

図 2 - 11　住民参加による活動内容づくりの期間の全体の動きと支援

出所：筆者作成。

　町と大学による計画作成の時期における従事時間の合計は316時間であり，月当たりにすると約40時間程度となる。内訳は，町と大学研究者の会議（2～3時間程度×7回），先行事例視察3回（遠方の視察：約11時間×2回×2人，知多地域の視察：約5時間×1回×5人程度），その前後の打ち合わせなどからなる。

　住民参加による活動内容づくりの時期の職員の従事時間は975時間で，月当たりにすると約120時間程度と，計画作成の時期の約3倍となっている。住民説明会1回，ワークショップ3回（各テーブルに職員1人ずつ＋司会等3人），準備委員会（3時間×4回×4人）などからなる。ワークショップ等で多くの職員が参加したこと，サロン開催までの綿密な打ち合わせや連絡調整，買い出し等のために多くの労力がかけられている。これにボランティアの従事時間507時間を合わせた全体の合計は1,482時間であった（表2-6）。住民参加による活動内容づくりの期間は，住民が活動場所と内容を決め，開始に向けて準備するために必要な情報の提供や，地区との交渉などの要望に逐次応えていく期間であったといえる（図2-11）。住民の主体性を引き出す方針，住民からの要望への真摯な対応の姿勢によって町と住民の信頼関係をつくれたことが，計画作成の時期に構想したハイブリッド型の事業の実現を可能にしたと考えられる。

参考文献

梅津政之輔（2015）『暮らしがあるからまちなのだ！──太子堂・住民参加のまちづくり』学芸出版社。

中野民夫（2001）『ワークショップ──新しい学びと創造の場』岩波新書。

平井寛（2009）「介護予防におけるポピュレーションアプローチの試み──武豊町における地域サロン事業の計画と実施（第2回）武豊町プロジェクトの計画──計画書と事業計画・準備組織ができるまで」『地域リハビリテーション』4(2)，172-176頁。

（平井　寛）

第3章	「憩いのサロン」の取り組み ——町内全体へ活動効果を波及させるための 　多数の会場とプログラム

　武豊町憩いのサロン事業の参加者は，コロナウイルス感染症流行前の2018年度（2019年2月時点）の参加者の実人数が883人であり，町内の自立高齢者の約1割となっていた。これはサロン事業開始前の武豊町の介護予防事業参加人数の約10倍であり，サロン事業によって参加者を大幅に増加させることに成功したことになる。本章では，武豊町でどのようなサロン活動が行われ，どのようにして開催拠点を増やし，多くの参加を得ていったのかをみていく。武豊町のサロンとその参加者の特徴，多彩な活動内容，男性の参加を促す試み，ボランティアの研修内容等を紹介する。最後に，サロン事業の継続のためのコストとして職員の労力と費用について言及する。

1　「憩いのサロン」とはどのような活動か

　前章までに述べたように，「憩いのサロン」の毎回の具体的な活動内容は町が決定するのではなく，住民ボランティアグループの協議により決定される。そのため，開催の頻度や活動時間の長さ等は各サロンで様々である。

　2023年3月時点でサロン会場は14カ所あり，開催頻度は多くのサロンでほぼ月1〜2回程度である。活動時間は多くのサロンで2時間程度だが，午前午後を通じて活動するサロンも存在する（表3-1）。各会場のサロンの開催日はなるべく重ならないように設定されているので，コロナウイルス感染症流行以前の2018年9月の開催状況をカレンダーにまとめると平日のほとんどが開催日となる（表3-2・図3-1）。2018年9月の予定では月〜金曜日の全20日のうち17日が開催日で，うち7日と18日は2会場での同時開催となっている。

　参加料は一般参加者とボランティアともに1回100円と統一されている。参加できるのは原則として「一人でサロンに来られる人」で，一般参加者につい

表3-1　憩いのサロンの概要（玉東ホタルサロン以外は
2018年時の開催頻度・時間）

会　　場	開所年	開催頻度	時　　間
大足サロン	2007年	月1回	13：30-15：30
玉貫サロン	2007年	月2回 (1)	13：30-15：00
上ケいきいきサロン	2007年	月2回 (1)	10：00-15：00
馬場サロン	2008年	月2回	9：30-11：15 10：00-15：30
富貴サロン	2008年	月1回	13：30-15：30
東大高サロン	2009年	月1回	13：30-15：30
北山サロン	2009年	月1回	10：00-15：00
下門八幡さわやかサロン	2011年	月3回 (1)	10：00-11：40
小迎サロン	2012年	月1回	10：00-11：30
中山ふれあいサロン	2012年	月2回 (1)	10：00-11：40
市場神宮きらくサロン	2014年	月1回	10：00-11：30
みどりサロン	2016年	月1回	13：30-15：00
竜宮サロン	2016年	月1回	13：30-15：30
玉東ホタルサロン	2022年	月1回	14：00-15：30

注：(1)　2023年3月時点では月1回の実施
出所：筆者作成。

ては65歳以上という年齢制限がある。居住地に関係なく，武豊町内のどのサロンにでも参加することができる。上記のように平日のほとんどが開催日のため，参加する意思があり，移動手段があれば毎日のように参加することが可能になっている。

　毎回の開催時には，ボランティアが設営等の開催準備を行い，開催時間になると一般参加者が来訪し，ボランティアの作成したタイムテーブルに沿ってプログラムを実施していく。すべてのサロンでお茶とお菓子が提供され，ほぼすべての回でおしゃべりの時間が設けられている。サロンによりプログラムは異なり，体操や脳トレーニング，誕生日会をレギュラー的な活動として毎回行うところもある（図3-2）。2時間の開催であれば，①あいさつ（5分），②体操（10〜20分），③お誕生会（5分），④メイン企画1〜2本（20〜60分），⑤おしゃ

表3-2 サロン開催予定（2018年9月）

日	月	火	水	木	金	土
						1
2	3 10:00-11:30	4 13:30-15:30	5 10:00-11:30	6 9:30-11:15	7 10:00-11:30 10:00-11:40	8
9	10	11 13:30-15:30	12 10:00-15:00	13 13:30-15:00	14	15
16	17（祝） 10:00-15:00	18 10:00-11:30 13:30-15:30	19 13:30-15:30	20 13:30-15:30	21 10:00-11:40	22
23	24（祝）	25 10:00-11:30	26 10:00-11:45	27 13:30-15:00	28 13:30-15:00	29
30						

出所：筆者作成。

べり（20分），⑥歌（5分），⑦あいさつ（5分）という構成が一般的であるという。

　サロン1カ所当たり平均20人のボランティアが参加している。各サロンに会長，副会長，会計という役員がある。リーダー的な人は2～3人程度で，半分以上はリーダーの役割を担うことに乗り気でない人たちであるという。ある会場では，区の役員がサロンの役員を2年毎にやることになっている。また区長がサロンの副会長を務めることになっている会場があるが，このような例は少数派で，他の会場・区では，サロンの役員に区の役員が入るというルールは特にない。

図3-1 「広報たけとよ」でのサロン紹介ページ

出所：「広報たけとよ」2018年8月15日号より作成。

図3-2　サロンでの活動の様子（健康体操）

出所：武豊町福祉課より提供。

表3-3　会場数・参加者数の推移

年　　度	2007	2010	2013	2014	2015	2016	2017	2018	2019	2020	2021	2022
会場数	3	8	10	11	11	13	13	13	13	13	13	14
実参加者数	401	727	875	965	932	1,063	967	883	869	226	461	556
うちボランティア	90	177	256	247	282	328	320	338	328	321	274	261
参加割合	6.1	9.9	10.8	11.1	10.5	11.7	10.4	9.4	9.2	2.4	4.9	5.9
延べ参加者数	2,341	6,441	11,345	12,172	12,711	14,791	14,214	13,928	12,707	226	2,396	5,145

注：参加割合は自立高齢者中の割合。
出所：竹田（2014）中のデータに竹田氏が追加した資料から作成。

　憩いのサロンの参加者の実人数は，事業がスタートした2007年度の401人から増加を続け，2016年度には1,063人と約2.5倍になった。延べ人数でみると2007年度の2,341人から2016年度は1万4,791人へと約7倍に増加している。参加者は2017年以降少しずつ減少していたが，コロナウイルス感染症流行の影響によるサロン活動中止のため2020年度に大きく減少した後，少しずつ回復し2022年度には556人となっている（表3-3）。

　武豊町のサロン活動は厚生労働省が進める「地域づくりによる介護予防推進支援事業」の中の「介護予防に資する住民主体の通いの場」，いわゆる「通いの場」に位置づけられる。このような通いの場について「介護予防事業及び介護予防・日常生活支援総合事業（地域支援事業）の実施状況に関する調査結果　介護予防に資する住民運営の通いの場の展開状況」（厚生労働省，平成30年度）によれば，通いの場の実施市町村は，2018年で1,558市町村（89.5%）となっ

表3-4　活動内容の組み合わせ別通いの場実施市町村数（2018年度）

多い順	活動内容					市町村数	割合（%）
1	体操（運動）					439	25.2
2	体操（運動）	会食	茶話会	認知症予防	趣味活動	204	11.7
3	体操（運動）		茶話会			151	8.7
4	体操（運動）		茶話会		趣味活動	134	7.7
5	体操（運動）	会食	茶話会		趣味活動	114	6.5
6	体操（運動）		茶話会	認知症予防	趣味活動	90	5.2
7	体操（運動）				趣味活動	72	4.1
8			茶話会			49	2.8
9	体操（運動）			認知症予防		48	2.8
10	体操（運動）			認知症予防	趣味活動	39	2.2
11	体操（運動）		茶話会	認知症予防		32	1.8
12	体操（運動）	会食	茶話会			26	1.5
13	体操（運動）	会食				23	1.3
14	体操（運動）	会食	茶話会	認知症予防		20	1.1

出所：厚生労働省（2019）より作成。

ている。この調査では各市町村の行う事業の活動内容や会場数，参加実人数についても調査している。このデータを用いて他市町村の事業と比較し本事業の特徴をみた（表3-4）。

活動内容でみると，全国の通いの場で最も多いのは「体操（運動）のみ」で全体の約1/4を占めている。高知市等の「いきいき百歳体操」の多くはこれにあたると考えられる。武豊町の事業もこのデータでは「体操（運動）」のみとなっているが，実態からいえば

表3-5　最も参加人数の多い通いの場の規模別市町村数

市町村内で最も参加者の多い通いの場の規模	市町村数	割合（%）
1～20人	246	15.8
21～40人	614	39.4
41～60人	373	23.9
61～80人	146	9.4
81～100人	81	5.2
100人超	98	6.3
計	1,558	100.0

出所：厚生労働省（2019）介護予防事業及び介護予防・日常生活支援総合事業（地域支援事業）の実施状況に関する調査結果　介護予防に資する住民運営の通いの場の展開状況」（平成30年度）より作成。

「茶話会」「趣味活動」も実施しているので「体操（運動）」「茶話会」「趣味活動」になるが，この場合は4番目に多いタイプになる。

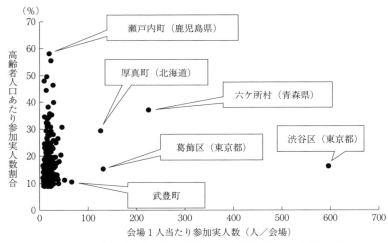

図 3 - 3　1 会場当たり参加実人数と高齢者人口に占める参加割合

出所：厚生労働省（2019），国勢調査（総務省統計局2015）より作成。

　会場の規模については，市町村ごとに参加人数規模別の会場数が報告されている。ここでは各市町村内で最も参加者の多い通いの場の規模をみた。半分以上の市町村は最大規模の通いの場でも40人以下であるが，武豊町の通いの場の最大規模は「100人超」（2カ所）で，その他のサロンも「81〜100人」2カ所，「61〜80人」4カ所，「41〜60人」7カ所，「21〜40人」1カ所となっており，参加人数規模の大きい通いの場を行っている町であるといえる（表3 - 5）。

　国勢調査（総務省統計局 2016）による高齢者人口に占める実参加人数割合と1 会場当たり参加実人数について，散布図でみたものが図3 - 3 である。データは高齢者人口1,000人以上で，高齢者人口に占める参加割合の上位400位以内にある市町村のみに絞ってある。一定程度の参加割合のある市町村の中では，武豊町は1 会場当たり参加実人数が多く，かなり特徴的な事業であるといえる。

2　サロンの参加者の特徴──一般参加者・ボランティアリーダー

　本事業の重要な目標の一つはポピュレーション戦略に基づく介護予防であり，ハイリスク者を区別せず高齢者全体をターゲットとしている。とはいっても，

元気な高齢者ばかりが参加しているよりも，参加者の中にハイリスク者も含まれている方が全体の介護予防の効果がより期待できる。また，歩いて行ける距離圏内にサロンを配置しようと考えた背景には，移動能力が低い比較的虚弱な高齢者の参加を可能にしたいというねらいがあり，実際にそのような高齢者が参加できているかもみておく必要がある。さらに，これからサロン事業を始めようとする市町村にとっては，このようなサロン活動にどのようなボランティアや一般利用者の参加が期待できるのかをみておくことは有益であると考えられる。ここでは，開始年度である2007年度と開始から3年目の2010年度のデータを用いて分析した。サロンの参加の有無は参加者名簿を用いて把握している。これを前述の武豊町と大学の共同研究の一環として2～3年ごとに65歳以上の自立高齢者を対象に実施する自記式調査のデータに結合したデータを用いて分析した。2007年度の参加者データは2007年5月～2008年3月の参加者名簿，これに結合した調査データは2006年7月実施，2010年度の参加者データは2010年9月～2011年8月の参加者名簿，これに結合した調査データは2010年8月実施である。要介護リスクなどはサロン参加による効果を受ける可能性があるため（特に新規参加者），サロン参加前の調査データを対応させて使用している。分析対象人数は使用した変数の欠損状況により異なる。

（1）参加者の性別と年齢

2007年における参加者の男性の割合は24.4％と高齢者全体における男性割合（49.9％）に比べて低くなっている。しかしボランティアに限ってみると2007年，2010年ともに35％前後と比較的高い。事業の計画時である2006年に行った事前アンケートでは「中心的な運営者として参加してもよい」と回答し，住所と氏名を記した者は32人であったが，このうち約7割が男性であった。さらに2010年の新規参加者に絞ると，ボランティア中の男性割合は61.5％と女性割合を上回っている（表3-6）。町職員によれば，サロン立ち上げ時に区の役員に声をかけると，男性がサロンのボランティアを担当してくれやすいという。2007年の初期のサロンと異なり，地区とのつながりの強いサロンが多くなって来たので，男性が多くなってきているとのことだった。ただし男性ボランティアは会場設営にのみ参加し，メインのプログラムには参加しないという場合も

表 3-6　参加者の性別・年齢

			高齢者全体		参加者全体		一般のみ		ボランティアのみ	
			人数	割合(%)	人数	割合(%)	人数	割合(%)	人数	割合(%)
男性の割合	2007年		1,356	49.9	19	24.4	10	18.9	9	36.0
	2010年		2,040	48.4	47	17.9	16	9.1	31	35.6
	2010年新規参加者のみ				11	25.0	3	9.7	8	61.5
年　　齢	2007年	65-69歳	1,037	38.7	35	44.9	15	28.3	20	80.0
		70-74歳	752	28.0	17	21.8	15	28.3	2	8.0
		75-79歳	539	20.1	17	21.8	14	26.4	3	12.0
		80-84歳	244	9.1	8	10.3	8	15.1	0	0.0
		85歳以上	111	4.1	1	1.3	1	1.9	0	0.0
	2010年	65-69歳	1,617	38.3	75	28.6	26	14.9	49	56.3
		70-74歳	1,199	28.4	78	29.8	54	30.9	24	27.6
		75-79歳	763	18.1	59	22.5	53	30.3	6	6.9
		80-84歳	447	10.6	34	13.0	27	15.4	7	8.0
		85歳以上	193	4.6	16	6.1	15	8.6	1	1.1
	2010年新規参加者のみ	65-69歳			15	34.1	7	22.6	8	61.5
		70-74歳			12	27.3	9	29.0	3	23.1
		75-79歳			9	20.5	8	25.8	1	7.7
		80-84歳			4	9.1	4	12.9	0	0.0

出所：武豊町憩いのサロン参加者名簿，「いきがい・健康アンケート」（2006年7月実施）データ，「健康とくらしの調査」（2010年8月実施）データより作成。

あるという。

　年齢でみると，2007年では高齢者全体よりもやや若い層が参加しているが，2010年になると，高齢者全体よりも高い年齢層が参加している。新規参加者に絞ってみると，少し69歳以下の層の割合が増えるが，85歳以上の層も一定割合参加していることがわかる（図3-4）。

（2）サロンは健康格差を縮小する可能性があるか

　社会参加や，健診などの保健行動は社会経済的地位の高い人ほど健康への意識が高く，参加している割合が高い（松田ら 2005）。それにもかかわらず初期の介護予防においては，ハイリスク者をみつけるためのスクリーニングに健診を用いていた。そのため，健康への意識の高い高齢者が集まり，ほとんどリスク者が集まらないという結果になっていた（序章参照）。もしサロンに社会経済的地位の低い高齢者が参加しやすく，さらにサロンに介護予防の効果がある

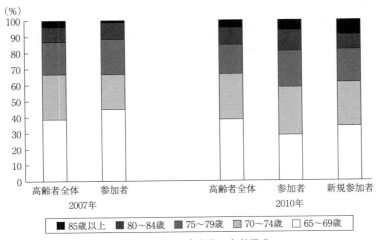

図3-4　サロン参加者の年齢構成

出所：表3-6と同じ。

ならば，従来の介護予防事業に比べて健康格差を縮小できる可能性がある。図
3-5は非参加者，参加者全体，一般参加者，ボランティア参加者ごとに教育
年数の構成割合をみたものである（左が2007年，右が2010年）。2007年，2010年
とも，ボランティア参加者で教育年数が長く，一般参加者は非参加者に比べて
教育年数の短い者，特に6～9年の割合が高いことがわかる。所得についても，
2007年，2010年とも一般参加者で「200万円未満」の割合が高いことがわかる
（図3-6）。つまり社会経済的地位が低くても参加しやすいという特徴がある。
この傾向は年齢の影響を考慮した分析でも確認された。

（3）要介護リスクを持つ高齢者も参加しているか

　厚生労働省の基本チェックリスト（厚生労働省老健局老人保健課 2006）を用
いて，運動器，口腔，閉じこもりの基準に該当するリスク者の人数と割合をみ
た。運動器のリスク者は2007年，2010年とも高齢者全体と近い割合となってい
る。口腔リスク者は2007年では高齢者全体に比べ参加者で低いが，2010年では
高齢者全体と参加者で同程度の割合であり，一般参加者に絞ると高齢者全体よ
り参加者で該当割合が高くなっている。閉じこもりリスク者は高齢者全体に比
べて参加者で割合が低く，ボランティアでは1人も該当しなかった。

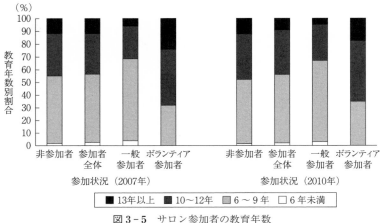

図3-5　サロン参加者の教育年数

出所：表3-6と同じ。

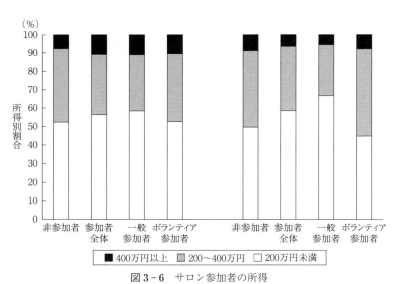

図3-6　サロン参加者の所得

出所：表3-6と同じ。

表3-7　要介護リスク者

		調査回答者全体		サロン参加者					
				一般のみ		ボランティアのみ		全体	
		人数	割合(%)	人数	割合(%)	人数	割合(%)	人数	割合(%)
運動器	2007年	721	26.7	15	30.0	4	15.4	19	25.0
リスク者	2010年	1,156	28.3	45	27.1	15	17.6	60	23.9
口腔	2007年	359	13.6	5	10.0	2	7.7	7	9.2
リスク者	2010年	605	15.5	28	17.3	8	9.5	36	14.6
閉じこもり	2007年	199	7.3	3	5.7	0	0.0	3	3.8
リスク者	2010年	198	5.0	5	2.9	0	0.0	5	2.0

出所：表3-6と同じ。

　サロンの参加者の要介護リスクに関して，閉じこもりについては少ないものの，運動器，口腔のリスク者は一定の割合で参加しており，介護予防につながり得る場に引き出すことに成功しているといえる（表3-7）。また，サロンで実施されるプログラム内容によってはこれらの高齢者に対する介護予防効果を期待できる。この分析で示したのはアンケート調査で把握した要介護リスク者であり，二次予防の対象者そのものではない。

―― 4　特定高齢者もボランティアとして活躍 ――

　サロンのボランティアとして活躍している人の中には，健診によるスクリーニングで特定高齢者（二次予防の対象者）に該当した高齢者もいる。特定高齢者に該当し，札を渡され，2階に行くように言われたという。そのボランティアの人はその時の気持ちを「そんなはずはない，と思った。くやしかった。何くそと思って階段を駆け上がった」と語ってくれた。序章にも書いたように，特定高齢者に該当するということは，人によってはかなり気分を害することだったのだ。
　統計学的には，特定高齢者に該当した人の要介護リスクは，該当しない人に比べて確かに高いと考えられる。しかし統計学が威力を発揮するのは，対象が大人数でその傾向をつかむ場合，多数の繰り返しを行ったりする場合である。対象全体についての予測力が優秀であっても，ある1個人にとって1回の判定が妥当かどうかをみた場合，全く妥当でない場合は当然生じてしまう。上記のような例は全国で一定数発生したことだろう。

表3-8　運転していない者の割合

	調査回答者全体	サロン参加者		
		一般のみ	ボランティアのみ	全体
運転していない者の割合（％）　2007年	44.0	66.0	26.9	53.2
2010年	35.8	58.0	15.5	43.9

出所：表3-6と同じ。

（4）移動能力の低い高齢者が参加できているか

本事業のねらい通り移動能力が低い比較的虚弱な高齢者の参加ができているのかをみた。ここでは移動能力の低い者を「運転していない者」としてその割合をみた。運転していない者の割合は2007年，2010年ともに高齢者全体よりも参加者で低かった。一般参加者の非運転者割合は2007年で66.0％，2010年で58.0％と高いのは期待通りの参加が得られているといえるが，ボランティアの中にも運転していない高齢者が約2割程度含まれていた（表3-8）。小地域単位での開催は，一般参加者，ボランティアともに運転しない高齢者の参加の機会を向上させるのに寄与した可能性がある。

3　サロン会場で提供されるプログラム
──多彩な会場・プログラムで参加者を増やす

憩いのサロン事業は「参加しやすさ」を重視し，参加をしやすくするための方針を採用している。そのうちの具体的方法の一つは，画一的なプログラムを提供するのではなく，多彩な会場とプログラムを用意して，多様な興味・関心を持つ高齢者に多様な選択肢を用意し，参加してもらう機会を増やすことである。

（1）憩いのサロンではどんな活動をしているのか

憩いのサロンでは健康体操，おしゃべり，誕生会などのレギュラー的な活動以外にも多彩なプログラムを用意している。スポーツ，踊りなどの運動系，脳トレーニング，漢字の話などの学習系，楽器演奏，合唱等の音楽系，工作等様々である（表3-9）。演劇は健康，防犯防災に関する啓発を目的とした内容等で行われている。また，健康講話，血圧測定などにもみられるように，保健師等が高齢者の保健活動を行う場にもなっている。囲碁・将棋は男性の参加を促進しようという目的で，メインのプログラムを実施する部屋とは別に，囲

表3-9 サロンで提供されるプログラムの例

種　　類	具体的プログラムの例
運　　動	ピンポン，カローリング，フロアーゴルフ，スポーツ大会，盆踊り，フラダンス
学　　習	脳トレーニング，漢字の話，健康講話，防災クイズ，演劇（啓発目的）
音　　楽	アコーディオン，ギター，オカリナ，ハーモニカ，津軽三味線，大正琴，尺八・三味線，合唱
工　　作	押し花，青竹ふみ，鯉のぼり，ひな人形，アクリルたわし
その他	囲碁・将棋，血圧測定，大笑い

出所：武豊町「広報たけとよ」2007年〜2012年分より作成。

碁・将棋のコーナーを設けて自由に参加できるようにしているサロンがある。

（2）多彩なメニューを提供するために

　これだけの種類のメニューを用意することは，各会場の運営ボランティアに大きな負担なのではないかと思われるかもしれないが，これらのプログラムは，各会場の運営ボランティアのみの力で提供されているのではない。韓国の敬老堂を参考に，各会場をサポートする体制が作られている。最初の3つのサロン立ち上げ時に，3つの拠点を担当するボランティアグループとは別に，「出前ボランティア」というグループが組織された。「出前ボランティア」は講師役を担うボランティアがサロン開催時に提供できるプログラムを登録しておき，各サロンが登録されているリストをみて依頼し，講師がプログラムを出前するという仕組みである。この仕組みによって，多彩なメニューを用意できるようにしたのである。

　しかし町職員によれば，この「出前ボランティア」のリストは2019年度ではもう使われていなかった。事業の立ち上げ初期は講師を選ぶ際に出前ボランティアのリストからしか選んでいなかったが，その後は武豊町で活動している組織のリストから選ぶほか，各ボランティアの人脈を通じて町の外からも講師を呼んでくるようになったという。また，サロンは町内外の趣味グループの発表の場としても利用されているとのことである。その結果，出前ボランティアのリストのみを使っていた時期よりも現在の方が多彩なプログラムを実施しているという。当初想定していた「出前ボランティア」のリストは不要になったが，自サロン外から講師を呼ぶことで多彩なプログラムを実施するという方法は生

きている。

　これらの講師のほとんどは，無料で来てくれるという。他の地域の事例では充実したプログラムを提供するために事業スタート時から有償の講師を招いていたために，原則として講師を招く場合には講師料が発生するようになった事例もある。その後，講師料の負担を小さくするために自前でプログラムを作ってやってみたがなかなか苦戦しているという（前述の稲美町ではない）。また先述のように当事業ではサロンの参加人数規模が比較的大きい。講師にとっては小人数のサロンよりも大人数の方がやりがいを感じやすいらしく，プロの講師でも無料でやってくれることもあるなど，講師のモチベーションを上げる一つの要因となっている。

　多彩なメニューを提供できるもう一つの要因は，サロン間での交流である。参加者が不複数のサロンに参加できることで，他のサロンの様子がわかり，また評判の良いプログラムを紹介することもできる。1つのサロンから他のサロンへとプログラムが広がっていくこともある。表3-10は各会場の体を動かすプログラムの年度別の変遷をみたものであるが，例えば玉貫会場に登場した「カローリング」が他会場でも行われていく様子がわかる。

　その他，2月に1回全サロンの役員と町職員が参加して開かれるサロンの運営協議会（図3-7）や，各年1回のボランティア交流会，レクリエーション研修（図3-8）でも情報共有が行われている。運営協議会は各サロンの役員と担当職員が2カ月に1回集まって開催される。講師やプログラムなどの情報共有のほか各サロンの問題解決が行われる。具体的な例としては，サロン近隣の参加者が少ないが他のサロンはどうしているか，という相談が持ち込まれ，各サロンから，回覧板の活用，駐車スペースの確保等，工夫の紹介がなされる。また，参加者の受け入れについて，原則として「一人でサロンに参加できる人」としているが，付き添い人がいる場合は受け入れてもよいのかという問題も持ち込まれる。この場合は全サロンで意思統一すべき内容として協議し，町が決定する。ボランティア交流会は外部講師を招いての講演やグループワーク等の実習，レクリエーション研修では外部講師による新しいレクリエーションの研修が行われている。

表3-10 体を動かすプログラムの年度別の変遷

会場名	2007年	2008年	2009年	2010年	2011年	2012年
大　足	健康体操	健康体操 輪投げ・ボーリング・ダーツ ミニ運動会	健康体操 ピンポンラリー 新舞踊	健康体操 ピンポンラリー フラダンス	健康体操 ジャズダンス	健康体操 ピンポンラリー フラダンス・
玉　貫	健康体操 ボード卓球	健康体操 フラダンス ふれあい音頭 ボウリング・カローリング ピンポンラリー	健康体操 ふれあい音頭 ボウリング・カローリング	健康体操 ピンポンラリー	健康体操 ピンポンラリー	健康体操 ピンポンラリー
上　ヶ	健康体操 盆踊り スポーツ大会	健康体操 スポーツ大会	健康体操 スポーツ大会 盆踊り	健康体操 カローリング	健康体操 カローリング	健康体操 盆踊り スポーツ大会
富　貴		健康体操 フラダンス ミニスポーツ大会 太極拳	健康体操 運動会 ボール体操	健康体操 フラダンス 盆踊り ミニ運動会	健康体操 盆踊り ミニ運動会	健康体操 フラダンス 盆踊り
馬　場		健康体操 盆踊り 舞踊	健康体操 盆踊り 新舞踊 ミニ運動会 フラダンス	健康体操 舞踊 ミニ運動会 棒渡し	健康体操 盆踊り フラダンス ピンポンラリー カローリング ミニ運動会	健康体操 盆踊り フラダンス ミニ運動会
東大高			健康体操 盆踊り フラダンス ミニ運動会 フロアーゴルフ	健康体操 盆踊り フラダンス ミニ運動会 フロアーゴルフ 棒渡し	健康体操 盆踊り ミニ運動会 フロアーゴルフ	健康体操 盆踊り ミニ運動会 フロアーゴルフ 泥鰌すくい踊り
北　山			健康体操	健康体操 盆踊り フラダンス	健康体操 盆踊り フラダンス ミニ運動会	健康体操 盆踊り フラダンス ミニ運動会
下　門				健康体操 ミニ運動会		健康体操 ミニ運動会 ピンポン大会 カローリング 吹き矢

出所：表3-9と同じ。

図3-7　サロン運営協議会

出所：武豊町福祉課より提供。

図3-8　レクリエーション研修

出所：図3-7と同じ。

図3-9　津軽三味線の演奏

出所：図3-7と同じ。

（3）魅力的なプログラムの効果

　魅力的なプログラムが開かれる回には，これまでそのサロンに参加していなかった高齢者が参加することがある。玉貫会場での2008年4月，2010年10月の「津軽三味線」（図3-9）は，その最たるものである。その新規参加者の大半は1回限りの参加に留まるが，一部はその参加をきっかけに継続的な参加者になる場合もある。図3-10は大足，玉貫会場の2つのサロンについて，サロン別に各回の参加者数，初回参加者数を集計したものである。初回参加者の集計にあたっては，その後の継続的参加につながったかをみるために以後の参加回数別の集計も行った（1回のみの場合もあるので）。各回のプログラム内容によって参加人数が大きく変化していることがわかる。また魅力的なプログラムによって参加した新規参加者の一部が継続的参加者（5回以上）になっていることがわかる。

　図3-11は玉貫会場で同時期（4月）の参加者数を2009年と2010年で比較したものである。2009年のプログラムは折り紙，2010年は人気の高い津軽三味線であった。人気の高い津軽三味線の回では，会場の500m，1,000m圏内だけでなく，圏外の高齢者も含め多くの参加を得ることができているのがわかる。

【大足会場】

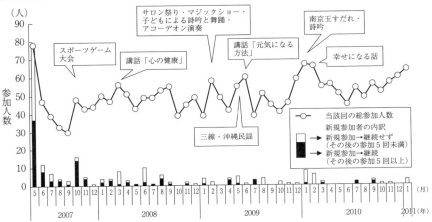

【玉貫会場】

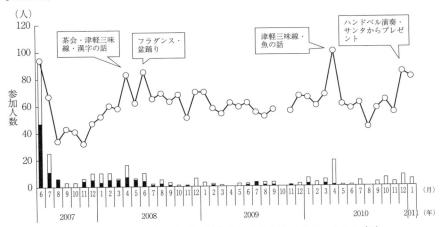

図3-10　当該回の参加者数・新規参加者数と各回のプログラム内容

出所：武豊町憩いのサロン参加者名簿，武豊町「広報たけとよ」2007〜2012年分より作成。

　プログラムそのものではないが，会場が保育園に隣接している中山サロンで
は月2回の開催のうち1回は保育園の園児が参加している。園児が参加する回
は参加しない回にくらべて高齢者の参加者が20人は多くなるそうである。その
他，多くの会場で参加者の誕生月にプレゼントが渡されるため，誕生月には参

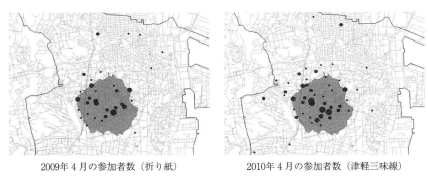

2009年4月の参加者数（折り紙）　　　　　　2010年4月の参加者数（津軽三味線）

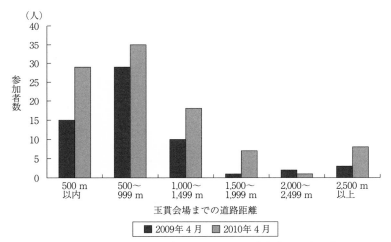

図3-11　通常プログラムと人気プログラムでの参加者の分布の違い

出所：図3-10と同じ。

加するという人は少なくないという。

（4）男性の参加を増やす工夫

　サロン活動においては，他の多くの事例で女性の参加が中心で，男性の参加
が得られにくい例が少なくない。武豊町のサロンもその例にもれず，ボランテ
ィアは男性の参加を増やすために腐心している。ボランティアによればこれま

での試行によって，男性の参加が増え
るのは男性のボランティアの企画であ
ることが多かった感触があるという。
表3-11は比較的男性の参加がある玉
貫会場の性別の参加人数，男性参加割
合とプログラム内容を示したものであ
る。これをみると，楽器の演奏の回で
男性参加人数と割合が高い傾向がみら
れる。

図3-12　馬場会場の囲碁・将棋コーナー
出所：図3-7と同じ。

　また，参加した男性に対しては，孤独感を感じさせないように居場所を与え
る工夫をしたり，囲碁・将棋コーナーをつくったりして，メインのプログラム
に参加せずに好きなことをやっていてもよいように工夫しているサロンもある
（図3-12）。このサロン（馬場会場）が囲碁将棋コーナーを設けた前後の参加人
数，男性参加者の割合を示したものが表3-12である。囲碁・将棋のコーナー
がスタートした2010年6月以降，男性の参加が増えていることがわかる。

　ボランティアとして男性が参加していることで良かったこともあるようだ。
あるサロンを担当していた職員によれば，「サロンが終わってからやり方につ
いて愚痴や文句が出て，悪口の言い合いのようなことがあっても，そのサロン
の男性ボランティアの人がうまく聞きながら流してくれるので，クッションと
してとてもよい役割をしているなあと思う」。リーダーにはあまり敏感になり
すぎずに，みんなの話を聞けるという力も求められるのだろう。聞く（程よく
聞き流す）ことに関しては，家庭等での経験が豊富な男性が役に立つことがあ
るのかもしれない。

（5）好きなプログラムを探して自由に参加する

　このような様々な会場とプログラムは，すでに示したように毎月町の広報の
1頁を割いて公開されている（図3-1）。高齢者はこれを見てどのサロンに参
加するかを選ぶことができる。居住地の近くに複数のサロン会場があるか，車
など徒歩圏を超えて移動できる手段を持っていれば，参加するサロンを選ぶこ
とができる。全国社会福祉協議会が進める「ふれあい・いきいきサロン」では，

表3-11 玉貫会場の性別の参加人数・男性参加割合とプログラム内容
※「健康体操」「誕生日会」は省略

年月	参加者総数	女性	男性	男性の割合	プログラム内容
2009年4月	50	42	8	16.0	折り紙
5月	49	41	8	16.3	漢字の話，健康講話
6月	48	38	10	20.8	漢字の話，ふれあい音頭，ギター演奏
7月	43	35	8	18.6	漢字の話，ふれあい音頭，おさかなの話
8月	35	29	6	17.1	漢字の話，ふれあい音頭，防災の話
9月	42	35	7	16.7	
11月	41	36	5	12.2	折り紙，魚釣り大会
12月	50	41	9	18.0	ボウリング，カローリング，地デジ説明会
2010年1月	50	43	7	14.0	漢字の話，ハーモニカ演奏
2月	46	43	3	6.5	漢字の話，ビンゴゲーム
3月	54	44	10	18.5	アコーディオン演奏
4月	85	68	17	20.0	津軽三味線演奏，おさかなの話
5月	46	40	6	13.0	漢字の話，健康講話，玉貫サロンの歌
6月	44	36	8	18.2	アコーディオン・ギター演奏，おさかなの話
7月	50	43	7	14.0	漢字の話，払い込み詐欺防止劇
8月	31	24	7	22.6	大笑い，オカリナ演奏，魚の話，盆踊り
9月	44	37	7	15.9	大笑い
10月	51	42	9	17.6	大笑い，ピンポンラリー，お楽しみ会
11月	42	40	2	4.8	大笑い，魚釣り大会，合唱，皿回しの練習
12月	76	65	11	14.5	大笑い，ハンドベル演奏，合唱，サンタからプレゼント
2011年1月	63	53	10	15.9	大笑い，尺八・三味線，漢字の話，合唱
2月	51	44	7	13.7	大笑い，ビンゴゲーム，漢字の話，合唱
3月	54	47	7	13.0	大笑い，アコーディオン演奏，漢字の話，合唱
	1014	853	161	15.9	

出所：武豊町憩いのサロン参加者名簿，武豊町「広報たけとよ」2009年～2011年分より作成。

表3-12 馬場会場の性別の参加人数・男性参加割合とプログラム内容

年月	参加者総数	女性	男性	男性の割合	プログラム内容
2009年4月	35	32	3	8.6	健康体操，新舞踊，盆踊り，かぶと作り
5月	65	59	6	9.2	お遊戯，人形劇，じゃんけんゲーム，津軽三味線
6月	41	40	1	2.4	健康体操，大正琴演奏，七夕飾り制作
7月	26	25	1	3.8	健康体操，回想法，盆踊り，テーマソング
8月	34	31	3	8.8	健康体操，フラダンス，写経・般若心経の話，テーマソング
9月	31	30	1	3.2	台風・地震防災の話，紙トンボ・紙ヒコーキ，テーマソング
10月	33	30	3	9.1	ミニ運動会，新型インフルエンザ予防対策，テーマソング
11月	30	26	4	13.3	囲碁・将棋，健康講話，健康寸劇
12月	36	34	2	5.6	健康体操，クリスマス会，お正月飾り制作
2010年1月	35	32	3	8.6	健康体操，かくし芸大会，テーマソング
2月	31	29	2	6.5	健康体操，囲碁教室，漢字の話
3月	33	32	1	3.0	アコーディオン演奏，テーマソング
4月	36	35	1	2.8	三味線演奏，銭太鼓演奏，舞踊
5月	43	42	1	2.3	防災啓発紙芝居，園児の遊戯
6月	41	36	5	12.2	囲碁・将棋，習字，手芸，南京玉すだれ，ど真ん中踊り，写真立て作り
7月	48	43	5	10.4	囲碁・将棋，習字，手芸，南京玉すだれ，盆踊り，回想法
8月	29	26	3	10.3	囲碁・将棋，習字，手芸，南京玉すだれ，講話，フラダンス
9月	36	31	5	13.9	囲碁・将棋，習字，手芸，南京玉すだれ
10月	41	34	7	17.1	囲碁・将棋，習字，手芸，南京玉すだれ，ミニ運動会
11月	40	35	5	12.5	囲碁・将棋，習字，手芸，南京玉すだれ，健康講話，寸劇
2011年1月	48	44	4	8.3	囲碁・将棋，習字，手芸，南京玉すだれ，健康体操，ミュージックバンド演奏，福笑い
2月	43	41	2	4.7	囲碁・将棋，習字，手芸，南京玉すだれ，健康体操，大正琴演奏，棒渡し，ダーツ，玉蹴り
3月	39	36	3	7.7	囲碁・将棋，習字，手芸，南京玉すだれ，健康体操，かくし芸大会

出所：表3-11と同じ。

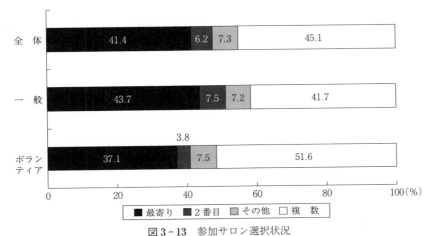

図3-13 参加サロン選択状況

出所：武豊町憩いのサロン参加者名簿（2016年度）より作成。

居住地区のサロンに参加し他地区のサロンに参加することはあまりないという。様々なサロンを選べるのは当事業の特徴であるといえよう。

　この特徴が高齢者の参加サロン選択状況にどのように反映されているかを，13カ所の会場で活動が行われた2016年度の参加状況データを用いてみた（図3-13）。サロンの参加回数が5回以上の者を「サロン参加者」とした。居住している街区の代表点からの道路距離で最も近いサロンに参加していれば「最寄りサロンに参加」とした。2番目に近いサロン，その他（3番目以上）のサロンに参加している場合はそれぞれ「2番目に近いサロン」「その他のサロンに参加」とした。2カ所以上のサロンに参加している場合は「複数カ所に参加」とした。最寄りサロン1カ所に参加している高齢者は約4割で，2番目に近いサロンに参加している者を合わせても約半数に留まった。また複数サロンに参加している高齢者は一般参加者で約4割，ボランティアで約5割となっていた。

　職員らによれば，居住地域以外のサロンでも排他的でない雰囲気があり，ボランティアも遠い地域から来ている人がいるという。また，ボランティアや参加者の中には「居住地の近所のサロンは嫌だ」と言う人もいたそうである。もし最寄りのサロンにしか参加できない，または参加しにくい雰囲気があれば，このような人は参加できていないはずである。排他的でない雰囲気があること

表 3 - 13　参加サロン数別人数・割合と月平均参加回数（2016年）

参加サロン数	全体			一般参加者			ボランティア		
	参加サロン数別人数	割合（%）	月平均参加回数	参加サロン数別人数	割合（%）	月平均参加回数	参加サロン数別人数	割合（%）	月平均参加回数
1	293	54.9	1.0	203	58.2	0.9	90	48.6	1.0
2	112	21.0	1.5	50	14.3	1.3	62	33.5	1.6
3	51	9.6	1.9	34	9.7	1.9	17	9.2	1.9
4	21	3.9	2.2	14	4.0	2.2	7	3.8	2.2
5	11	2.1	3.5	7	2.0	4.1	4	2.2	2.5
6	7	1.3	4.6	5	1.4	5.1	2	1.1	3.3
7	6	1.1	2.9	6	1.7	2.9	0	0	0.0
8	5	0.9	5.7	5	1.4	5.7	0	0	0.0
9	7	1.3	8.6	7	2.0	8.6	0	0	0.0
10	9	1.7	7.1	7	2.0	7.4	2	1.1	6.3
11	1	0.2	15.3	1	0.3	15.3	0	0	0.0
12	5	0.9	9.1	5	1.4	9.1	0	0	0.0
13	6	1.1	11.1	5	1.4	11.4	1	0.5	9.5

出所：図3-13と同じ。

は参加者を増やし，参加をあきらめる人を減らす要因の一つかもしれない。一部のサロンではボランティアの発案により，同じメンバーがグループをつくってしまい新しい人が入りにくくなることを防ぐために，受付時に着席するテーブルの番号カードを配布し，ランダムに席が決まるようにするなど，排他的な雰囲気をつくらない工夫が行われている。

　各サロンの開催頻度は月1回程度であるが，参加サロンを自由に選択できることが，各参加者の参加回数を増やすことにも寄与している。表3-13は，2016年度の参加サロン数別人数・割合と月平均参加回数を示したものである。参加サロンが1カ所の参加者は月平均参加回数が1回だが，参加サロン数が増えると月平均参加回数は多くなっていく。3カ所以上のサロンに参加している者は少なくとも月2回程度は参加していることになるが，このような参加者が約1/4程度いることがわかる。

4 「通いの場」サロンなどのボランティアによる
準備回数と時間はどれくらいか——武豊町及び他4市の状況

（1）ボランティア開始前の必要な情報

　厚生労働省では，地域住民が介護予防事業へ参加するだけでなく事業を支える運営ボランティア（以下，ボランティア）としての活動を推奨している。2018年度に本格実施となった介護予防・日常生活支援総合事業においては，例えば，地域住民が主体的に通いの場（サロンなど）の担い手として活動することが期待されている（厚生労働省老健局振興課 2016）。しかし，実際に地域住民が介護予防事業のボランティアとして活動することを検討する場合，その内容もさることながら，どの程度時間を取られるのかは気がかりな点であろう。ところが，通いの場の運営に伴う事前準備の回数や，実施当日の運営に要している時間の実態は十分には把握されていない。

　そこで，介護予防事業のボランティア募集や説明と運営の支援につながる基礎資料として，武豊町及び他4市のボランティアの事前準備回数や当日の準備と片づけなどに要している時間を調査により概要把握した内容を紹介する。

（2）武豊町憩いのサロン事業ボランティアの状況調査

　武豊町憩いのサロン（以下，サロン）事業による11会場（2014年時点）のボランティアを対象として，2014年12月の各サロン開催日に同町地域包括支援センター職員を通じて調査票の配布と回収を行った。この調査は，星城大学研究倫理審査委員会の承認（2014C0012）を受け，説明文を用いた説明後に同意の得られた者を対象に実施した。

　ここで紹介する調査項目は，①主担当サロン1回開催当たりの事前準備（打ち合わせ・買い出し・資料作成など）平均的回数，②主担当サロン実施当日の準備と片づけや反省会（サロン実施時間は除く）に要す平均的時間，③主担当サロン1回開催当たりの①②の平均的総合時間を選択法で回答してもらった。分析対象は，回答の得られた174人のうちデータ欠損のない172人（2014年登録ボランティアの70%，男性69人，女性103人），平均年齢70.4±5.8歳，分析には単純集計を用いた。集計はサロン11会場を開設時期に準じて2007年：大足・玉

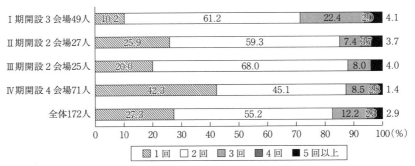

Ⅰ期開設3会場49人 10.2 / 61.2 / 22.4 / 2.0 / 4.1

Ⅱ期開設2会場27人 25.9 / 59.3 / 7.4 3.7 / 3.7

Ⅲ期開設2会場25人 20.0 / 68.0 / 8.0 / 4.0

Ⅳ期開設4会場71人 42.3 / 45.1 / 8.5 2.8 / 1.4

全体172人 27.3 / 55.2 / 12.2 2.3 / 2.9

1回　2回　3回　4回　5回以上

Ⅰ期開設：大足／玉貫／上ゲ　Ⅱ期開設：富貴／馬場　Ⅲ期開設：東大高／北山　Ⅳ期開設：下門／小迎／中山／市場

図3-14　サロン1回開催当たり事前準備平均的回数

出所：竹田徳則作成。

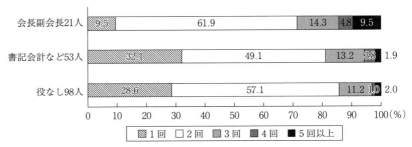

会長副会長21人 9.5 / 61.9 / 14.3 / 4.8 / 9.5

書記会計など53人 32.1 / 49.1 / 13.2 3.8 / 1.9

役なし98人 28.6 / 57.1 / 11.2 1.0 / 2.0

1回　2回　3回　4回　5回以上

図3-15　サロン1回開催当たり事前準備平均的回数（役職有無別）

出所：竹田徳則作成。

貫・上ゲ（Ⅰ期開設会場49人），2008年：富貴・馬場（Ⅱ期開設会場27人），2009年：東大高・北山（Ⅲ期開設会場25人），2010年以降：下門・小迎・中山・市場（Ⅳ期開設会場71人）の4群に分類した。また，各サロンでの役あり74人（会長・副会長：21人，書記・会計など53人），役なし98人での比較も行った。

（3）活動状況調査結果

　まず，サロン1回開催当たり事前準備平均的回数を図3-14に示した。全体172人では，2回が55.2％で多く，次が1回の27.3％という結果であった。開設期別4群では，該当回数の割合が半数を上回っていたのは，Ⅰ期開設からⅢ期開設の会場では2回だった。しかし，Ⅳ期開設では1回と2回が各45％程度

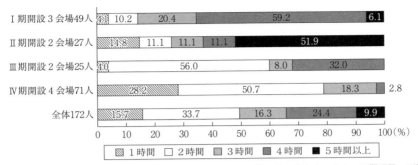

Ⅰ期開設：大足／玉貫／上ゲ　Ⅱ期開設：富貴／馬場　Ⅲ期開設：東大高／北山　Ⅳ期開設：下門／
小迎／中山／市場

図3-16 サロン実施当日準備・片づけ等平均的時間

出所：竹田徳則作成。

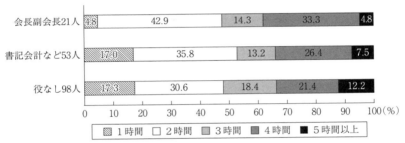

図3-17 サロン実施当日準備・片づけ等平均的時間（役職有無別）

出所：竹田徳則作成。

でⅢ期までの開設会場に比べて1回の割合が多い傾向であった。役の有無別では，図3-15の通り会長副会長では2回及び3回以上の割合が他よりも多い傾向がみられた。

　次に，実施当日の準備と片づけや反省会に要する平均的時間を図3-16に示した。全体では2時間以下と3時間以上がそれぞれ半数程度だった。開設期別では，Ⅰ期とⅡ期開設の会場では3時間以上が70％以上に対して，Ⅲ期とⅣ期開設会場では40％以下で逆に2時間以下が多く，その割合は前者と後者では対照的であった。特にⅠ期開設会場が4時間以上，Ⅱ期開設会場では5時間以上の割合が多かった。ただし，役の有無別では，図3-17の通り3時間以上の割合には大差がなかった。

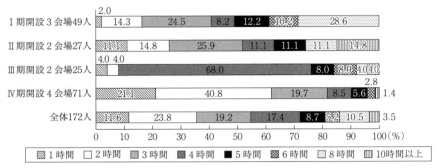

Ⅰ期開設：大足／玉貫／上ゲ　Ⅱ期開設：富貴／馬場　Ⅲ期開設：東大高／北山　Ⅳ期開設：下門／
　　　　　　小迎／中山／市場

図3-18　サロン1回開催当たり平均的準備総時間

出所：竹田徳則作成。

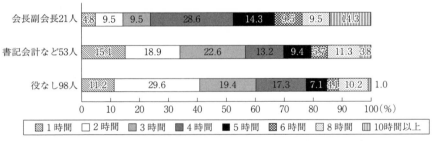

図3-19　サロン1回開催当たり平均的準備総時間（役職有無別）

出所：竹田徳則作成。

　そして，サロン1回開催当たりの事前及び当日の準備と片づけや反省会に要
する平均的準備総時間を図3-18に示した。全体では，各時間にわたって分散
傾向であったが，4時間以上は45％，5時間以上が28％，8時間以上が10％ほ
どだった。開設期別の特徴では，例えば，5時間以上ではⅠ期開設会場の50％
に対してⅡ期開設会場が37％，Ⅲ期開設会場は24％，Ⅳ期開設会場が10％で開
設が遅いほど漸減傾向であった。なお，役の有無別では，会長副会長におい
て5時間以上の割合が他よりも多い傾向がみられた（図3-19）。

（4）武豊町と他4市のボランティア代表調査

　武豊町のサロンボランティアが活動に要している準備回数や時間が，一般的

な傾向かどうかはわからないため他市の状況把握を行った（竹田 2017）。

　日本老年学的評価研究（JAGES）プロジェクト参加31市町村（2013年度健康とくらしの調査参加）の介護保険関連担当者に対して，2015年11月に調査への事前協力依頼を行った。回答のあった17市町村（54.8％）のうち調査実施協力可が8市町（47.1％）であった。そのうち各通いの場（サロンなど）ボランティア代表を対象とした調査協力可能な会場数は179会場だった。調査票を2015年12月に前述担当者に送付し，各担当者にボランティア代表者への調査票の配布と回収を依頼した。その後，2016年2月中旬までに調査票を返送してもらった。

　調査票の回収は179会場中155会場（86.6％），そのうちここでは担当している通いの場の1回開催当たり事前平均的準備回数（打ち合わせ・買い出し・資料作成など），実施当日の準備や片づけと反省会に要する平均的時間，市町別開催頻度を紹介する。分析対象は，回収数が数会場だった3市町を除き，データ欠損のない5市町代表者（武豊町11人，常滑市33人，東海市26人，半田市13人，南城市55人）の計138会場とし結果を単純集計にて示した。なお，代表回答者138人は男性46人，女性92人，平均年齢68.2±8.0歳であった。本調査は星城大学研究倫理委員会の承認（2015C0013）後に実施した。

（5）ボランティア代表調査の結果

　1回開催当たり事前準備平均回数は図3-20に示した通り，全体138会場のうち1回が62.3％，2回が21.7％，3回が10.9％であった。市町別では，南城市と東海市では1回が70％で多く，武豊町や常滑市と半田市では2回以上が半数を上回っていた。その中でも武豊町では3回以上の割合が他市よりも多い傾向にあった。

　実施当日の準備や片づけと反省会に要する平均的時間は図3-21の通り，全体のうち1時間が60％，2時間以上が40％だった。市町別では，東海市と半田市では1時間が70％以上，南城市が60％程で，逆に武豊町と常滑市では1時間の割合は少なく2時間以上や3時間以上の割合が他の3市に比べて多い傾向にあった。

　代表回答者が担当している市町別での通いの場の開催頻度を図3-22に示し

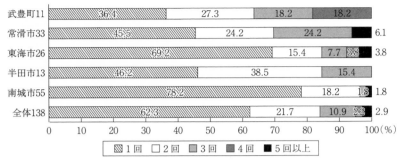

図 3 − 20　市町別サロン 1 回開催当たり事前準備平均回数

出所：竹田徳則作成。

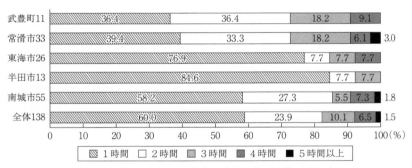

図 3 − 21　市町別サロン実施当日準備・片づけ等平均的時間

出所：竹田徳則作成。

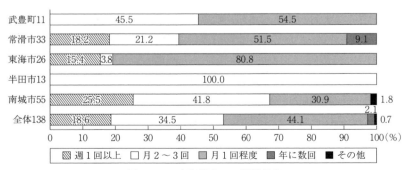

図 3 − 22　市町別サロン開催頻度

出所：竹田徳則作成。

た。全体では週1回以上は18.6％，月複数回が34.5％，月1回程度が44.1％だった。市町別では，武豊町や常滑市と東海市は月1回程度が半数を上回っていたが，半田市ではすべて月複数回，南城市では週1回以上と月複数回とで70％に近かった。

（6）二つの調査結果の考察

　厚生労働省では，通いの場を活用した介護予防の推進を掲げ，そこへの参加率は65歳以上高齢者人口の10％を参照数値として達成を目指している（厚生労働省老健局長 2018）。このため，通いの場を活用した介護予防事業はさらに必要性が高まるとともに，その拠点数は増加すると推測される。例えば，全国の2014年度の「通いの場」実施市町村は1,271（73.0％），5万5,521カ所，そのうち月1回以上開催の場への高齢者参加率は3.0％だった（厚生労働省老健局老人保健課 2016）。それらが2016年度には，1,385（79.8％）と7万6,492カ所，3.9％で増加していた（厚生労働省老健局老人保健課 2018）。

　厚生労働省は，介護予防に資する住民主体の通いの場の開催箇所数を人口1万人に概ね10会場を目標としている（厚生労働省老健局長 2018）。これは，高齢化率を仮に25％で推計すると2,500人になり，1会場当たり250人をカバーしそのうち10％に当たる25人の参加を見込むことになる。この運営を担うボランティアの確保や養成が課題となるが，ボランティアを行うかどうかの判断の一つには活動に割く時間の長短が考えられる。

　武豊町の場合では，1回開催当たり事前準備平均回数は開設期別に関わりなく概ね2回，会長副会長では2回以上の割合が多かった。しかし，実施当日の準備と片づけや反省会など平均的時間は，Ⅰ期・Ⅱ期開設会場とⅢ期・Ⅳ期開設会場では，前者で3時間以上，後者が2時間までの割合が多かった。これは，次節で説明の通り，Ⅰ期・Ⅱ期開設会場のボランティアは，開設前のワークショップ参加者が多く，サロン開設に向けた特別な思い入れが運営に反映され，その取り組みが継続されている可能性も一因と考えられる。一方，後者になるほど地区役員や男性ボランティアが主導的中心的な役割を果たして開設された会場が多いことから，運営の効率化や簡素化の違いが結果に影響している可能性がある。

実施当日の準備や片づけと反省会の時間では，Ⅱ期開設会場の5時間以上割合が他の開設期会場よりも多かったが，これにはプログラム内容の影響が考えられる。ここではプログラムの詳細は述べないが，例えば，Ⅱ期開設の馬場会場では，午前中の手工芸時には40人から50人の参加があり，事前に人数分の材料と下準備に時間を割く必要があったり，東大高会場ではスポーツ的内容を含むゲームの準備に時間を割いていたりすることが一因と考えられる。これらが1回開催平均的準備総時間の違いに表れているといえる。また，役の有無別では，会長副会長は，他よりも事前準備平均回数と当日準備片づけなど時間が多く，開催に向けた外部との連絡と調整が背景となっている可能性がある。

武豊町単独調査の時期と対象は異なるが，武豊町を含む他4市の1回開催当たり事前準備回数と実施当日の準備や片づけと反省会などに要する平均的時間では，東海市と南城市が回数と時間が少なく，逆に武豊町と常滑市で多い傾向があった。しかし，武豊町以外4市の開設プロセスや規模とプログラム内容やボランティアの負担感などの検討は別途必要だが，開催頻度が月複数回の割合が多いことと準備回数や時間が多いことは必ずしも一致していなかった。

高齢者が地域活動やボランティアに参加する条件では，時間や期間にあまりしばられないが上位である（内閣府 2012）。今後，地域住民が主体で通いの場を継続して運営していく基盤づくりの一つには，事前に開催頻度とそれに伴い発生する準備回数や運営に必要な時間などを十分に検討と合意した上で開所につなげることが肝心といえる。ここで紹介した内容が参考になれば幸いである。

本調査の実施にご協力いただいた武豊町サロンボランティアと武豊町地域包括支援センター職員及び他市町の介護保険関連担当者並びにサロンボランティア代表者の皆様に感謝申し上げる。

5　サロンの立ち上げから住民委託までの過程
——限られた人手で多数の会場を立ち上げるために

サロンの会場数は，事業がスタートした2007年の3カ所から2022年に目標であった14カ所に増加した。武豊町の計画では2013年までに10カ所，2020年までに14カ所を目指すとしていたが，2013年までの目標である10カ所は2012年に前

倒しで達成し，2020年までの目標である14カ所を2年遅れで達成した。

　地域全体の高齢者，特に虚弱な高齢者の参加を可能にするため，自宅から歩いていけるということが重要な方針の一つであり，そのためには会場を増やしていく必要があった。本事業は兵庫県稲美町の事例のように，既存の組織を活用するという前提があるものではない。第一期の3会場の立ち上げ後も，住民の主体性を重視し，対話的に住民組織をつくり準備をしていくという方針が守られた。

（1）町から住民の手へ

　職員の人手には限りがあるため，一気に多くの会場を立ち上げることはできない。毎年職員が関わりながら少しずつ開所し，しばらく運営に関わりながら，ボランティアが経験を積む期間を設け，その後住民ボランティア組織へ運営を委託し，次の会場を立ち上げていくという方法が採られた。職員が運営に関わる直営期間は開所後の半年から一年程度である。直営期においては，2人が開催当日の準備1時間，2時間の開所時間と片づけ・反省会等で1時間の計4時間参加する。その他にボランティアの間の調整，チラシや資料づくりと印刷，買い物等の準備等の事前準備など，細切れで1カ月当たり合計6〜8時間の関わりがあるため，合計で10〜12時間となる。委託期に移ると，職員は開催当日に関わる時間が必要でなくなる。職員の役割は保育園など他団体との関わりがある際に調整を行ったり，サロンで何か問題が発生したりした時の相談を受けることになる。一つのサロンが直営から委託へと移行し，職員がそのサロンにかける時間が減少することで，次のサロンの立ち上げに時間をかけることができるのである。

　現在では当然のように立ち上げ準備，開所，直営，委託への流れができているが，最初からスムーズにいったわけではない。会場運営を町の直営からボランティアへの委託運営に移行していくことについては，事業のスタート時から既定の路線であり，限られた人手で会場数を増やしていくために必要な条件であった。最初の3拠点の開所から数カ月過ぎ，サロンの運営が軌道に乗りはじめたので，そろそろこのボランティア委託運営への移行を具体的に進めようということになった。町は運営委託についての準備会を開いてボランティアと協

表3-14　委託までのスケジュール

年　　月	内　　容
2007年12月	3月までの予定（内容）・来年度組織決定
2008年1月	次年度4～3月までの実施日・予定
2月	次年度ボランティア登録更新・委託詳細決定
3月	委託書類・来年度予定表・来年度名簿作成
4月	委託契約

出所：筆者作成。

議を行った。この会は3回行われたが，この準備会を通じてはじめて，ボランティアが委託運営をかなり不安に思っていることがわかった。準備会以前から口コミで各会場に委託運営に関する様々情報が広まっており，どうなるんだろうかという不安が生じていた。

　具体的な不安の内容としては，サロンで使うお金に関する不安，何かあった時にボランティアが責任を取らされるのではないか，という不安であり，その背景にあるのは委託後に町職員が完全に手を引いてボランティア任せにしてしまうのではないかという不信感であった。とはいっても，武豊町がこれまでに住民に対して不信感を抱かせるようなひどいことをしてきたわけではない。町と大学の間では事業のボランティアへの委託を計画作成時から想定しており（当初2008年1月を予定していた）当然そのように進めると考えていたが，住民ボランティアにはっきりと伝える機会を持っていなかったようである。

　町は準備会等を通じて，委託後も職員がサポートすることを強調して説得した。表3-14に示す4月からの委託開始までの流れを確認して準備を進め，4月に委託が開始された。初期の3会場は，委託後に各会場で自主的な活動が盛んになったという。委託に移行したことで各サロンが独自の工夫をして参加者を集めよう，楽しんでもらおうという意欲が増したとのことだった。

　最初の3会場では委託への抵抗があったが，後発の会場では前例の実績があることでスムーズに委託に移りやすくなった。委託を受けるためには，町のボランティア研修を受けている者がいることが条件となるが，法人格がなくてもボランティア団体の規約を持っていれば委託を受けることができるようになっており，その規約の雛形は町が用意しているので一から作る必要がないなどの

表3-15　第一期会場と地域主導型会場の直営期間の違い

タイプ	会　場	開所式 （直営の開始）	住民委託 開始	町の直営 期間
第一期会場	大足サロン	2007.5	2008.4	11カ月
	玉貫サロン	2007.6	2008.4	10カ月
	上ゲサロン	2007.6	2008.4	10カ月
直近の地域 主導型会場	市場神宮きらくサロン	2014.7	2014.10	3カ月
	みどりサロン	2016.4	2016.10	6カ月
	竜宮サロン	2016.5	2016.10	5カ月

出所：筆者作成。

条件も委託をしやすくしている。また後発の会場にはあらかじめ立ち上げ当初から開所1年後に委託することを伝えたため，直営の期間にやり方を理解しようという姿勢が出てきたという。第一期の会場では直営から委託に移るまで10カ月程度であったが，後発の会場では早いところでは半年で委託に移行するところもある（表3-15）。職員によれば，委託できそうかどうかのポイントは，会長，副会長，会計という役員が決まるかどうかにあるという。

（2）地区主導型の新しい波

サロンにより開所から直営までの期間が異なるのは，初期の会場に比べて多様な立ち上げのタイプが出てきたことによる。最初の3会場は第2章で前述したように呼びかけに応じ町全体から集まったボランティアがワークショップ等で協議し，立ち上げやすい所，ニーズのある所を選定して開所した。次の2会場も既存会場のボランティアが中心となって協議を行い，空白地域を埋めるようにバランスをとって北と南というように戦略的に選定された。この後から，各地区に関係のない既存サロンのボランティアが新規会場をワークショップで決めるのも変だということになった。ちょうどその頃から，既存のサロンに参加したり，話を聞いたりした人の地区から，自分の地区でもサロンをやりたいという声が出はじめ，それに職員が応じていく地区主導型や，既存の組織を町事業に取り込んでいくかたちに変化しつつあった。

7カ所目の北山会場以降は，地区主導型のサロンになっていった。地区主導型では，地区の代表にサロンの説明をして，その後地区で区長，サロンに関心

のある住民を集めた「地区説明会」を開いて協力を仰ぐという手順で進められる。この「地区説明会」の参加者には，ボランティアとしての参加を検討している住民も含まれている。協力者を集めて打ち合わせを重ねて活動内容を決定し，実際にサロンを試行開催する準備会やプレイベントを行って，開所へと準備を進める。地区主導型の特徴として，地区での説明会を開催しても，役員を担うような中心的にやる人物がすぐに出てこない場合がある。このような場合は開所まで1年半以上かかったという。地区に影響を与える人とつながればうまく進むので，早めに候補地を挙げて準備をすることが重要であるようだ。このような立ち上げ方をした地区主導型のサロンの特徴として，初期のサロンに比べて，「どの地域の人でもどうぞ参加して下さい」というよりは「自分たちの地区のサロン」という意識がわずかながらみられるという。

　7会場目までが計画された頃，次の会場の候補の予定が立たなくなり，7会場で打ち止めになるかもしれないという雰囲気になった。当時，町の上層部はそこまでで十分だと考えていたようであった。7会場目である北山会場の後，2年間は新規会場が立ち上がっていない。また，開催頻度や時間について，多くの会場が月1回の頻度で2時間の開催であったが，初期の会場も新規会場も「このままでよいのか」「最初は様子を見ながら無理のない頻度や時間で活動し，軌道にのったら増やしていくという想定もあったのでは」と疑問を持ちつつも変えられない，という停滞期を迎えつつあった。しかしこの停滞期の後，2年ぶりに立ち上がった新規会場は月3回開催，男性ボランティアが多いという新しいタイプのサロン（下門会場）であった。地区主導型のサロンが既存サロンのボランティアでは変えられなかった部分を変えた例といえる。

（3）地域主導型の立ち上げプロセス例

　第1期のサロンの立ち上げプロセスについては，第2章で前述したが，ここで地域主導型の会場の立ち上げプロセスについて，13カ所目の会場である富貴市場会場（富貴市場地区）を例として，立ち上げに中心的な役割を果たした村上博氏の振り返りと町の記録をまとめたものを紹介する。

　村上氏は，サロン活動が地域のつながりを強くし，地域の防災力の向上にもつながると考え，地域や老人クラブを巻き込んだサロンを立ち上げようと考え

た。職員を交えて地区での話し合いを始めたが，最初の頃は，話し合う雰囲気にならないこともあった。老人クラブの活動が盛んな地域で，すでに町からの様々な仕事に協力をしている上に，新たにサロンの立ち上げや運営を，町から押し付けられるのではないかという不安や不満があったようだ。

2015年5月に会場候補の見学，区長への説明を行い，7月にサロンボランティア交流会に区長，老人クラブ役員とともに参加した。8月には区長，老人クラブ役員，民生委員へ説明し，地区説明会の日程調整を行った。地域包括支援センターの職員が帰った後も，村上氏は残ってサロンの必要性を丁寧に1時間くらい説明したという。介護予防の大切さ，また参加することの楽しさをアピールした。介護予防の大切さを説明するにあたっては，調査データ，介護保険関連データという客観的なデータによる評価結果があったことが区長や老人クラブ役員の心を動かすのに有効だったという。

10月に地区全員を対象とした説明会を実施し37人の住民の参加があった。11月から翌年3月まで月1回のペースで準備会を5回開催することができた。地域の人たちが来てくれるのかと心配していたが，準備会には毎回30人以上が集まった。準備会の3回目あたりから，老人クラブの役員が，サロンが地域の役に立つと考えはじめた様子があったという。老人クラブは登録者数は多いものの，活発に参加していたのは元気な一部の人たちだった。サロン（サロン準備会）には老人クラブに来ていない人，少し虚弱な人も来るということがわかり，老人クラブの活動ではカバーできない人たちが参加する機会になると考えた様子だった。この5回の準備会開催中の参加者数をみて地域にサロンのニーズがあるとわかり，地域でやっていこうという雰囲気になった。2016年2月と4月にボランティアの打ち合わせを行い，5月に「竜宮サロン」（富貴市場会場）が開所した。区長への説明から約1年後のことであった。

区長は当初，区の代表として区全体で支援するとは言えないが，個人的には支援できると言ってくれたという。村上氏は「区全体でやってくれと言っているわけではない。地域の活動として認めてくれれば良い」と説明した。町北部の武豊地区は，工場なども多く新しい住民がいるので，交流を大事にしており，地域の活動も盛んであるが，町南部にある富貴地区は農業をやっている人も多い地区で忙しいためか，地域の活動が比較的少ない。そのためか公民館は古び

て，利用されるのはお祭りの時と，たまにあるカラオケの会の時くらいだった。サロンの開所へと動き出し，少しずつ備品を備えていく過程で，スリッパや椅子やホワイトボードが新しくなるなど，目に見える変化が現れると，建物を管理している区も協力的になってきた。さらに公民館の壁のペンキを塗り直し古びた公民館がきれいになっていった。

　その変化をみながら，住民は自分たちに何ができるのか考え，最初の「町に押し付けられる」という疑いが解けていくのを感じたという。老人クラブについても，老人クラブに運営を依頼するのではなく承認してもらうことから始めた。老人クラブの代表はもともと「老人クラブに入っている高齢者の中に家を出られない人がいる」という問題意識を持っていた。やらされる感を払拭できたことで，自分たちがやっていくんだ，という自主的な参加につながり，老人クラブに来ていた人たちがボランティアの中心になっているという。サロン活動には，老人クラブには行っていなかった層の高齢者が参加している。老人クラブに比べて女性の参加が多く，80代後半から90代の人，やや虚弱な人の参加もあるという。

6　「憩いのサロン」事業における運営ボランティア研修の紹介

（1）運営ボランティア研修の背景

　武豊町の憩いのサロン（以下，サロン）事業におけるサロン開所を目指した取り組み過程の特徴は，企画の段階から地域住民が参画して自主的な運営を目指した点といえる。具体的には，2006年にボランティアを募り説明会が開かれた。そして翌2007年の開所に向け行政と住民や大学関係者らが一堂に会してワークショップ3回と近隣市の取り組み視察を2回行ったことなどが挙げられる。

　ワークショップでは，ボランティアが自分たちの目指したいサロンの具体像について意見を出し合った。それを表す合言葉（スローガン）として，①みんなの笑顔があふれるサロン，②一人ひとりの思いを大切にするサロン，③人と人がつながる出会いのサロンの3つを決定した。また，サロンで行うプログラム内容は，多様な参加者の満足を高めることができるように多彩なプログラムを提供することを共通認識とした。これらにより地域在住高齢者が「参加して

みたい」「参加できそう」「やってみたい」「やれそう」という気持ちを膨らませることができ，ボランティアの増加につながることが期待された。

　このような過程を踏まえて開所したサロンにおいて，ボランティアが運営とその継続に活かせる情緒的・情報的な支援は欠かせない。また，これからボランティアを始めようと考えている人に対しては，サロン事業の背景と目的や3つのスローガンを知ってもらったり，その実現に向けた工夫を提示したり，また，不安感を払拭できる機会を設けることがボランティアの動機を高める上では肝心である。その対応策の一つがボランティア研修である。以下，武豊町サロン事業のボランティアを対象として行っている研修を紹介する。

（2）ボランティア研修の流れと構成

　ボランティア研修はサロン開所の2007年から毎年後述する構成と内容で実施している（竹田ら 2008）。企画と運営は，2007年から2016年の期間は武豊町社会福祉協議会ボランティアセンター，2017年からは武豊町地域包括支援センターが担当し，内容の検討には作業療法士が加わるとともに講師を務めている。研修参加者の募集は，地域包括支援センターから各サロンの会長を通じてボランティアに案内が配布される。その後，会長が参加者名簿を取りまとめて地域包括支援センターに提出する。研修の受講にあたっては，同一年度内にすべてを受講できなかった場合には翌年度以降に未受講の内容を受講できる。すべて受講した場合には研修修了証が発行される。

　研修の構成と内容は表3－16に示した通り基礎研修（1回，2時間），リーダー養成研修A・B（各2回，毎回2時間）の計5回（週1回，5～6週の期間）で10時間からなる。この構成は2007年開始時から踏襲している。内容のうち注力して伝えている4点は，①サロン事業の背景としてポピュレーション戦略がなぜ必要か，②サロン参加によってボランティアと参加者や武豊町にもたらされる介護予防効果，③ボランティアと参加者の笑顔や思いとつながりを大切にするコミュニケーションの基本，④サロン展開の実際例の提示である。

（3）基礎研修

　基礎研修では，例えば，サロン事業の背景であるポピュレーション戦略の必

表 3-16　ボランティア研修の構成と概要

基礎研修　講義	リーダー養成研修A　講義　演習	リーダー養成研修B　講義　演習
・ボランティア研修の目的 ・高齢社会と健康 　　要介護状態／うつや認知 　　症／社会参加など ・介護予防とその方法 ・武豊町憩いのサロン事業 　　背景と効果など ・ボランティアの役割と心得	1回目　集団理解と対人交流促進の基本 　・集団の概念 　・集団の特徴 　・集団活用のポイント 　・回想法を用いての対人交流促進 2回目　対人交流促進の演習 　・回想を用いた小グループ演習	1回目　プログラム立案と進め方の基本 　・武豊町憩いのサロン背景（再確認） 　・他市町の介護予防紹介（韓国敬老堂含む） 　・サロンプログラムの立案 　・プログラム展開の留意事項 2回目　サロンの進め方の実際演習 　・町内いずれかのサロンに参加 　　司会進行：講師 　・研修全体のまとめ

出所：竹田徳則作成。

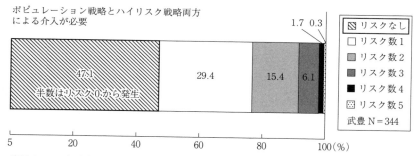

図 3-23　新規要介護者＋死亡者の1年前のリスク数

出所：近藤（2005）。

要性について図3-23を用い説明する（近藤 2005）。これは武豊町の新規要介護者と死亡者344人のうち1年前に要介護リスク（転倒，抑うつ状態，閉じこもり，BMI 18.5未満の低栄養，口腔機能低下）の該当数が「0」の者が47.1％で半数近くであったことを示している。つまりリスクを有している者だけを対象とした事業（ハイリスク戦略）のみではなく，リスクの有無にかかわらず地域住民を広く対象とした事業（ポピュレーション戦略）も必要なことがわかる。

　次に，武豊町の65歳以上の高齢者2,727人を対象にした介護予防事業に参加

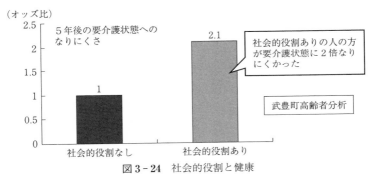

図3-24 社会的役割と健康

出所：竹田徳則作成。

すると仮定した条件を問うた調査では，「開催場所が近いこと」が1,634人で最も多かったことを伝える。その理由を裏づけるために保健センターなど武豊町の施設利用割合を自宅からの距離別で検討した結果として，距離が近い者ほどその割合が高いことを伝える。このような説明の流れによって，武豊町の中心部の特定会場のみで事業を行うと参加者は限られてしまうことがわかる。つまり，なぜ武豊町内に多拠点のサロンを整備する必要があるのか理解が深まる。

そして，サロンへの参加によってもたらされる効果について図3-24を用い，武豊町ではボランティアのような社会的役割「あり」の人が「なし」の人に比べて5年間では，要介護状態に2.1倍なりにくかった結果を紹介する。さらに図3-25を示して，2007年のサロン開所以降，5年間の同一高齢者の追跡ではサロン参加群（312人）は，非参加群（2,178人）に対して要介護認定率は6.3%ポイント抑制されていたこと（Hikichi et al. 2015），7年間の追跡では図3-26の通り参加群（152人）は非参加群（1,885人）に比べて，認知症発症が3割ほど抑制されている介護予防効果（Hikichi et al. 2017）を強調して伝えている。これにより武豊町のサロン事業は，ボランティアにも参加者にも素晴らしい取

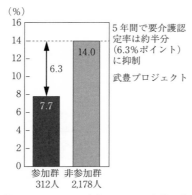

図 3 - 25　サロン参加による予防効果①
出所：Hikichi et al.（2015）より作成。

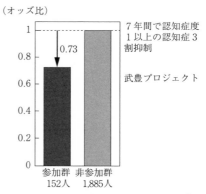

図 3 - 26　サロン参加による予防効果②
出所：Hikichi et al.（2017）より作成。

り組みであることに気づいてもらえる。そして，その効果をもたらす取り組み
は，ボランティアの尽力の賜物であることを力説する。以上の内容と説明によ
りボランティアとして活動する意義と活動への動機が高まる。

（4）リーダー養成研修A

　リーダー養成研修Aの1回目は，実際のサロン運営に関連する人が集まる集
団について理解を図る。また，サロンが心地よい居場所となるための円滑な対
人交流を促進するコミュニケーションの大切さを伝える。例えば，コミュニケ
ーションの基本では，相手の目を見てのあいさつや声掛けと頷きなどは欠かせ
ない。サロンに初めて参加した人への対応では，テーブルへの誘導やサロンの
最中に他の参加者と話が弾んでいないようであれば，さりげなく声掛けする配
慮により不安感の軽減を図る。また，終了時には「次回も待ってますよ」と一
声加えると相手は気遣ってもらえたと嬉しい気持ちになり，継続参加につなが
りやすい。サロンに人が集まって対面で話すことは，他人に受け入れられたと
か，認められたといった認識につながり，安心できる居場所の一つになる点の
理解を図る。

　2回目は，コミュニケーションのコツを回想法による参加型の演習として，
参加者に共通性の高い話題や活動を用いて，会話を始めやすく交流を図りやす
く親近感を感じる体験をしてもらう。例えば，小さい頃の遊びとテレビ番組の

内容や夏休みのラジオ体操を話題にして，当時のエピソードを思い起こしたり，実際に遊びを再現したり体操を行ったりすると自然に話が弾む。受講者はこの体験により自身が担当しているサロンで試してみようという気持ちになる。

（5）リーダー養成研修B

リーダー養成研修Bの1回目は，各サロンで提供するプログラムの考え方と進め方や留意点について，実例を交えながら理解の高まりを図る。プログラムでは，武豊町サロン全体のプログラム傾向や武豊町が所在する愛知県知多半島の他市町の取り組みや内容を紹介している。例えば，プログラム傾向では2007年から2010年の期間に8会場で行われた全プログラム1,309では，手工芸・ゲーム系（242, 18.5%）やお茶とおしゃべり（228, 17.4%），健康体操（219, 16.7%），世代間交流（156, 11.9%）などが多かった（近藤ら 2012）。また，他市町の取り組みでは，東海市の自主グループ「いきいき百歳体操」と「脳トレOB会」や知多市のラジオ体操を活用した「健康と人の絆つくり隊」について，画像を用い説明している。さらに「脳トレOB会」のプログラム例として，早口言葉や普段行うことがない非利き手での書字や筆算を体験してもらう。また，研修参加者を4人程度1グループにして，それぞれのサロンの自慢や工夫しているプログラムを紹介する時間を設けている。このような機会は，受講者の見聞を広めることができると同時にプログラム検討の一助として有用と考えている。

次に，サロンの進め方として，当日の内容や流れをホワイトボードに箇条書きしておき，司会者はそれを指し示しながら予定を説明する。例えば，司会者はじめの挨拶・サロン会長挨拶・健康体操・主活動〇〇〇・お茶とおしゃべり・誕生会・次回予定などである。そして，実際に進行していく主な留意点について表3-17を用い伝える。雰囲気づくりでは，特にサロン開始時の司会者の挨拶時やプログラム内容が変わる場面では，参加者の注目が司会者に集まるように仕向けることが重要な点である。この場合，他のボランティアが話しを止めるなどの一致協力が欠かせない。例えば拍手やベルによる音を用いると全体的に注意を促しやすい。また，司会者は早口にならないようにゆっくりと大きな声で話すことが大切だが，声が小さくなりがちである。会場全体に届くよ

表 3 - 17　プログラム進行時の主な留意点

```
1）雰囲気づくり
　　・豊かな表情
　　・場を盛り上げる話術
　　・出来事など話題提供
　　・開始時や内容が変わる場面で注意喚起
　　　⇒進行担当以外のボランティアの協力が重要
2）明瞭な説明
　　・声の大きさ
　　　　後方の人を見て話す
　　・ゆっくりと話す
　　・ことばでの説明に加えて視覚的提示
3）聞いてばかりや見てばかりの内容では気分転換を図る
　　・15分程度経過
　　　　感想を聞く
　　　　ストレッチや体操　など
4）参加者にも出番や注目される機会をつくる
```

出所：竹田徳則作成。

うに声を出す工夫として，前方の人を見て話すのではなく後方の人を見て話すと自然に大きな声になることを紹介している。

　プログラムが手工芸などの作品作りの場合には，口頭での説明よりも見本を示して視覚的確認を優先する方がわかりやすい。楽器の演奏や歌などを聞いてばかりや踊りを見てばかりの受け身的プログラム内容だと15分前後で話しはじめる人が多くなる。このような場合には，15分程度で一度気分転換を図るために感想を聞いたり，場合によってはリラクゼーションのためのストレッチを取り入れたりすることが効果的なことを説明する。さらに，プログラム検討時の工夫として，参加者の出番を作ると他者から注目される機会となり満足感や存在感を高めることが期待できる。そのため年に1〜2回は参加者の特技や趣味を披露する機会を設定することの大切さを伝えている。

　リーダー養成研修Bの2回目の演習では，武豊町内いずれかのサロンを会場として，作業療法士が司会・進行役を務め，受講者は参加しながらの体験によって場面を思い起こしやすく，何とか進行役が務まりそうだという意識を高めてもらえるように努めている。また，受講者は，担当サロン以外の参加者との交流を図ることはもちろんのこと，他のサロン会場の雰囲気やボランティアの言動を知る機会となり，今後のサロン運営の参考にできる利点にもなる。

　最後に研修のまとめとして，まず武豊町のサロン事業は住民であるボランティアが運営主体であること，次に町内のあちこちの多拠点で展開することによって大勢が参加しやすく，介護予防効果につながっていること，そのためボランティアが個々人の思いを大切にしながら無理せずに継続していくことが何よりも大切なことを伝えて締めくくっている。

　なお，2019年からのボランティア研修の変更点として，1点目は基礎研修をボランティア以外の町民も受講対象としている。この目的はサロンとサロンによる介護予防を知ってもらう機会として，サロンへの参加者を増やすことや，ボランティアに関心を持ってもらい，実際に活動する人を増やすことである。これに伴い，基礎研修の内容にはボランティア活動によってもたらされるボランティア自身への効果を含めて伝えている。

　2点目は，リーダー養成研修Bの対象は従来と変わりないが，内容にグループワークを取り入れている。この目的はサロン会場の異なるボランティア間の交流を図るとともに，各会場の運営やプログラム等で工夫している点や，抱えている改善課題を共有することによって情報的な支援の授受を高め，今後の運営の参考とすることである。5人程度でのグループワーク後には，各グループの発表と質疑を経て，作業療法士が参考となる事例を伝えるとともに講評とまとめを行っている。特に，社会参加や外出機会の減少が顕在化するコロナ禍では，ボランティアと参加者間のつながり方やオンラインサロンの紹介，フレイル対応プログラムなどについて他の市町の取り組みを含めて情報提供に努めている。3点目は，コロナ禍ではリーダー養成研修B2回目の演習は中止中である。

（6）ボランティア研修受講者の推移

　ボランティア研修開始2007年から2018年の期間における受講者数の推移などを表3-18に示した。期間全体の受講者は436人（一部複数年受講者含），そのうち全5回の研修修了は毎年10人以上で合計211人（48.8％）であった。サロン別では，各会場の開所年より受講者と修了者があり，計画的に研修参加が図られていると判断できる。その中でも大足と玉貫と上ケや馬場と富貴の会場では，開所後10年以上経過しておりボランティアの異動も起こり，新たにボラン

表3-18　研修受講者数一覧

サロン会場	(開所年)	研修実施年	2007	2008	2009	2010	2011	2012	2013	2014	2015	2016	2017	2018	合計
		新規開所数	3	2	2		1	2		1		2			13
		受講者数(人)注1	29	31	49	43	47	36	45	41	29	44	25	17	436
		修了者計(人)	14	10	23	20	19	16	24	25	10	19	20	11	211
大足	(2007)	修了者数内訳(人)	5	5	3	1	3	2	2	3	1	1	1	2	29
玉貫	(2007)		3	2	6	7	5		4	1	1	2	1	1	33
上ケ	(2007)		5		5	3	1	2	1	1			4	3	25
馬場	(2008)		1	1	1	2		2	5	5		2	1		20
富貴	(2008)			1	5	1	2	1			3	1	2		16
東大高	(2009)			1	3	5			2	1	1	1			14
北山	(2009)				1	3	1	2	1	3		4			15
下門	(2011)							5	5	6	4		2	1	23
小迎	(2012)								1	6				3	10
中山	(2012)								2	1	2		1	1	7
市場	(2014)									1	1	3			5
みどり	(2016)								1			1			2
富貴市場	(2016)												6	6	12
		年度修了者割合(%)注2	48.3	32.3	47.0	46.5	40.4	35.6	53.3	61.0	34.5	43.2	80.0	64.7	48.4

注：(1)　複数年受講者含。
　　(2)　修了者計／受講者数。
　　(3)　サロン開所前修了者は他会場からの異動者。
出所：竹田徳則作成。

ティアとして活動を開始した人が受講していると見て取れる。

　武豊町サロンの運営は，開所1年間は町関連部局の支援を受け，2年目から一定の条件を満たせば委託運営に移行する。条件の一つには，ボランティア研修修了者が1人以上必要だが，各サロンではそれを大きく上回る修了者がいる。また，未修了者の中には前述した研修の構成と内容を複数受講した者が結構含まれている。これらから判断すると武豊町サロンの背景や町内のあちこちの多拠点でサロンを展開する意義と，ボランティア自身にも参加者にも，町全体にももたらされている介護予防効果には，ボランティアの存在が大きいことの理解が図られているものと考える。

（7）ボランティア研修の効果はどうか

　研修受講者は，ボランティアをやっていく自信の変化や知識技術の習得につながっているのかを確認する目的で2007年と2008年の研修終了3カ月後，各サ

表 3-19 ボランティア研修受講者への調査結果

	2007年受講者 n=24(%)	2008年受講者 n=23(%)	未受講者 n=35(%)
ボランティアをやっていく「自信が高まった」	62.5	78.3	
知識や技術を「得られた」	75.0	60.9	
	2007年受講者　n=24	2007年受講者　n=23	
研修内容	サロンで活用している	サロンで活用している	
基礎研修			
1回目 憩いのサロン事業背景 ボランティアの役割など	68.2	63.2	
リーダー養成研修A			
2回目 集団の活用と対人交流促進（講義）　など	81.8	87.5	
3回目 集団の活用と対人交流促進（演習）　など	71.4	80.0	
リーダー養成研修B			
4回目 プログラムの立案と進め方（講義）　など	77.3	80.0	
5回目 サロンでの実例（演習）　まとめ	78.9	82.4	
ボランティア継続「自信あり」	50.0	78.3	44.1

出所：太田ら 2009。

ロン開催時に参加していたボランティアを対象に調査を行った（太田ら 2009）。調査対象と回答者は2007年が受講者29人のうち24人（平均年齢67.8歳，回答率82.8％），2008年が受講者31人のうち23人（平均年齢66.1歳，74.2％）だった。2008年の登録ボランティア133人に対する両年合わせた受講者は53人（受講率39.8％），そのうち調査回答47人は88.7％にあたる。また，2008年調査時点での研修未受講者35人にも調査を行った。ここでは，まず，研修受講者について①研修後ボランティアをやっていく「自信が高まった」，②知識や技術を「得られた」の各割合を示した。次に，③全研修5回それぞれの内容がサロンで「活用している」と回答した割合，そして，④研修受講者と未受講者別での今後ボランティア継続の「自信あり」の割合について紹介する。

　結果は表3-19の通り，研修受講者では，①研修後ボランティアをやっていく「自信が高まった」が，2007年は62.5％で2008年が78.3％，同様に②知識や技術を「得られた」は同年順で75.0％と60.9％であった。次に③サロンで「活用している」と回答した研修内容別割合は，2007年が68.2〜81.8％，2008年は63.2〜87.5％であった。最後に研修受講有無別でのボランティア継続「自信あり」の割合は，2007年研修受講者は50.0％，2008年が78.3％，未受講者は44.1％という結果だった。

　この調査結果は，ボランティア研修開始初期の数値であるが，両年の受講者とも参加後の自信の高まりと知識や技術は得られたがともに6割以上と肯定的

であった。また，半数以上のボランティアが継続「自信あり」と自己評価していた。一方，研修未受講者では，その割合は半数以下であり，これは研修受講の有無の違いが一因とも考えられる。それは研修のうち2回目から5回目が演習を含む具体的内容であり，7割以上がサロンで「活用している」と回答していたことから推測できる。

　高齢者のボランティア活動に関連する要因として，これまでボランティア活動経験がない理由の一つに「活動に必要な知識・技術を身に付ける機会がなかった」が挙げられており，研修の需要が高いことが指摘されていた（岡本2006）。今回調査対象のボランティアには，サロン開所の準備段階から参画していた者も含まれており，元々ボランティアそれぞれに備わっていた能力も影響している可能性は否定できない。ただし，武豊町で継続実施している研修は，講義形式の座学のみでなく，内容の変更は多少されるものの演習と実際のサロンに参加する体験型の構成であり，講師が担う進め方を視覚的に確認できる。このため模倣もしやすいことから，自分にも何とかやれそうだという思いを持ちやすく，ボランティアが持つ能力を引き出したり，さらに高めたりするきっかけになっているといえる。

7　サロン事業にかかるコスト——業務内容と時間・費用

　第2章ではサロンの立ち上げまでにかかった行政職員の労力について示したが，本章ではサロン事業開始後の継続的な運営のための労力と費用について示す。
　職員の労力は直営サロンの準備・運営のほか，広報，連絡調整のための活動時間に注がれている。2014年10月の1カ月間内訳を表3-20に示した。毎月のサロン運営に関する業務は主に地域包括支援センターが担い，ボランティアに関しては社会福祉協議会が対応している。書類の作成や委託サロン，参加者名簿データの入力に多くの時間が費やされていることがわかる。10月は繁忙期でない月で，繁忙期である4月と3月は約3倍，9月は約2倍の業務時間となる。このほか，サロン事業に関連する会議や研修・講座にかかる活動時間を表3-21に示した。年間の活動合計時間は185.5時間である。サロン運営協議会，ボ

表3-20　サロン実施に関わる業務内容（2014年10月）

部　署	業務内容			延べ時間
	事　務	窓口対応	サロン参加	
福祉課職員（1人）	地域包括支援センターからの相談（1時間）		町外からの視察への対応（5時間）	5時間
保健センター職員（1人）			町外からの視察への対応（5時間），サロンでの講話（1.5時間）	6.5時間
地域包括支援センター職員（3人）	日程表作成・連絡調整（5時間），広報作成・サロン書類作成・準備（23時間）	窓口・電話対応（3時間）	直営サロン準備・運営（3.5時間）委託サロン参加（7カ所，15.5時間）	40時間
地域包括支援センター非常勤職員（2人）	参加者名簿入力（9時間），サロンで使用する資料作成の手伝い（3時間），サロン開催日程表作成・発送（1時間）			13時間
社会福祉協議会職員（1人）	ボランティア講座名簿作成・連絡調整（1時間）		町外からの視察への対応（2時間），直営サロン参加（3時間）	6時間

出所：「平成19年サロン関係人件費経費調査」（武豊町内部資料），近藤ら（2014），政策基礎研究所（2017）「平成28年度　武豊町でのサロン事業の費用計算業務報告書」より作成。

ランティア交流会など，職員とサロンボランティア，ボランティア同士の打ち合わせと交流に多くの時間が使われている。

　運営費の約8割は会場費で，1会場当たり30～35万円程度，1開催当たりで平均3万円程度である。その他講師費用が年間1サロン当たり平均約3～4万円と続く。委託の場合は予算としてサロン1カ所に46万円が割り当てられ，残った額は年度末に返還される。

　表3-22は2007年から2010・2014年における職員の年間活動時間とサロン運営に関わる年間費用をまとめたものである。サロン1カ所当たりの職員の年間活動時間はサロンが増えるほど減少している。直営サロン当たりの活動時間を計算すると1,200～1,500時間程度となる。2009年では活動時間が前年に比べ半分程度になっているが，これは直営サロンのうちの一つが既に地域で活動を行っていたサロン（東大高会場）であったため職員によるサポートが少なくても済んだと考えられる。

表3-21　サロン事業に関連する会議や研修・講座にかかる活動時間

	内　　容	年間開催回数	活動時間	年間計
サロン運営協議会	サロン担当職員と各サロンのボランティア代表の会議	会議6回	会議準備0.5時間 会議参加1時間×8人	51時間
研究者との会議	今後の方針の検討・データ分析結果報告	会議4回	2時間×4人	32時間
サロン担当者会議	実務担当職員の打ち合わせ	会議6回	0.5時間×3人	9時間
ボランティア交流会（年1回）	外部講師を招いての講演・実習・グループワーク	実行委員会2回 資料等準備 交流会実施1回	1時間×3人 5時間 実施2時間×8人 準備片づけ2時間×8人	43時間
レクリエーション研修（年1回2日間）	外部講師を招いてのレクリエーションの研修	資料等準備 開催2回	3時間 実施2時間 準備片づけ2時間	11時間
ボランティア講座（全5回）	ボランティアの養成を行う	資料等準備4回 実施（1-4回）4回 実施（最終）1回	3時間 3時間 5.5時間	29.5時間
傾聴ボランティア講座	傾聴ボランティアの養成を行う	準備 実施（1日目） 実施（2日目）	3時間 3時間 4時間	10時間
合　　　計				185.5時間

出所：表3-20と同じ。

表3-22　活動時間と運営費用の推移

年　　度		2007	2008	2009	2010	2014
活動時間（時間）	常勤計	4,395	2,894	1,491	1,195	1,332
	非常勤	88	163	130	158	218
運営費用（円）		120万9,932	311万6,219	315万3,795	349万6,217	368万2,641
サロン数	全体	3	5	7	8	11
	うち　直営	3	2	2	1	1
	委託		3	5	8	10

出所：表3-20と同じ。

　運営費用は会場数の増加とともに増加している。1サロン当たりでみると年間40万円程度となっている。視察に訪れる他市町村の担当者は，武豊町のサロンの1カ所当たりの委託費が46万円との説明に「1つのサロン会場にその額は高すぎて自分の市町村では無理だ」という反応をすることが多いという。一般

的なサロン・通いの場では1会場の予算が3万円から5万円というのが普通のようである。しかし委託費の余りは返還されることもあって，2014年では1カ所当たり33万円程度である。また前述のように，武豊町のサロンは通いの場の中でも参加人数規模が大きいという特徴がある。5～10人程度のサロンに比べて10倍程度の参加者がいることを考えれば特別に高いともいえないのではないだろうか。

8　新型コロナウイルス流行期の憩いのサロン
——再び多くの参加を得られるように

（1）サロン活動の中止

　新型コロナウイルス感染症の流行への対策として，様々なイベント・事業が中止される中，武豊町憩いのサロンの活動は2020年2月の末まで行われた後中止された。また，町内の14カ所目となる会場の準備が進められており，2月末開所となるはずだったが急遽中止となった。サロンの中止については，3月時点では参加者も納得していたが，町職員は，いつどのような状況でサロン活動が再開されるのかと住民から尋ねられることもあったという。

　図3-27は武豊町ホームページで公開されていた感染者情報をグラフ化したものである。武豊町内では3月18日に感染者の1例目が発表されたがその後の感染者の発表はなく，5月14日に愛知県における緊急事態宣言は解除された。武豊町における感染者は非高齢者の1例のみではあったが，憩いのサロン参加者の中心的な参加者は高齢者であり，コロナウイルス感染症のハイリスク者であることや1会場1回開催当たり平均参加者が60人であること，プログラムではお茶とおしゃべりを楽しみにしている高齢者が多いこともあり，安全を重視し活動の再開は見合わせられた。

　この間，町の担当者はサロンに代わるようなものがないか検討していた。サロンに参加できないことで高齢者の活動量が低下し，健康を喪失することが懸念されるためである。実際に，足腰が弱ってきたのでデイサービス，デイケア等に行きたいという高齢者からの相談が増えている印象はあったという。町はサロンに頻繁に参加していた（年12回以上程度）高齢者を対象に電話で体調確認を行っていた。この時点で5月中はサロン活動を再開せず，6月も再開には

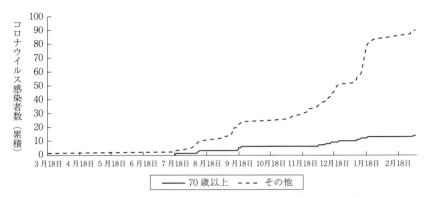

図3-27　武豊町におけるコロナウイルス感染者数（累積人数）

出所：武豊町新型コロナウイルス感染者情報（https://www.town.taketoyo.lg.jp/emergency_info.php?id=68，2022年1月4日アクセス）。

検討を要するという判断がなされた。

（2）サロン活動再開に向けた準備

　サロン活動再開に向けた動きは5月下旬から開始された。今後の活動について意見を聞くため，町は各サロン会長を集め，ヒアリング会議を開催した。全サロンの会長が集まると人数が多くなるため，会議は5月21日，22日，26日の3回に分けて行われた。会議では各会長より外出自粛下での過ごし方が報告され，再開に向けた提案があがった。基本的に家で1人または家族と過ごしていて人と会うことが少なくなってしまっている人がいる一方で，個人的に友人と集まって外出している人がいることや，10人くらいが集まって毎日ラジオ体操をしている地区もあることが報告された。そんな中，サロンを楽しみにしている参加者，ボランティアがおり，買い物などであった際に声を掛けられ，いつサロン活動が再開されるのかを聞かれたサロンボランティアもいた。サロン活動の中止が長く続くことについて，「開催まで待機の状態が続くと，いざ開催となった時にボランティアが集まれるかどうかが心配だ」「モチベーションを維持し，サロンを忘れないために，電話やオンラインでの会わないサロンをやった方がよいのではないか」という意見もあがった。これらの不安や今後の方向性を考えるために，まずはボランティア同士が集まって話し合う場が必要だ

という意見が複数の会長から出された。

　このような意見を受けて，町は１つのサロン会場を用意し，まずは一般参加者を入れず，ボランティアのみによる「模擬サロン」を実施して，感染予防に配慮した開催方法を模索してはどうかと提案した。模擬サロンの実施にあたって，町は感染予防に配慮して実施するためのガイドラインを作成した。ガイドラインには，参加可能な人数，感染予防の方法，活動内容，参加できるサロンと居住地区の対応表，その他の留意事項が示されていた。このガイドラインは，厚生労働省が５月29日に出した「新型コロナウイルス感染症の感染防止に配慮して通いの場等の取り組みを実施するための留意事項」「通いの場に参加するための留意点」や，四日市市社会福祉協議会の「小地域福祉活動の再開に向けた感染拡大予防ガイドライン」を参考にして作成された。実際に模擬サロンの場でガイドラインにそって会場の準備から片づけまでを実施してみて，各プロセスにおける課題を抽出し，今後のサロン実施のため，町とボランティアでガイドラインの内容を詰めていこうというものである。

　最初の模擬サロンは７月10日に行われた。この時点までの武豊町内の新型コロナウイルス感染者はまだ１例のみであった。模擬サロンには１会場のサロンボランティア28人と町職員６人が参加した。参加者は一般参加者役17人，ボランティア役11人に分けられた。ボランティア役は誘導２人（うち保健師１人），検温・体調確認３人（うち保健師１人），受付２人，お茶・お菓子係３人，消毒係２人，会長１人の役が割り当てられた。会場入口には，受付，検温・体調確認場所，お茶・お菓子配布場所が設けられ，会場には２人席の机が横２列，縦８列で横列が互いにずれるように配置された。打ち合わせ（10分），会場準備（35分），受付に続いて，保健師の話，体操，お茶・おしゃべりタイムの約１時間の模擬サロンを実施し，最後に反省会・振り返りを行った。

　反省会では，実施してみて感じたこと，今後に向けての対策について話し合われた。初めての試みであり，やってみなければわからなかった課題がいくつか見つかった。検温等があるため受付に時間がかかる，感染予防のために用いる使い捨ての手袋が使いづらい，など実際にやってみて感じた感染予防のための手間とともに，想定していたことではあるが，コロナ対策のために参加者間の距離を保とうとすると参加人数が以前のサロンに比べて大幅に少なくなって

しまうことが実感できた。一般の参加人数をなるべく多くするためにはその分ボランティアの人数を減らさなければならない。ボランティアの人数を減らして運営するためにはボランティア1人当たりの作業負担量を減らす必要が生じる。作業を減らすため，これまでボランティアが配布していたお菓子を参加者が各自でお菓子袋を取っていくことでボランティアの負担を減らし，一方で時間がかかる受付は2カ所にするなど，負担を減らしつつ効果的にボランティアが動くための検討が行われた。

　7月29日の憩いのサロン運営協議会では7月10日に開催された模擬サロンの実施報告が行われた。模擬サロンで得られた知見を踏まえて修正されたガイドラインが提示され，参加した各会場の役員に意見を求めた。役員達からは，「まだ薬，ワクチンがない。高齢者は不安」「感染者が出た場合の責任がとれない。補償がない」「コロナを正しく恐れるということがまだわからない」という感染に対する不安の声が出された。サロンの再開については，「少人数，短時間，体操だけ，と工夫して実施してもこれまでの楽しさはあるのだろうか。ギャップがありすぎる」というように従来通りのサロンであればやりたいが，ガイドラインに沿った制限された内容で実施することへのためらいがあり，「従来の内容とは違う内容で参加者が集まるのか，ボランティアのやる気が下がらないか。形を変えて再開した後に，従来の形に戻すことも難しいと思う」など，サロンとは別の事業，方策を考えるべきだという意見もきかれた。また，ガイドラインには「各サロン参加可能地区」として，参加できるサロンと居住地区の対応表が載せられていたが，これに対しては，「区限定にすると参加者は少なくなる」「地区限定にする考えは賛同できない。定員に達した場合，誰が断るのか」と反対する役員もいた。

　武豊町憩いのサロンの特徴は，参加者が楽しめるようにボランティアが工夫して様々なプログラムを開発したこと，居住地域に関係なくどの地区のサロンにも参加できて，他の地域のサロンに比べて1カ所あたりの参加人数が多いことであった。ボランティアたちは，ガイドラインに従ってサロンを実施するならば，これらの特徴のほとんどをなくしてしまうと感じただろう。町は国立長寿医療研究センターが5月28日に発表した，「外出自粛下で高齢者の身体活動時間が3割減」という調査結果を示し，活動量を低下させないためにサロンが

必要であり，感染予防対策をしながら再開を目指したいと考えていることを伝えた。この時点で町のホームページにもサロン参加者の「再開を待っている」という声が届いているとのことだった。町の方では10月頃のサロン再開を目指す方針を出していたが，全国的な感染の第2波の発生の影響もあり再開は延期された。この後も模擬サロンを継続し，安全に，かつできるだけ魅力的なサロンにするための模索が続けられた。

　このような模索の結果，ガイドラインは最初の6月30日版から何度か修正が行われた。修正点をみていくと，初めての7月10日の模擬サロン後には，感染予防のためのボランティアの役割（体調確認や検温など）と人数を各会場で決めること，感染予防のためのルールを唱和することが追加された。修正された7月28日版は運営協議会での意見を踏まえて，各会場の定員とボランティア保険等の修正が行われ8月25日版となった。何回かの模擬サロンの後，最新版である12月版では，全体的に説明が簡素化されている。消毒液の作成方法の詳細が削除，飲み物の提供は紙コップでの提供の記述をやめペットボトルに統一された。7月感染予防のためのルールの唱和の記述は削除されている。また実施時のことだけでなく，緊急事態宣言時の中止について明示された。このような修正・追加の主役は運営協議会に参加したボランティアの代表，模擬サロンを行ったボランティアが担っていた。

　再開への準備が進められる中，12月8日に町は「憩いのサロンボランティアのつどい」を開催しサロンボランティア72人が参加した。サロン事業の計画期から参加してきた星城大学（当時）の竹田徳則氏は，「立ち止まらない健康づくりについて」と題した講演で，他地域における感染予防に配慮した活動事例をひきながら，活動の様々な選択肢を示した。町からは感染症予防の方法について，そして武豊町での実践例である模擬サロンの活動について，ビデオ上映を交えて紹介された。サロン再開後にどのような活動ができるかのイメージがサロンボランティアの間に共有された。

（3）サロンの再開

　2021年2月19日の憩いのサロン運営協議会で，全13会場中10会場でのサロンの再開日程が決定された。9会場は4月から，1会場は5月から再開すること

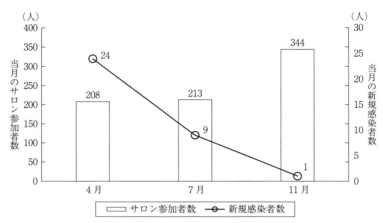

図 3-28 2021年度の武豊町内の新型コロナウイルス新規感染者数とサロン参加者数

出所：武豊町「武豊町『憩いのサロン』事業進捗報告」（2021年5月，8月，12月），武豊町新型コロナウイルス感染者情報（https://www.town.taketoyo.lg.jp/emergency_info.php?id=68，2022年1月4日アクセス）より作成。

となった。残りの3会場の再開時期は2021年3月時点では決まっていない。2021年4月時点で，武豊町では高齢者を対象としたワクチン接種は完了しておらず，愛知県の感染者の規模も小さくはなかった。それでも4月からの再開を決定したのは，憩いのサロンは参加者にとって大事な外出・交流の場であり，サロン中止後その場と機会は失われたままであった。これ以上中止が続けば要介護者が増えてしまうおそれがある，という危機感があったからと考えられる。

これまでサロンの開催のお知らせは町広報誌で行われていたが，広報への掲載が間に合わなかったため活動再開の周知は回覧板で行われた。これは感染防止の密を避けるため複数会場への参加者を抑制する対応であった。また，活動内容はこれまで模擬サロンを通じて修正が重ねられたガイドラインに沿って実施されたが，ボランティアの間にはこれまで大事にしてきた「お茶とおしゃべり」による交流が制限されることによって，サロンに参加者があまり集まらないのではないか，という不安もあったという。

4月に再開しなかった残りの5会場では再開に向けた打ち合わせが実施された。10月には全13会場で再開された。新型コロナウイルスの新規感染者数が減少する中，参加者数は4月の208人，7月の213人，11月の344人（図3-28）と

少しずつ増加してきている。以前の参加者が戻ってきているだけでなく，ある
サロンでは4～5人の新規参加者がみられたという。コロナ以前の参加者数に
対する再開後の参加者の割合は，比較的小規模の会場では半数以上というとこ
ろもある一方，大規模会場では2割程度に留まっている。参加者の絶対数が少
ないだけでなく，各人の参加できるサロンは1カ所，と複数会場への参加が制
限されていることも影響していると考えられる。活動内容は健康体操，クイズ
などが行われているが，コロナ前に比べてスライドや映像の視聴など受け身的
（見てるだけ，聞いてるだけ）内容が増えている。ボランティア達は感染予防に
配慮しつつ能動的に参加できるメニューを模索している。

　振り返れば17年前，初めての3会場の準備を進めていた時期にも同じように
「参加者があまり集まらないのではないか」という不安があった。しかしその
後，本書で紹介しているように武豊町とボランティアを中心としたサロンの関
係者は試行錯誤し，工夫を重ねながら事業を継続し参加者を増やしてきた。第
1章に示したように，サロン事業の方針の一つである「自主的な運営と支援」
には，参加者に近い住民の視点で適切で魅力的な活動内容を作っていくという
ねらいを持っていた。2024年現在のサロン事業のおかれている状況は17年前よ
りも厳しいかもしれないが，いまのサロン事業には17年間の実績と醸成されて
きたソーシャル・キャピタルがある。すぐにとはいかないかもしれないが，状
況に応じた魅力的な活動内容がこれから開発されていくはずである。

参考文献
・第1～3・5・7・8節
太田崇・竹田徳則（2009）「憩いのサロン事業におけるボランティア研修内容と研修
　後調査結果の概要——認知症予防のための心理社会面に着目した包括的支援に関す
　る研究　平成20年度総括・分担研究報告書」（厚生労働省科学研究費〔長寿科学総
　合研究事業〕），75-87頁。
岡本秀明（2006）「高齢者のボランティア活動に関する要因」『厚生の指標』53(15)，
　8-13頁。
厚生労働省（2015）「介護予防事業及び介護予防・日常生活支援総合事業（地域支援
　事業）の実施状況に関する調査結果——介護予防に資する住民運営の通いの場の展
　開状況」。

厚生労働省（2021）「地域支援事業実施要綱」（https://www.mhlw.go.jp/content/
　12300000/000635027.pdf，2022年1月28日アクセス）。

厚生労働省老健局振興課（2015）「介護予防・日常生活支援総合事業の推進に向けて」
　（https://www.mhlw.go.jp/stf/seisakunitsuite/bunya/0000138958.html，（2019年1
　月27日アクセス）。

厚生労働省老健局老人保健課（2006）「基本チェックリストの考え方について」
　（http://www.mhlw.go.jp/topics/2007/03/dl/tp0313-1a-11.pdf，2018年3月24日ア
　クセス）。

厚生労働省老健局老人保健課（2015）「平成26年度 介護予防・日常生活支援総合事業
　（地域支援事業）の実施状況に関する調査結果（概要）」（https://www.mhlw.go.jp/
　file/06-Seisakujouhou-12300000-Roukenkyoku/0000077238_3.pdf，2019年1月27日
　アクセス）。

厚生労働省老健局老人保健課（2017）「平成28年度 介護予防・日常生活支援総合事業
　（地域支援事業）の実施状況に関する調査結果（概要）」（https://www.mhlw.go.jp/
　content/12300000/000343217.pdf，2019年1月27日アクセス）。

厚生労働省老健局老人保健課（2017）「地域づくりによる介護予防を推進するための
　てびき　ダイジェスト版」（https://www.mhlw.go.jp/file/06-Seisakujouhou-123000
　00-Roukenkyoku/0000166414.pdf，2022年1月28日アクセス）。

近藤克則（2005）『健康格差社会——何が心と健康を蝕むのか』医学書院。

近藤克則・金森弘高・鈴木佳代（2012）「武豊町『憩いのサロン』プログラム分析
　——ソーシャル・キャピタルと健康に関する実証的研究　研究報告書」『科学研究
　費補助金新学術領域研究』41-46頁。

近藤克則・竹田徳則・鈴木佳代（2014）「まちづくり型介護予防「憩いのサロン事業」
　の費用分析」『医療経済学会第9回研究大会一般演題抄録集』20頁。

総務省統計局（2016）『平成27年度国勢調査』。

竹田徳則・太田崇（2008）「ボランティアリーダー研修の概要——認知症予防のため
　の心理社会面に着目した包括的支援に関する研究　平成19年度総括・分担研究報告
　書」（厚生労働省科学研究費〔長寿科学総合研究事業〕），63-70頁。

竹田徳則（2014）「認知症予防の現状と地域での実践——愛知県武豊町の場合」『老年
　精神医学雑誌』25(12)，1346-1353頁。

竹田徳則（2017）「『通いの場』の運営実態——JAGES参加8市町155箇所ボランティ
　ア代表調査」『ポピュレーションアプローチによる認知症予防のための社会参加支
　援の地域介入研究（H27-認知症-一般001）平成28年度総括・分担研究報告書』（厚
　生労働科学研究費補助金〔認知症政策研究事業〕）28-35頁。

内閣府（2012）『高齢社会白書　平成24年版——高齢者の社会的活動（ボランティア

活動）』（https://www8.cao.go.jp/kourei/whitepaper/w-2012/gaiyou/s1_4_2.html,
2019年1月30日アクセス）。

松田亮三・平井寛・近藤克則・斎藤嘉孝（2005）「高齢者の保健行動と転倒歴——社
会経済的地位との相関」（日本の高齢者——介護予防に向けた社会疫学的大規模調
査）『公衆衛生』69(3), 231-235頁。

Hikichi, H., Kondo, N., Kondo, K., Aida, J., Takeda, T., Kawachi, I. (2015) "Effect of a
community intervention programme promoting social interactions on functional
disability prevention for older adults: propensity score matching and instrumental
variable analyses, JAGES Taketoyo study" *Journal of epidemiology and community
health* 69(9), pp. 905-910.

Hikichi, H., Kondo, K., Takeda, T., Kawachi, I. (2017) "Social interaction and cognitive
decline: Results of 7-years community intervention" *Alzheimer's & Dementia:
Translational Research & Clinical Interventions* 3(1), pp. 23-32.

・第4節

厚生労働省老健局振興課（2016）「介護予防・日常生活支援総合事業の推進に向けて」
（https://www.mhlw.go.jp/stf/seisakunitsuite/bunya/0000138958.html, 2019年1
月27日アクセス）。

厚生労働省老健局長（2018）「『地域支援事業の実施について』の一部改正について」
（https://www.mhlw.go.jp/file/06-Seisakujouhou-1230000-Roukenkyoku/00002057
28.pdf, 2019年1月27日アクセス）。

厚生労働省老健局老人保健課（2016）「平成26年度 介護予防事業及び介護予防・日常
生活支援総合事業（地域支援事業）の実施状況に関する調査結果（概要）」（https:
//www.mhlw.go.jp/file/06-Seisakujouhou-12300000-Roukenkyoku/0000077238_3.
pdf, 2019年1月27日アクセス）。

厚生労働省老健局老人保健課（2018）「平成28年度 介護予防・日常生活支援総合事業
（地域支援事業）の実施状況に関する調査結果（概要）（https://www.mhlw.go.jp/
content/12300000/000343217.pdf, 2019年1月27日アクセス）。

竹田徳則（2017）「『通いの場』の運営実態——JAGES参加8市町155箇所ボランティ
ア代表調査」『ポピュレーションアプローチによる認知症予防のための社会参加支
援の地域介入研究（H27-認知症-一般 001）平成28年度総括・分担研究報告書』
（厚生労働科学研究費補助金〔認知症政策研究事業〕）28-35頁。

内閣府（2012）「高齢者の社会的活動（ボランティア活動）」『高齢社会白書 平成24
年版』（https://www8.cao.go.jp/kourei/whitepaper/w-2012/gaiyou/s1_4_2.html,
2019年1月30日アクセス）。

・第6節

太田崇・竹田徳則（2009）「憩いのサロン事業におけるボランティア研修内容と研修後調査結果の概要」『認知症予防のための心理社会面に着目した包括的支援に関する研究　平成20年度総括・分担研究報告書』（厚生労働省科学研究費〔長寿科学総合研究事業〕）75-87頁。

岡本秀明（2006）「高齢者のボランティア活動に関する要因」『厚生の指標』53(15)，8-13頁。

近藤克則（2005）『健康格差社会——何が心と健康を蝕むのか』医学書院。

近藤克則・金森弘高・鈴木佳代（2012）「武豊町『憩いのサロン』プログラム分析——ソーシャル・キャピタルと健康に関する実証的研究研究報告書」（科学研究費補助金新学術領域研究）41-46頁。

竹田徳則・太田崇（2008）「ボランティアリーダー研修の概要」『認知症予防のための心理社会面に着目した包括的支援に関する研究　平成19年度総括・分担研究報告書』（厚生労働省科学研究費〔長寿科学総合研究事業〕）63-70頁。

Hikichi, H., Kondo, N., Kondo, K., Aida, J., Takeda, T., Kawachi, I. (2015) "Effect of community intervention program promoting social interactions on functional disability prevention for older adults: propensity score matching and instrumental variable analyses, JAGES Taketoyo study" *Journal of Epidemiology & Community Health* 69, pp. 905-910.

Hikichi, H., Kondo, K., Takeda, T., Kawachi, I. (2017) "Social interaction and cognitive decline: Results of 7-years community intervention. Alzheimer's & Dementia" *Translational Research & Clinical Interventions* 3(1), pp. 23-32.

（平井　寛〔第1〜3・5・7・8節〕・竹田徳則〔第4・6節〕）

<table>
<tr><td>第4章</td><td>「憩いのサロン」の事業評価
——その必要性と手法</td></tr>
</table>

　本章では，プロジェクトを通じて行った事業評価について，なぜ評価が必要なのか，どのように行ったのかを記す。介護予防事業の評価は「介護予防一般高齢者施策評価事業」として義務づけられたものの，サロン事業については運動機能や栄養状態の改善を行う事業とは異なり，どんな効果が得られるのかが明確でなく，何を評価したらよいのかわかりにくい。ここでは，そのようなよくわからない新しいタイプの事業としてのサロン事業の評価をどのように行ったか，なぜこのような評価が可能だったのかを記述する。

1　なぜ評価が必要か

　新しい事業を始めたり，既存の事業を修正したりするためには，事業全体を通じたプログラム評価を行う必要がある（Rossi et al. 2003＝2005）。介護予防事業においては「介護予防一般高齢者施策評価事業」として事業の評価を行うべきものとされた。武豊町のサロン事業が計画された2006年時点において，介護予防事業について事業全体を通じたプログラム評価を行った事例はほとんどみられなかった。2004年に行われた全国調査の結果でも，2/3の自治体では事業全体どころか事業評価を何も行っていないことが示されている（安村 2005）。

　さらに，第1章で紹介した全国に3万カ所以上ある社会福祉協議会のサロン事業についてみると，多くのサロン事業は介護予防事業というよりは地域福祉の一環として行われており，当然ながらその多くは介護予防効果についての評価を行っていない。私たちが視察を行ったような優れたサロン活動は全国で数多く行われ，様々な事例が報告されているが，事後評価で参加者が参加後に振り返って評価するものはあっても事前評価と合わせた評価は行われていない。

　本事業では，①説明責任を果たす，②事業の改良を目指す，③知識の生成を

行うという 3 つの目的で事業評価を行うことが求められていると考えられた。①については，武豊町憩いのサロン事業（以下，サロン事業）は，武豊町の行う地域支援事業（介護予防事業）であり，その費用は税金，介護保険料から支出される。事業の実施者である武豊町は，当事業が介護予防において，意図した効果を上げているかどうか，事業が効率的に行われているかどうかという情報を示すことによって，税金や介護保険料を用いる正当性を示さなければならないという説明責任がある。介護予防の予算を継続的に使用するためにも，効果があるという根拠が必要である。②について，本事業は，武豊町における初めての試みである。当事業をよりよく推進していくため，実施とその評価，再検討の繰り返し（PDCA サイクルを回す）ことにより事業を効果的なものにしていく必要がある。そして，③については，特に研究者にとって，本事業は，武豊町における成功のみを目指すのではなく，他地域へ応用・導入可能性のある事業を開発することを目的としている。最終的な効果のみならず，事業が効果を発揮していくプロセスや要因について明らかにする必要がある。

　事業評価には，大きく分けて総括的評価と形成的評価がある（Rossi et al. 2003＝2005）。総括的評価はプログラムが実施された後，事後的にその効果を計測するものである。その主な目的は説明責任を果たすことである。効果（アウトカム）を評価する性格上，その結果が得られるのは事業の実施後であり，客観性が重視される。一方，形成的評価はプロセスの諸段階で多様な主体がプログラムを改善していくことを前提に，これらの主体が評価に参加し知見を利用しながらプログラムの改善を進めていくものである。当事者による参与観察型で，プロセスを改善することを重視する。

　総括的評価は町が行う事業であるからには原則として必要な評価であると考えられるが，本事業はその特性上，この形成的評価も重要であると考えられる。介護予防事業，特にサロン事業のような事業は，筋力を鍛えるような転倒予防事業などとは違って，軽い体操や，ゲーム，趣味活動のような内容が実施され，参加の仕方の程度も人によって異なる（つまり運動系の活動内容でも強度がまちまち）ため，即効性の効果を評価するのは困難であると考えられる。本事業の目的は介護予防であり，最終的には高齢者の要介護化（虚弱化）を防ぐことを目指している。しかし，参加者と非参加者を比較して追跡し，両者の間に身

体・認知機能の十分な差が出てきて，介護予防の効果が明らかになるまでには長い時間がかかると予想された。

　このように効果が表れるまでに時間のかかる事業の場合，事業を運営する者にとっても，事業に参加する者にとっても，効果を実感できない期間が続くことになる。その間に，この事業に力を注ぐことに意味があるのかという疑問が生じたり，疑問を感じるということにはならなくとも，やりがいを強く感じられなかったりすることが起こりうる。そのため，ある程度早期のうちに最終的な効果である介護予防の達成につながるきざしとしての中間的な効果が見えれば，それが事業に関わる者（筆者らも含め）を励まし，事業の継続や発展への原動力となると期待できる。

　このように町が行う介護予防事業であること，住民を巻き込み，地域全体の変化を促す新しい事業であること，他地域への普及を目指すという点で，事業評価が必要とされたのである。これから他の市町村が武豊町と同様の事業を行う場合でも，説明責任を果たすため，事業の改善のために評価は必要になるであろう。

2　評価の方法——スモールステップで評価する

　評価の最終的な関心は事業の効果・アウトカムとして介護予防が達成されるかどうかであるが，今回のように新しい事業を開発していく場合は特に，事業を実施しつつ，最初は効果があまり大きくなくても，徐々に効果が大きくなるように改善していくプロセスが不可欠である。このような場合，事業の最終的な効果を評価する前に，最終的な効果に至る段階的な5つの評価課題を設けるのが一般的であるとされる（Rossi et al. 2003＝2005）。

　5つの評価課題とは，ニーズ評価（事業の背景となる），プログラム理論仮説の評価，実施プロセスの評価，インパクト評価，効率評価である。この5つの評価課題は階層をなしている。最も基礎的なレベルから，①ニーズ，②プログラム理論仮説，③プロセス，④インパクト，⑤効率の順に積み上げられるものであり，下の階層での評価で満足な結果が得られていることが，上位の評価を行う前提となる。例えば，プロセス評価によって，プログラムが想定されたよ

うに運営されておらず，プログラムが効果を十分に発揮されない状態でプログラムのインパクトを評価してもあまり意味がない。

　ニーズ評価では事業の前提となる，事業のニーズ，プログラムが標的とする集団の把握を行う。ニーズがほとんどない事業は事業を行うことの必要性が疑わしくなる。これを行わずに事業を行うと，空気を運ぶコミュニティバスが走る，というような事態が生じる。

　プログラム理論仮説の評価では，事業が実施可能か，また事業が効果を上げることを期待される経路となる理論に誤りがないか検討する。プログラム理論仮説とは，プログラム（事業等）が目標を達成するためにどのように役割を果たすかという仮説（図1-8）を示すものである。この理論に欠陥があると，いかにプログラムが適切に実行されても目標を達成することができない。

　プロセス評価では，想定された通りに事業が実施され効果を発揮しているかを評価する。標的とする集団への情報の周知や，事業提供を行うシステムが正常に機能しているか，事業の方針が反映されているか，また目的である介護予防の効果の前段階として中間的な効果を評価する。

　インパクト評価では，事業介入の有無・前後で比較し参加の効果を評価する。通常，サロン事業に積極的に参加するのは健康な高齢者である場合が多いため，サロンの参加者が不参加者に比べて要介護状態になりにくかったとしても，サロンの効果なのか，本人が健康だっただけなのかが判別できない。そのため，効果の評価においてはサロン参加の有無だけが違い，健康状態など他の条件が同じと想定できる介入群と対照群を設定する「無作為化フィールド実験法」を行うのが理想的だが，今回の事業のように町の介護予防事業として行う場合には無作為に参加者と不参加者を割り当てるのは不可能である。そのため，個人の元々の健康状態などを考慮するため，交絡要因（第5章4参照）を調整した参加者・非参加者の比較分析，操作変数法等を用いた分析を行った。

　効率評価では費用に対する効果の程度を評価する。事業を行うための資源は有限であるため，もしインパクト評価によって事業が効果を上げたことが確認されたとしても，その効果を上げるためにかかった費用を比較して，より改善を目指していく必要がある。

　これらの5つの評価課題を武豊町事業の場合に当てはめると，以下のように

なる。

（1）ニーズ評価

　事業の前提となる，地域サロン事業のニーズとして，プログラムの標的集団である，要介護リスクを持つ高齢者や社会参加活動が活発でない者，ボランティア協力者が地域に存在するのか，どの程度存在するのかの把握を行った。主に町内の高齢者全体を対象としたアンケート調査票によって行った。具体的には，①サロン事業等の高齢者向けサービスの希望状況，②要介護リスクを持つ高齢者数，③武豊町憩いのサロン事業へのボランティア協力者数を評価した。

（2）プログラム理論仮説の評価

　事業が実施可能か，また事業が効果を上げることを期待される経路となる理論に誤りがないか検討した。プログラム理論仮説の評価において検討すべき点は「ニーズ評価の結果との整合性の検討」「論理的検討」「先行事例との比較検討」の3つである（Rossi et al. 2003＝2005）。「ニーズ評価の結果との整合性の検討」では，プログラム理論仮説がどのくらいニーズに合っているかを評価し，プログラム理論仮説に欠点がないかを検討する。これはすでに第2章に示したように「サロン型事業」のニーズを確認し，自主的な運営を担うボランティア協力者が地域にいることを把握しており，住民運営のサロンを開催し高齢者の参加を得るという事業の方法に問題はないと考えられる。ここでは主に「論理的検討」「先行事例との比較検討」を行う。

　「論理的検討」での検討課題は，①最終目標と下位目標は明確に定義されているか，測定可能か，②最終目標と下位目標は実現可能か，プログラムが成功すれば合理的に生じるものか，③仮定する変化のプロセスに説得力があるか，④標的集団は同定できるか，⑤プログラムを運営する仕組みは適切に定義されているか，である。このうち，①と⑤は計画時に明確に定義されており，①の測定と④は町在住の自立高齢者を対象としたアンケート調査と町から提供を受ける要介護認定データで測定可能である。ここでは②，③について述べる。②は，プログラムがサービスを提供した結果として実際に達成できるとするのが合理的か，非現実的な高い期待ではないかを確認する。③は，「先行事例との

比較検討」と合わせ，仮定する変化のプロセスを裏づける根拠を先行研究・事前調査結果のデータから示すことを試みる。

（3）プロセス評価

　ここでは，想定された通りに事業の各段階のプロセスが実施され，中間的な効果を上げているかを評価する。標的集団である高齢者へのサロンに関する情報の周知状況，「アクセスの改善」という事業の方針が達成されているか，高齢者の事業への参加状況等を評価する。また中間的な効果としてサロン参加者の外出状況や交流状況，社会参加状況，ソーシャル・キャピタルの変化の評価がここに含められる。住民が外出，交流する場はサロン以外にもあるはずなので，サロン事業に期待されるのは，既存のサービス・事業・活動でカバーされない対象者を掘り起こして参加を促進することである。

　既存の事業の例として，当初二次予防の対象者である特定高齢者のスクリーニングに用いられ，十分な二次予防対象者を抽出できなかった健康診断を取り上げる。各属性別のサロン参加・健診の参加状況を比較し，健診でカバーできなかった高齢者をサロンがカバーできているかをみた。自家用車やバイクが運転できない交通弱者，社会経済的地位の低い者（趣味があまりない，高い費用がかかる場を利用できない），などが考えられる。これらの住民の健康を増進することにより健康格差の縮小にもつながる可能性がある。

（4）インパクト評価

　サロン参加の有無・前後での健康状態（介護予防効果）の違いを評価する。①事前調査と事後調査の2時点のデータを用いて，参加者と非参加者での健康状態の変化の違いの評価，②要介護認定データを用いて参加者と非参加者を追跡し，要介護認定のしやすさに違いがあるかをみた論文の分析結果を紹介する。

（5）効率評価

　プロセス評価で評価した中間的な効果，インパクト評価で評価した健康に関する効果に対し，どれだけの費用がかかったかを比較する。中間的な効果として，サロンの会場数，参加者数，健康に関する効果として，要介護状態への移

行を防ぐことによる介護保険費用の節減効果を設定する。費用として，事業に
投じられた予算額，職員やボランティアの実働時間を設定する。

（6）評価デザインの全体像と評価に用いたデータ

サロン事業の評価は上記のように多段階で行われ，評価に用いられたデータ
も様々である。図4－1は評価デザインの全体像を示したものである。評価に
用いた調査・収集データは「Ａ．事例研究・先行事例視察」「Ｂ．事前アンケート調査」「Ｃ．事後アンケート調査」「Ｄ．参加者名簿」「Ｅ．追跡データ」
「Ｆ．コストデータ」からなる。

1）Ａ．事例研究・先行事例視察

構想・計画期に，当事業をどのような事業にするかを検討するために行った
文献や記事の収集，先行事例視察により得られた知見である。

2）Ｂ．事前アンケート調査

2006年7月，武豊町の要介護認定を受けていない65歳以上の全高齢者5,759
人を対象として自記式アンケート調査を行い，2,795票を回収した（有効回収
率48.5％）。平均±SD 年齢72.3±6.2歳，サンプル全体に占める女性の割合は
50.0％であった。アンケート調査票の内容は個人属性，心身の健康・機能状態，
外出や交流の頻度，要介護リスク要因，ソーシャル・ネットワークやサポート，
社会参加の状況などであった。また，最終頁には武豊町がこれから行おうとす
る新しい介護予防事業の説明をした上で，協力の可否を尋ねる項目が設けられ，
協力してもよいという人には，説明会の案内を出す際の宛先となる住所を書い
てもらうように求めている。集計したデータには町職員によって暗号化された
ID が付加されており，他のデータとの結合が可能になっている。

3）Ｃ．事後アンケート調査

事前調査結果と結合し，事業の介入効果を評価するため実施された。調査内
容はほぼ同じであるが，武豊町憩いのサロンの認知・参加に関する項目等が設
けられている。2008年2月，2010年8月，2013年10月，2016年10月に実施され
た。事前アンケート調査と同様に暗号化 ID が付加されている。

4）Ｄ．サロン参加者名簿

各サロンの開催時に参加者が記入する参加者名簿に，町職員が暗号化した

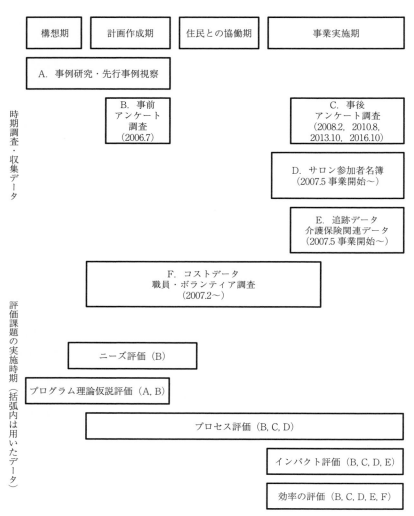

構想期　　計画作成期　　住民との協働期　　　事業実施期

A. 事例研究・先行事例視察

時期調査・収集データ

B. 事前
アンケート
調査
(2006.7)

C. 事後
アンケート調査
(2008.2, 2010.8,
2013.10, 2016.10)

D. サロン参加者名簿
(2007.5 事業開始〜)

E. 追跡データ
介護保険関連データ
(2007.5 事業開始〜)

F. コストデータ
職員・ボランティア調査
(2007.2〜)

評価課題の実施時期（括弧内は用いたデータ）

ニーズ評価（B）

プログラム理論仮説評価（A, B）

プロセス評価（B, C, D）

インパクト評価（B, C, D, E）

効率の評価（B, C, D, E, F）

図4-1　評価デザインの全体像

出所：筆者作成。

ID を付加したもので、各開催日の参加の有無、参加の種別（一般、ボランティア、講師等）が記されている。

5）E. 追跡データ（介護保険関連データ）

当事業の目的である介護予防の効果を評価するために必要なデータである。

要介護認定データ，保険料賦課情報データの２つがある。要介護認定データは介護保険を利用する際に利用者が認定を申請し，介護保険者が要介護者として認定の判断をする際のデータである。申請の日時，要介護度，障害高齢者・認知症高齢者の自立度等のデータがあり，要介護状態の発生，認知症を伴う要介護状態の発生の有無と時期のデータとして用いることができる。保険料賦課データには，被保険者資格の喪失日とその事由のデータがあり，死亡，転出等の転帰を把握することができる。アンケート調査に実施期間終了から要介護認定，死亡等の発生までの日数を計算し分析に用いることができる。

6）コストデータ

当プロジェクトに関わった町職員を対象に，事業の計画期から調査時点までの直接費用（事業費），間接費用（従事時間等）を尋ねた調査（2009年12月）と，職員の2010年度の従事時間数を尋ねた調査がある。

ニーズ評価には，事前アンケート調査データが用いられた。プログラム理論仮説の評価には事例研究・先行事例視察の知見のほか，事前アンケート調査データが用いられている。プロセス評価では参加者名簿データを参加の有無や程度を把握し，事前アンケート調査と事後アンケート調査を結合したパネルデータ（縦断データ）によって参加の前後での活動状況や健康の変化を捉えている。インパクト評価では参加者名簿データで参加者・非参加者を特定し，介護保険関連の追跡データで健康の差について検討する。参加者と非参加者では元々の健康状態等に差があることが予想されるため，アンケート調査データを用いて交絡要因を調整した分析を行う。効率の評価ではサロン参加者名簿データ，コストデータを用いて参加者１人当たりの費用の算出を行った。

3　サロンの成果はどのように評価されたか

（1）ニーズ評価の結果——事業に必要性はあるか

ニーズ評価として，上記の通り①要介護リスクのある高齢者数，②サロン事業等高齢者向けサービスの希望状況，③「憩いのサロン」事業へのボランティア協力者数を評価した。評価には「Ｂ．事前アンケート調査」を用いた。これらの評価結果は第２章にすでに示した。「憩いのサロン」事業は，利用希望と

してのニーズ，介護予防としてのニーズ，ボランティア活動としてのニーズが一定程度あることが確認された。これらの結果は，形成的評価として，ボランティアの募集や第一期の3カ所のサロンの開催場所の選定の際に武豊町，住民ボランティアに有効に利用された。

（2）プログラム理論仮説の評価——実現できそうか

「論理的検討」と「先行事例との比較検討」を行った。「論理的検討」の検討課題は，「最終目標と下位目標は実現可能か。プログラムが成功すれば合理的に生じるものか」「仮定する変化のプロセスに説得力があるか」である。

「最終目標と下位目標は実現可能か。プログラムが成功すれば合理的に生じるものか」については，下位目標の社会参加活動活性化についてみると，サロン自体が社会参加活動であり，地域在住高齢者の多くの参加が得られれば達成できると考えることは不合理ではない。またサロンでの参加者間の交流によって，新たな活動への参加のきっかけが生じる可能性も考えられる。また要介護状態になる原因の一つである廃用症候群は心身の活動性の低さが原因であるため，社会参加活動が心身の活動性を向上させ，介護予防につながること想定することは合理的であると考えられる。

「仮定する変化のプロセスに説得力があるか」については，まず「小地域単位での住民運営・行政支援のサロン開催」が「多くの高齢者がサロンに参加」につながるかという点については，サロン事業の特徴である小地域単位の拠点形成が，住民の参加を促進し得るという点について記述する。2006年に武豊町で65歳以上の高齢者を対象に行ったアンケート調査では，「健康教室」「運動・スポーツ」「教養講座」「地域のたまり場」「その他」等の各種サービス事業の利用意向を複数回答で尋ねた。その結果，いずれかの事業参加を希望するものは2,128人であった。参加希望者の示した条件をみると，「場所が近い」が69.1％と最も多く，次いで「時間や期間に拘束されない」51.0％，「内容に共感できる」52.0％，「気の合う仲間がいる」40.3％，「自分のペースに合わせてくれる」23.1％，「昼食が提供される」10.1％，「成績・効果がわかりやすい」8.8％と続いた。また，自宅から保健センターまでの距離が近いほど保健センターを利用しやすいという関連が示されている（平井ら 2008）。自宅から事業

開催地までの距離を短縮してアクセスを改善することにより，参加を促進することが可能であると考えられる。

　次に「社会参加の促進」による「身体機能低下の予防」「認知機能低下の予防」を通じて，介護予防を達成するプロセスについてみる。社会参加している者はそうでない者と比べ，3年後に要介護認定を受けにくいという結果が示されている（平井ら 2009）。Stuck et al.（1999）でも，社会参加には介護予防の効果があることが報告されている。社会参加の場合，元々健康な人が社会参加しているという状態を反映しているだけである可能性も考えられるが，元々の健康状態や活動能力の影響を統計的に取り除いた分析でも同様の効果が認められている。社会参加を行うことにより身体機能や認知機能の低下を予防し要介護状態への移行をしにくくすることは，ある程度期待できると考えられる。

　「先行事例との比較検討」として，武豊町で行おうとするサロン事業のような地域参加型の事業に関する，2007年時点での先行事例を概観し，「運営主体・方法」「場所・資金」「活動内容」「支援内容」に着目して整理した。全国には様々な事例があると考えられるが，文献，記事等で把握できるものは限られており，今回収集した事例は網羅的ではないため，全国の地域参加型事業を代表するものではない。先行事例は，雑誌論文，報告書等の文献，事業計画時に行った視察，新聞記事にあるものを用いた。事例視察は韓国の敬老堂（斎藤ら 2007），東京都多摩市の永山福祉亭，千葉県柏市の介護予防センターほのぼのプラザますお，愛知県の知多半島のNPOグループ，兵庫県稲美町などで行った。視察の詳細は第5章に記した。記事検索は「聞蔵Ⅱビジュアル」を用い，朝日新聞の記事を収集した（記事1～26）。

1）運営主体・方法

　地域参加型事業は，市町村事業として行われる機能訓練事業，介護予防・地域支援事業，介護予防・地域支え合い事業と，NPOなど，市町村以外の事業の大きく2つに分けられる。市町村事業以外の地域参加型事業の運営主体となっているのは，社会福祉協議会（記事10，29），自治会（記事6，21），NPO（記事4，5，8，11，19，23），大学研究者（星野ら 2006）などである。

　市町村事業とそれ以外の事業の違いの一つに，事業の継続性が挙げられる。介護予防はある期間だけ取り組めばよいというものではなく，継続することが

必要である。市町村事業は単年度ごとに終了するが，NPOなどによる事業は終了しない。黒田（2002）は市町村事業である機能訓練の参加者は継続が望ましいが事業終了後，訓練継続は自治体の予算上困難なため，自主グループ創設の必要があると指摘していた。機能訓練事業全国実態調査によれば，機能訓練事業B型を実施する500施設のうち62施設で訓練後に自主グループの創設がされていると報告している（澤ら 2000）。

　介護予防センターほのぼのプラザますおでは，高齢者の仲間づくりや健康づくりに関わる様々な講座を行っている。講座は長期間行わず，講座終了後に修了生をそのまま翌年の企画委員にする等，受講者がグループをつくって自立するように促し，グループの活動場所として町会館を確保する等の支援が行われている。東京都老人総合研究所の開発した「地域型認知症予防プログラム」（矢冨ら 2008）でも，プログラムの自主化を想定している。また松田（2005）は行政が場所と情報と若干の資金を提供し，それらが適切に運営されているかを監督する機能に特化するというオランダのNPOが運営する高齢者レストランの例を挙げ，自主的な活動に対する行政の支援の必要性を指摘している。

　行政以外による支援としては，社会福祉協議会が，サロンの担い手である地域サロン運営ボランティア，地区社会福祉協議会，自治会の福祉部会などに対し，運営のノウハウ提供，資金等を支援する例がある。また大阪市の地域ネットワーク委員（藤田ら 2000；村上ら 2006），大学が調査・分析・計画書作成などの支援をするもの（星野ら 2006）などがある。

　視察を行った韓国の敬老堂（斎藤ら 2007），兵庫県稲美町（竹尾 2004），高知市で行われている「いきいき百歳体操」（損保ジャパン総合研究所 2008）では，住民が主体となって運営し，それを行政が支援するという仕組みが採られていた。

　敬老堂への支援として，保健福祉部（厚生労働省にあたる）管轄の「老人福祉館」が定期的に「敬老堂」へソーシャルワーカー，理学療法士などの専門職の派遣が行われる。また専門職の派遣以外に，「老人福祉館」に地域の各敬老堂のリーダーが活動別に集まって活動報告，学習・研修事業が行われている。これにより一つの敬老堂で企画運営する場合よりもアイデアが豊富になり，活動内容が豊かになっている。

　兵庫県稲美町は，2000年度より地域サロン事業を行っている。事業は各地区

の自治会を母体として開始したが，各サロンにおいて事業内容を充実させ，安全に運営するため，事業開始の最初の数年間はプロのインストラクターを派遣して運営を行っている。その間に「ハートスタッフ」と呼ばれる有償ボランティア育成を行う。「ハートスタッフ」やその他のボランティアが経験を通じて育つと，インストラクターに代わって運営に当たるようになる。サロンの事業費の多くはインストラクター人件費であるため，サロン開催場所が17カ所から54カ所に増えているにもかかわらず，事業費はわずかであるが減少しつつある。

　高知市は2002年から，運動器機能向上を目的として「いきいき百歳体操」を行っている。市内に168カ所（2007年11月時点）ある各会場に高齢者十数人程度が集まり，1時間程度の運動を行っている。研修を受けた市民ボランティアが会場設営，参加者募集，体操指導などの運営を行う。保健所が事業の普及啓発，研修による人材育成，実施用ビデオや体操に使うおもりの貸出，開催初期の運営指導などの支援をしている。

　一次予防を重視するヘルスプロモーションの分野でも，オタワ憲章（山根1988）や健康日本21（健康日本21企画検討会・健康日本21計画策定検討会 2000）などで「専門家中心」から「当事者主体」への転換の必要性が指摘されている。また主体として役割を担いうる市民の育成（宮北 2004），専門家と住民とのパートナーシップの重要性が指摘されている（健康日本21企画検討会・健康日本21計画策定検討会 2000）。実際にパートナーシップを通じてエンパワメントが行われ，参加している住民自身や活動基盤となる地域が活動を経て次第にエンパワーされている事例が報告されている（藤田ら 2006；保田ら 2004）。

2）場所・運営資金

　市町村事業の場合，比較的場所・運営資金などは容易であるが，それ以外のNPO等による事業では様々な工夫を行って確保している。市町村事業である機能訓練事業（地域参加型）の開催場所は，保健センター，老人福祉センター，公民館，集会場等であるが（厚生省老人保健福祉局 2000），それ以外の事業では，公民館（記事1，7，21，25，26，27，28），空家（記事14，20，24），空き教室（記事4，15），空き店舗（記事6，9），寺（記事13，16）など様々である。

　知多半島でサロン活動を行うNPOでも，知り合いから譲り受けた空家を利用する「もやい（事例5）」，知り合いから空き店舗を安く借りている「はっぴ

いわん（事例6）」，木綿工場の跡地を改装して利用している「ゆいの会（事例7）」など様々な工夫がなされている。

　開催箇所数をみると，新聞記事で紹介されている事例として，群馬県前橋市（54カ所），三重県亀山市（15カ所），大分県竹田市（11校区），和歌山県御坊市（25カ所），熊本県八代市（133カ所）と，地域に多くの拠点があるものがみられる。

　韓国の敬老堂は，2005年の韓国統計局報告によると，全国中に5万1,000カ所存在するとされている。高齢者人口約438万人として単純計算すると高齢者約86人に1カ所となる。敬老堂には高齢者の約半数が参加しているといわれており，非常に高い参加割合となっている。また兵庫県稲美町のサロン事業は初年度17カ所で開催されたが，6年目までに町内54カ所に増加している。これに伴い初年度の参加者503人であったものが，6年目には1,391人に増加している。これは稲美町の高齢者人口の4人に1人に当たる。

　高知市で行われている「いきいき百歳体操」では，利用者アンケート調査の結果，利用者の8割以上が，「実施会場までの移動時間が15分以内」であった。行政は，歩いて行ける範囲に会場があることが参加者数の増加に必要であると考え，小学校区に少なくとも一つの会場を設置することを事業全体の目標としている。

　地域全体に介入し，多くの参加を得るためには，地域住民の社会活動を促進する拠点を小地域単位で多数形成することが重要であると考えられた。小地域単位で拠点を整備したことにより比較的アクセスがしやすいと考えられる敬老堂，稲美町の事例では多くの高齢者の参加が得られている。また山村（滋賀県高島郡朽木村）で健診非受診の理由について調査した研究（山川ら 1995）では，従来村内の1カ所で行われていた健診を村内17カ所で行いアクセスを改善することにより健診受診者を1.8倍に増加したという報告がある。アクセスの改善という方針は多くの高齢者の参加を増やす可能性があるといえる。

　市町村事業以外の事業の運営の資金は，社会福祉協議会が行う資金援助，参加者の会費，主体が行う介護保険・介護予防事業の収入等により賄われている。島根県大田市の「ふれあい・いきいきサロン」（松村 2003）は1地区3万円を当初は社協の自主財源で賄い，その後市から補助金が出されるなど活動が評価

されて資金が得られるようになる場合もある。横浜市戸塚区の NPO 法人夢み
んが運営する「いこいの家」（足立 2003）は，NPO 法人の認証を得て介護予防
通所事業の委託を受けて資金を得るようになる前は資金のやりくりに苦労して
いたが，市からの補助金が出るようになって安定したという報告がある。「ネ
ットワーク大府（事例 3）」「ゆいの会（事例 7）」も介護保険事業によって得た
資金で，介護保険事業でないサロン事業を運営している。「永山福祉亭（事例
1）」は都と市の補助金と，提供している飲食物の代金で運営を行っているが，
補助金は 3 年間打ち切りになり，その後の経営は非常に厳しくなるとのことだ
った。

3）活動内容

市町村事業での活動内容は，血圧・体重測定，体操，個別訓練，日常生活動
作訓練，グループでの手工芸，レクリエーションなどである（古木名ら 2005；
稲村ら 1990；松岡ら 1993）。サロン型活動も同様で体操，レクリエーション，
工芸，健康教室などであるが，機能訓練事業等でみられない，おしゃべり，お
茶，食事などが活動内容となっているものが多い。

安村（2005）は，これまでの閉じこもり予防事業は，一人暮らし高齢者を対
象に日常動作訓練・趣味活動を行うなどのきめ細やかなサービスであったが，
これからは積極的な社会交流のきっかけづくりを目指すべきで，そのためには
魅力ある事業内容であることが重要で，誘い出しや自主性の支援が必要である
としている。

4）支援内容

市町村主体の事業の場合は場所・財源とも確保されているのに対し，住民主
体で行う事業は比較的場所・財源とも十分ではない。知多半島でサロン活動を
行う NPO は空き家や空き店舗などを個別に調達して用いている。またサロン
事業自体は利益が上がらない事業であるため，並行して運営している介護保険
事業で得た収益をサロン事業に利用している NPO もある。行政の事業であれ
ば広報を用いて広く知ってもらえるが，住民グループの活動だと周囲の理解や
信頼も得られない。住民主体の事業に，場所・資金・情報発信等の支援があれ
ばより安定した運営ができたり，メニューを豊かにできたりする可能性がある。
敬老堂や兵庫県稲美町の事例では，運営や活動メニューを豊かにする行政の支

援の仕組みがある。同じく住民主体の活動の必要性が指摘されているヘルスプロモーション分野でも，専門家とのパートナーシップが重要視されている。

「運営主体・方法」「場所・資金」「活動内容」「支援内容」について先行事例を検討した結果，多くの会場を設けてアクセスを改善すること，そのために住民の力を活用すること，住民主体の活動に対し，行政が場所・資金の確保，情報発信を行い，メニューを豊かにすることを支援するという本事業の方針は，実現可能性があると考えられた。

（3）プロセス評価の結果——想定した通りに進んでいるか

1）標的集団である高齢者へのサロンの周知状況，2）「アクセスの改善」という事業の方針が達成されているか，3）高齢者の事業への参加状況等を評価する。また中間的な効果として，4）サロン参加者の外出状況や交流状況，社会参加状況，認知的ソーシャルキャピタル指標の変化をみた。このうち，3）のうち参加者数などについては既に第3章で示したためここでは省略し，健診参加者と比較したサロン参加者の特徴をみた。

1）標的集団である高齢者へのサロンの周知状況

サロンの周知状況は，2008年2月，2010年8月に武豊町の要介護認定を受けていない高齢者全数を対象に行ったアンケート調査により評価した。2008年2月（事業開始8カ月後）時点でサロンを知っている高齢者の割合は47.8％，2010年8月（事業開始3年後）時点でサロンを知っている高齢者の割合は66.5％であった。図4-2は調査時のサロン会場と500 m，1,000 m圏，字単位のサロンを知っている者の割合を示したものである。サロン会場が増えることで，サロンの開催地域だけでなく，周辺地域への周知も進んでいったことがわかる。

2）「アクセスの改善」という事業の方針が達成されているか

「アクセスの改善」という方針は，多拠点に地域サロンを設けることにより自宅から会場までの移動距離を短縮してアクセスを改善し，より参加しやすくすることを目指すものである。図4-3は2007年から2016年までの各年度のサロン開所によってどのように道路距離1,000 m圏が変化したかをみたものである。最初の3カ所は立ち上げやすいところとして町の中心部で開所したが，そ

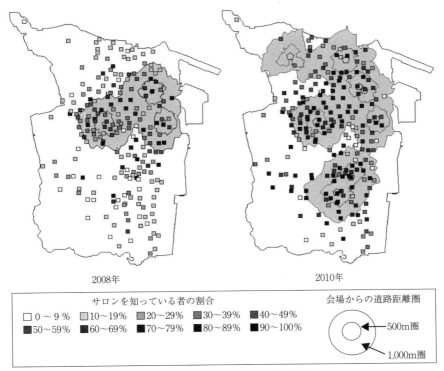

図4-2　サロンを知っている者の割合

出所：武豊町憩いのサロン参加者名簿，「いきがい・健康アンケート」（2008年2月実施）データ，「健康とくらしの調査」（2010年8月実施）データより作成。

の後，まだサロンの徒歩圏のカバーされていない空白地域を埋めるように開所されていった。各時期にどれだけの高齢者がカバーされているかを算出したものが図4-4の1,000m圏高齢者人口カバー割合である。参考までに500m圏にした場合の値と会場数も示した。高齢者人口の分布は2005年国勢調査のデータを用いた。2007年の最初の3会場の1,000m圏高齢者人口カバー割合は44.6%であったが，2008年度に64.9%，2016年には83.8%と，会場数を増やすことによりカバー割合を大きくしアクセスを改善してきていることが確認される。

3）健診に参加していない高齢者を引き出せているか

2007年（開始直後），2010年（開始3年後）のデータを用いて性別，年齢，教育年数，要介護リスク，運転の可否の状況別にサロン参加・健診参加の状況

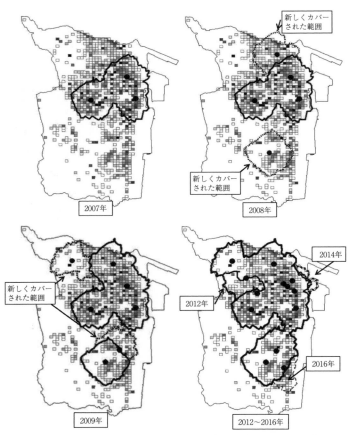

新しくカバー
された範囲

2007年

2008年

新しくカバー
された範囲

新しくカバー
された範囲

2014年

2012年

2009年

2016年

2012～2016年

図4-3　会場の増加に伴うサロンからの道路距離1,000 m 圏の推移
出所：総務省統計局：地図で見る統計2005年国勢調査データ，国土交通省：国土数値情
報ダウンロードサービスの土地利用細分メッシュデータより作成。

「健診のみ参加」「サロンのみ参加」「健診・サロン両方参加」「健診・サロン両
方不参加」の4群の割合をみた。「サロンのみ参加」についてのみ値（割合）
を示した。

　性別にみると，全体からみるとまだまだ小さな割合ではあるが，男性に比べ
て女性で「サロンのみ」参加の割合が高くなっている（図4-5）。年齢別にみ
ると，全体にサロン参加者が増えたこともあり，2007年に比べて2010年で「サ
ロンのみ参加」の割合が高くなっており，特に85歳以上の高齢の層で2.3％と

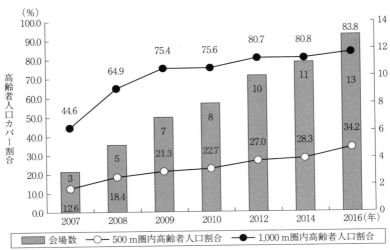

図4-4 会場数と高齢者人口カバー割合の推移

出所：図4-3と同じ。

　高くなっている（図4-6）。教育年数別にみると，「サロンのみ参加」は教育年数の短い「6年未満」で割合が高い（図4-7）。等価所得別にみると，2007年では所得による「サロンのみ参加」の割合はあまり差がないが，2010年では「200万円未満」での「サロンのみ参加」の割合が他の所得階層より高い（図4-8）。

　要介護リスクについてみると，運動器，口腔関連の要介護リスクについては，年度によってリスクの有無のどちらで「サロンのみ参加」が多いかは異なる。閉じこもりに関しては，2007年，2010年とも閉じこもりリスク者に非該当の者で「サロンのみ参加」の割合が高い（図4-9）がこれは当然の結果である。わずかではあるが閉じこもりであっても参加できていることは評価できると考えられる。運転状況については2007年，2010年を通じて，非運転者で「サロンのみ参加」割合が高い（図4-10）。わずかな割合ではあるが，本事業が狙った自家用車やバイクが運転できない交通弱者，社会経済的地位の低い者の参加の促進ができていると考えられる。

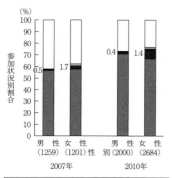

図4-5 性別の健診・サロン参加状況

注:( )内は対象者数。
出所:武豊町憩いのサロン参加者名簿,
「いきがい・健康アンケート」
(2006年7月実施)データ,「健康
とくらしの調査」(2010年8月実
施)データより作成。

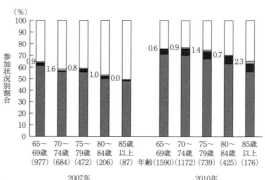

図4-6 年齢別の健診・サロン参加状況

注:( )内は対象者数。
出所:図4-5と同じ。

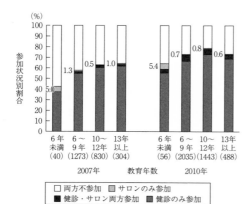

図4-7 教育年数別の健診・サロン参加状況

注:( )内は対象者数。
出所:図4-5と同じ。

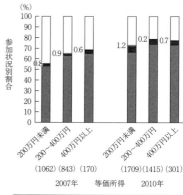

図4-8 所得別の健診・サロン参加状況

注:( )内は対象者数。
出所:図4-5と同じ。

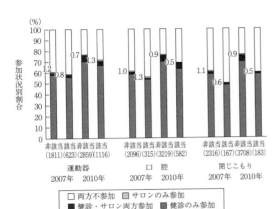

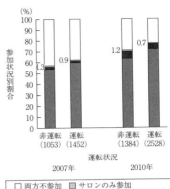

図4-9 要介護リスクの有無別の健診・サロン参加
　　　　状況
注：（　）内は対象者数。
出所：図4-5と同じ。

図4-10 運転状況別の健診・サロ
　　　　ン参加状況
注：（　）内は対象者数。
出所：図4-5と同じ。

4）サロン参加者の外出状況や交流状況・社会参加状況・
ソーシャル・キャピタル指標の変化

　外出状況，交流状況については，外出頻度・交流頻度が増加するか，または
最も高い頻度を維持した者の割合，社会参加状況については，地域組織（老人
クラブ，町内会・自治会，スポーツの会，趣味の会）への参加状況の変化をみた。
サロン開始前の2006年時に地域組織に参加していなかった者のうち，2008年時
に新たに地域組織に新規参加した者の割合（年齢調整済み）を性別，高次生活
機能の程度別に示した。老研式活動能力指標の「手段的自立」5項目の満点の
者を機能高群，0から4点の者を機能低群とした。

　図4-11・12にサロン参加と外出・交流状況・社会参加状況の変化の分析結
果を示した。男性についてみると，機能高群ではサロン非参加者・参加者によ
る違いは外出・交流状況ではあまりみられないが，老人クラブ，町内会・自治
会ではサロン参加者で高い新規参加割合がみられる（老人クラブのみ統計的に有
意）。機能低群ではサロン参加者で交流頻度の増加者の割合，町内会・自治会，
スポーツの会，趣味の会の新規参加割合が高かった（町内会・自治会のみ統計的
に有意）。女性についてみると，機能高群では男性と同様にサロン非参加者・
参加者による違いは外出・交流状況ではあまりみられない。老人クラブ，町内

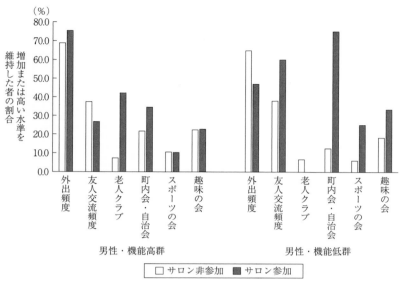

図4-11 サロン参加と外出・交流状況・社会参加状況の変化（男性）

出所：図4-5と同じ。

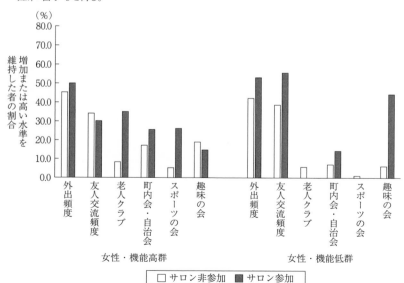

図4-12 サロン参加と外出・交流状況・社会参加状況の変化（女性）

出所：図4-5と同じ。

会・自治会，スポーツの会ではサロン参加者で高い新規参加割合がみられる（老人クラブ，スポーツの会は統計的に有意）。機能低群では，サロン参加者で外出・交流頻度の増加者の割合，町内会・自治会，趣味の会の新規参加割合が高かった（趣味の会のみ統計的に有意）。

外出・交流状況については，特に機能低群を中心にサロン非参加者に比べて参加者で増加している者が高い割合でみられるが統計的に有意ではなかった。社会参加については男女共通して機能高群で老人クラブ，機能低群では趣味の会などで新規参加割合が高く，サロン参加による社会参加の増加を示唆する結果となった。

認知的ソーシャル・キャピタル指標として，サロン参加者と非参加者での信頼と互酬性の規範に関する指標の変化をみた（図4-13・14）。信頼については，「あなたの地域の人々は，一般的に信用できると思いますか」，互酬性の規範については「あなたの地域の人々は，多くの場合，他の人の役に立とうとすると思いますか」と尋ね，5択で回答を求めた。信頼や規範が強まった，または回答カテゴリ中最も高い状態を維持した者を信頼・規範が向上・維持した者とした。男性では機能高群ではサロン非参加者に比べて参加者で信頼・規範ともに強まった・維持した者の割合が高かった（規範のみ統計的に有意）。女性では機能高群では規範，機能低群では信頼と規範の両方においてサロン参加者で強まった・維持した者の割合が高かったが，統計的な有意差は認められなかった。

外出・交流頻度ではサロン参加者と非参加者の間に統計的に有意な差はみられなかったが，社会参加や認知的ソーシャル・キャピタル指標ではサロン参加者で望ましい変化があり，一部では統計的にも有意であった，第1章で示した，サロン参加を通じて地域のつながりをつくっていくという，意図した経路をたどっていることが確認できた。

特に老人クラブや町内会・自治会では非参加者に対し参加者で4倍から6倍高い割合がみられるなど，本事業の中間的効果として想定したように，サロンへの参加が高齢者の社会活動の活性化につながっている可能性が示唆された。

（4）インパクト評価の結果——健康への効果

1）事前調査と事後調査の2時点のデータを用いて，参加者と非参加者での

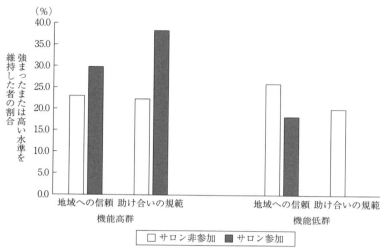

図4−13 サロン参加と認知的ソーシャル・キャピタル（男性）

出所：図4−5と同じ。

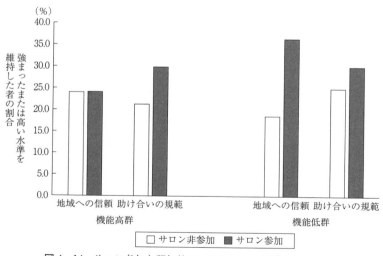

図4−14 サロン参加と認知的ソーシャル・キャピタル（女性）

出所：図4−5と同じ。

健康状態の変化の違いの評価，2）要介護認定データを用いて参加者と非参加者を追跡し，要介護状態へのなりやすさに違いがあるか評価した。

1）サロン参加は健康によいのか

　サロン開始後のサロン参加者と非参加者の健康状態の違いを比較した。評価に用いたデータは「B．事前アンケート調査」「C．事後アンケート調査」「D．参加者名簿」である。分析対象は1,549人で，このうちサロン参加者158人，非参加者1,391人であった。健康状態の指標として事後アンケート調査で把握した「主観的健康感」を用いた。

　主観的健康感は，国内外の縦断研究により生命・機能低下等の予後との関連が検証されている（杉澤ら 1995；艾ら 2005），総合的な健康を表す指標である。健康な人ほど積極的にサロンに参加しやすく，反対に不健康な人はあまり参加しないことがよくある。この場合，参加者は非参加者に比べて元々健康であるため，単純に健康状態を比較すると，サロンに健康に良い効果がなくても，参加者の方が健康だという結果が出てしまう。そのため，事前アンケート調査で把握したサロン開始前の健康状態や年齢，所得等を考慮した分析を行った。さらに，より厳密な統計的分析方法として操作変数法を含むいくつかの分析方法を用いて効果を評価した（詳細は第5章参照）。分析の結果，サロン開始後の主観的健康感が良い確率は，非参加者に比べて参加者で2.5倍であった（図4-15・16）。サロンへの参加は高齢者の健康にとってよい可能性があるといえる。

2）サロン参加に介護予防効果があるか

　武豊町在住の高齢者を追跡調査し，サロン非参加者に比べて参加者で要介護になりにくいかをみた。評価に用いたデータは「B．事前アンケート調査」「D．参加者名簿」「E．追跡データ」である。分析対象は，事前アンケート調査で必要な項目に回答した2,421人とした。参加者名簿データより，サロンに3回以上参加した者を参加者（246人）とした。2012年まで5年間分の要介護認定データを収集・結合して，非参加者に比べて参加者で要介護状態になりにくいか，つまり介護予防効果があるかをみた（図4-17）。この分析でも，参加者と非参加者の元々の健康度の差を考慮するため，前述の操作変数法，またさらにプロペンシティスコアマッチングを用いた分析を行った。分析の結果，操作変数法，プロペンシティスコアマッチングを用いた分析ともに，サロンの非

図4-15　サロン参加と健康状態の分析の概要
出所：Ichida et al.（2013）より作成。

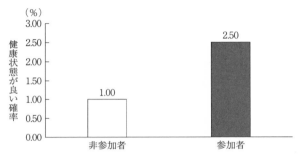

図4-16　サロンの参加と主観的健康感
出所：図4-15と同じ。

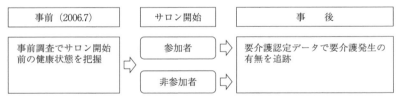

図4-17　サロン参加と要介護発生の分析の概要
出所：Hikichi et al.（2015）より作成。

参加者に比べて参加者で約半分程度要介護状態になりにくいことがわかった。サロンへの参加には介護予防効果が期待できるといえる。

（5）効率の評価の結果──払ったコストに対して効果は？

　プロセス評価で評価した中間的な効果，インパクト評価で評価した健康に関する効果に対し，どれだけの費用がかかったかをみた。中間的な効果として，サロンの会場数，参加者数，健康に関する効果として，予防によって減少させられたと考えられる要介護者の人数，介護費用を設定する。費用として，事業

表4-1　サロンの中間的効果と費用

区分			計画・準備期	開催期 2007年度	2008年度	2009年度	2010年度	2011年度	2012年度	2013年度	2014年度	2015年度	2016年度
効果（中間的）	サロン数	全体		3	5	7	8	8	10	10	11	11	13
		直営		3	2	2	1	0	2	0	1	0	2
		委託			3	5	8	8	8	10	10	11	11
	参加人数	実人数		401	583	637	727	794	894	875	965	932	1,063
		延べ人数		2,341	4,553	5,223	6,441	8,084	9,440	11,345	12,172	12,711	14,791
費用	活動時間	全体	1,275	4,483	3,057	1,621	1,353				1,550		
		常勤計	1,275	4,395	2,894	1,491	1,195				1,332		
		非常勤		88	163	130	158				218		
	人件費換算※		3,657,975	12,833,851	8,505,075	4,433,625	3,197,460	3,197,460	8,505,075	3,197,460	3,821,378	3,197,460	8,505,075
	運営費用※ （円）			1,209,932	3,116,219	3,153,795	3,496,217	3,496,217	3,682,641	3,682,641	3,682,641	3,682,641	3,682,641
	合　計		3,657,975	14,043,783	11,621,294	7,587,420	6,693,677	6,693,677	12,187,716	6,880,101	7,504,019	6,880,101	12,187,716

注：2011～2013，2015～2016年度は費用の調査を行っていないので人件費，運営費用はサロン数，直営サロン数の同じ年度の値を用いた。
出所：「平成19年サロン関係人件費経費調査」（武豊町内部資料），近藤ら（2014），政策基礎研究所（2017）「平成28年度　武豊町でのサロン事業の費用計算業務報告書」より作成。

に投じられた予算額，職員やボランティアの実働時間を設定する。

1）サロン会場数・参加者数と費用

　調査によって費用が明らかになっている2007年度から2010年度，2014年度について，サロン会場数，参加実人数，参加延べ人数当たりの職員の活動時間，

表 4-2　中間的効果についての効率（各年度）

効果	サロン数　　　　全体		2007年度	2008年度	2009年度	2010年度	2014年度
効果	サロン数　　　　全体		3	5	7	8	11
	参加人数　実人数		401	583	637	727	965
費用 （円）		延べ人数	2,341	4,553	5,223	6,441	12,172
	活動時間		4,483	3,057	1,621	1,353	1,550
	人件費換算		12,833,851	8,505,075	4,433,625	3,197,460	3,821,378
	運営費用		1,209,932	3,116,219	3,153,795	3,496,217	3,682,641
効率	合　　計		14,043,783	11,621,294	7,587,420	6,693,677	7,504,019
	サロン1カ所当たり活動時間		1,494.3	611.4	231.6	169.1	140.9
	サロン1カ所当たり運営費用		403,310.7	623,243.8	450,542.1	437,027.1	334,785.5
	サロン1カ所当たり費用合計		4,681,261.0	2,324,258.8	1,083,917.1	836,709.6	682,183.5
	参加実人数当たり活動時間		11.2	5.2	2.5	1.9	1.6
	参加実人数当たり運営費用		3,017.3	5,345.1	4,951.0	4,809.1	3,816.2
	参加実人数当たり費用合計		35,021.9	19,933.6	11,911.2	9,207.3	7,776.2
	参加延べ人数当たり活動時間		1.9	0.7	0.3	0.2	0.1
	参加延べ人数当たり運営費用		516.8	684.4	603.8	542.8	302.6
	参加延べ人数当たり費用合計		5,999.1	2,552.4	1,452.7	1,039.2	616.5

出所：表4-1と同じ。

運営費用，運営費用と職員の活動時間を人件費に換算したものの合計費用をみた。費用を調査していない年度（2011，2012，2013，2015，2016）については，サロン数，直営サロン数が同じ他年度の値を用いた（表4-1）。

　中間的な効率としてサロン1カ所当たりの費用を算出した（表4-2）。初年度である2007年度ではサロン1カ所当たりの費用合計は468万円であるが，2014年度には約68万円と大幅に減少している。主に職員の活動時間の減少によるものだが，運営費用の減少も寄与している。参加延べ人数当たりの年間費用は約6,000円であるが，2008年度には半分以下，2014年度には616円とほぼ1/10程度まで低下している。

　次に2007年，2010年，2016年までの参加延べ人数の合計と立ち上げ費用も含む費用の合計を用いて効率を算出した（図4-18）。2007年度までの合計では延べ人数当たり費用合計は7,500円強となっているが，その後，主に人件費合計の伸びが小さいため，2010年までの合計では2,000円強，2016年度までの合計では1,000円強まで下がり，2007年までの約1/7となっている。つまり効率は7倍以上改善されていることになる。人件費合計の伸びが抑えられているのはボランティアへの委託によるものである。

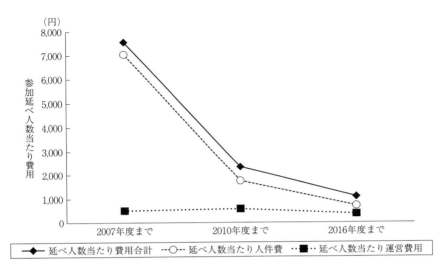

図4−18　各年度までの合計を用いた1人当たりの費用の推移
出所：表4−1と同じ。

2）予防によって減少させられたと考えられる要介護者人数・介護費用

Hikichi et al.（2015）によれば，サロン非参加者の要介護認定割合は14％であるのに対し，参加者では7.7％であった。サロンに参加したことで6.3％が要介護にならなかったことになる。初年度の参加実人数が401人，うち一般参加者が311人なので，減少させることができた要介護者人数は19.6人となる。Hikichi らに倣い，短縮できた要介護期間を2年とし，これに年間平均給付額192万円をかけたものが1人当たりの介護費用の減少分とすると，19.6人分で7,526万4,000円となる。これに対し立ち上げから2012年度までの累計費用は6,248万5,542円（人件費4,433万521円，運営費用1,815万5,021円）であり，介護費用の減少分を下回った。1人当たりの費用は約320万円，費用に対する効果の比は1.20，効果と費用の差はプラス約1,300万円となった。この計算においては，費用に見合う効果を挙げたといえる。

4　評価はなぜ可能だったか

説明責任を果たすため，事業を改善していくために事業評価が必要であると

いっても，武豊プロジェクト（以下，本プロジェクト）のように豊かなデータを利用して評価を行うのは簡単ではなく，様々な要因により利用が難しい場合があると予想される。利用を難しくするハードルになると考えられるのは，①個人情報保護の問題，②職員や住民にかかる労力，③調査費用の負担である。

　介護予防の効果を評価するために用いる要介護認定などのデータは個人情報であるし，自記式調査データについても，1時点ではなく違う時点の調査データや，追跡データを結合するためには個人を特定する情報が含まれる名簿が必要となる。職員にとって，これらの情報を分析のために提出することにはリスクが伴うであろうし，リスクがほとんどない場合でも不安を感じるのは自然である。また，住民にも事業参加者データの作成のため，各サロンでは参加者に住所氏名の記入を求めているが，個人情報保護への意識が高まったこの時勢でこのような主要な個人情報を書くことは参加者によっては強い抵抗があるだろうし，書くことが本当に必要なのかという疑念を持つ場合があると考えられる。

　データを利用する意義が認識され，リスクを低減させることによりデータの提出・利用が可能になると，次に問題になるのはデータの準備に要求される労力である。介護保険関連データの出力と個人情報の削除や，アンケート調査データや介護保険関連データに結合するための参加者名簿の加工（照合作業）などの作業が生じる。

　予算の確保も大きな問題である。本プロジェクトの場合，第2章にあるようにアンケート調査票の最後の頁でボランティア協力者を募っているが，やる気のある住民を漏れなく集めるためにはやはり自立高齢者全体に呼びかける必要があった。また，サロン事業参加による効果を測るためにはサロン事業参加者名簿だけでなく，健康状態等を把握するためのアンケート調査データとの結合が必要である。統計的分析によってサロンの効果を測るためには，なるべく多くのサロン参加者のアンケート調査回答データが必要である。事業参加者の割合は1割程度で，最初はもっと低いため，参加者をできるだけ漏らさずに把握したいが，対象の一部を抽出する標本調査では少ない事業参加者のさらに一部しか把握できない。全高齢者を対象にするためには多くの調査費用がかかるため，このようにデータを用いた評価を実施することは容易ではない。これまでの介護予防事業やサロン事業で評価を行っている事業があまりないのは，この

ためかもしれない。

　本プロジェクトでは，サロン事業の計画時点で，介護保険担当部署である福祉課が関わっていたことが介護保険関連データを利用しやすくした一因であると考えられる。そして福祉課と大学は知多圏域介護保険者の共同研究会を通じてすでに介護保険関連データの利用の経験があった。この共同研究会の背景として介護保険給付適正化事業や，2006年の介護予防の重点化の中で介護予防評価が位置づけられているという政策的な後ろ盾がある。この共同研究会の経験もあって必要なデータが保険者と大学で特定されており，個人情報を削除して最低限のデータを抽出し，共同研究会で用いられていた ID の暗号化ツールでデータ同士を結合することもできた。

　サロンの参加者名簿については，職員が町の予算が入っているので介護予防効果の検証が必要であることを説明すると，サロン参加時に参加者名簿に住所氏名を書くことについて，参加者の理解が得られやすかったという。社会福祉協議会のサロンは，名簿作成に理解が得られない場合があるというが，主催がサロンごとのことが多く，また介護予防が主たる目的でもないため比較的必要性が低いことが一因であると思われる。武豊町では「自主的な運営と支援」という方針の下に行政が関わっていることがここでも効いている。また本プロジェクトでは，サロン事業の効果をインパクト評価だけでなく，中間的な効果も含めてこまめに行って論文化し町に成果を報告してきた。職員によれば，効果があるとわかれば職員は活動しやすく労力を注ぎやすくなり，サロン活動を行政としてバックアップしやすくなるという。

　高齢者が5,000〜6,000人規模の武豊町ではアンケート調査に数百万円の費用がかかっている。この費用については，最初の共同研究会の時期は適正化事業の利用，サロン事業開始時は研究費など外部の資金からスタートしたが，成果を継続的にフィードバックし，調査の意義を理解してもらえるように努力した結果，現在は町の予算を活用できるようになっている。

注
(1)　ここで言及している事例視察先は，永山福祉亭（東京都多摩市，事例1），介護予防センターほのぼのプラザますお（千葉県柏市，事例2），ネットワーク大府

（愛知県大府市，事例3），ゆめじろう（愛知県知多郡武豊町，事例4），もやい（愛知県阿久比町，事例5），はっぴいわん（愛知県常滑市，事例6），ゆいの会（愛知県知多市，事例7），六分一山地域いきいきサロン（兵庫県稲美町，事例8），国北地域いきいきサロン（兵庫県稲美町，事例9），いきいき広場（兵庫県稲美町，事例10），稲美町役場（兵庫県稲美町，事例11）である。

(2) ここで言及している新聞記事は，高齢者のふれあいサロン（山形県寒河江市，2001年7月5日付朝刊，記事1），げんきサロン藤代（茨城県取手市，2006年7月18日付朝刊，記事2），ふれあいいきいきサロン（群馬県前橋市，2004年12月3日付朝刊，記事3），陽だまりサロン（埼玉県宮代町，2006年3月29日付朝刊，記事4），シニアサロン喫茶きくちゃん（埼玉県さいたま市，2006年3月18日付朝刊，記事5），いきいきサロン（千葉県松戸市，2007年5月31日付朝刊，記事6），お年寄りサロン（千葉県浦安市，2006年3月17日付朝刊，記事7），花りん（神奈川県横浜市，2007年3月15日付朝刊，記事8），坂下小路（富山県高岡市，2001年9月16日付朝刊，記事9），いきいきふれあいサロン（岐阜県岐阜市，2001年1月18日付朝刊，記事10），サロン小倉山（岐阜県美濃市，2006年9月27日付朝刊，記事11），ふれあい・いきいきサロン（三重県亀山市，2007年4月28日付朝刊，記事12），明王院（滋賀県大津市，2003年1月9日付朝刊，記事13），愛の助け合い塾（滋賀県高月町，2000年12月4日付朝刊，記事14），ふれあいサロン（京都府京都市，2002年3月5日付朝刊，記事15），薬師院サロン（奈良県生駒市，2007年7月4日付朝刊，記事16），地域ほのぼのサロン（奈良県郡山市，2001年8月30日付朝刊，記事17），地域デイケアサロン（和歌山県御坊市，2002年4月5日付朝刊，記事18），交流サロン（島根県大東町，2002年3月4日付朝刊，記事19），縁側サロン（広島県廿日市市，2002年7月9日付朝刊，記事20），いきいきデイサービスシルバーサロン（広島県府中町，2002年2月25日付朝刊，記事21），ふれ愛サロンたんぽぽ（香川県長尾町，2002年3月25日付朝刊，記事22），フリースペース和の家（山口県山口市，2006年8月3日付朝刊，記事23），やまね（愛媛県新居浜市，2005年2月27日付朝刊，記事24），ミニミニサロン（福岡県久留米市，2006年6月25日付朝刊，記事25），ふれあいイキイキサロン（長崎県東彼杵町，2001年4月28日付夕刊，記事26），いきいきサロン（熊本県八代市，2002年9月3日付朝刊，記事27），生きがいサロン事業（大分県竹田市，2001年4月11日付朝刊，記事28），ふれあいサロン（鹿児島県有明町，2000年10月11日付朝刊，記事29）である。

参考文献

艾斌・星旦二（2005）「高齢者における主観的健康感の有用性に関する研究——日本と中国における研究を中心に」『日本公衆衛生雑誌』52(10)，841-852頁。

足立紀尚（2003）「NPO法人『夢みん（むーみん）』が運営する高齢者の居場所『いこいの家』」『介護支援専門員』5(6)，53-55頁。

稲村明美・岡村太郎・坂田祥子・岡部信子・小山寿枝子・菅原洋子（1990）「二地域での機能訓練事業における作業療法について——調査結果にみる対象者のニードとその比較検討」『作業療法』9(3)，216-223頁。

黒田晶子（2002）「地域参加型機能訓練事業の有用性——参加者・家族・民生委員の意識調査から」『作業療法』21(3)，230-239頁。

健康日本21企画検討会・健康日本21計画策定検討会（2000）「21世紀における国民健康づくり運動（健康日本21）について報告書」。

厚生省老人保健福祉局（2000）「保健事業実施要領の全部改正」（老発334号）。

古木名寿登・佐藤照樹（2005）「小泊村における機能訓練事業の現状について」『理学療法研究』22，49-52頁。

近藤克則・竹田徳則・鈴木佳代（2014）「まちづくり型介護予防『憩いのサロン事業』の費用分析」『医療経済学会第9回研究大会一般演題抄録集』20頁。

斎藤嘉孝・近藤克則・平井寛・市田行信（2007）「韓国における高齢者向け地域福祉施策——『敬老堂』からの示唆」『海外社会保障研究』159，76-84頁。

澤俊二・亀ヶ谷忠彦・岩井浩一・安岡利一・大仲功一・伊佐地隆・大田仁史（2000）「自主グループの創設および地域・在宅とのつながり」（老人保健法に基づく機能訓練事業全国実態調査報告書10.）『公衆衛生2000』64，58-59頁。

杉澤秀博・杉澤あつ子（1995）「健康度自己評価に関する研究の展開——米国での研究を中心に」『日本公衆衛生雑誌』42(6)，366-378頁。

損保ジャパン総合研究所（2008）「高知市における『いきいき百歳体操』の取り組み」『ディジーズ・マネジメント・レポーター』9，1-9頁。

竹尾吉枝（2004）「高齢者介護予防・健康づくり事業への参加——兵庫県稲美町『いきいきサロン』とチェアエクササイズ」『スポーツメディスン』16(4)，22-24頁。

平井寛・近藤克則（2008）「高齢者の町施設利用の関連要因分析——介護予防事業参加促進にむけた基礎的研究」『日本公衆衛生雑誌』55(1)，37-45頁。

平井寛・近藤克則・尾島俊之・村田千代栄（2009）「地域在住高齢者の要介護認定のリスク要因の検討——AGESプロジェクト3年間の追跡研究」『日本公衆衛生雑誌』56(8)，501-512頁。

平井寛（2010）「高齢者サロン事業参加者の個人レベルのソーシャル・キャピタル指標の変化」『農村計画学会誌』28，201-206頁。

藤田真実・伊藤美樹子・三上洋・有馬和代・志村雅彦（2000）「閉じこもりがちな高齢者を支える住民の力量形成の過程における大学研究者の役割——現場保健婦との実践研究を通して」『日本地域看護学会誌』2(1)，69-75頁。

星野明子・桂敏樹・山本昌恵（2006）「人口空洞化地域における高齢者の自立支援のためのサテライトシステムの構築——商店街空き店舗に設置した「すこやかサロン」の開設と活動状況」『日本農村医学会雑誌』55(4)，402-407頁。

松岡由子・山形力生（1993）「老人保健法に基づく機能訓練事業における保健婦指導の経験」『作業療法』12(5)，355-358頁。

松田晋哉（2005）『介護予防入門——まちづくりから考える介護予防』社会保健研究所。

松村満（2003）「『ふれあい・いきいきサロン』によるまちづくり」『月刊総合ケア』13(12)，21-25頁。

宮北隆志（2004）「行政と市民の協働による多角的なヘルスプロモーションの展開」『公衆衛生』68(9)，676-679頁。

村上治子・沖田裕子（2006）「地域が取り組む認知症予防——思い出サロン」『第7回認知症ケア学会抄録集』191頁。

保田玲子・工藤禎子・桑原ゆみ・三国久美・森田智・深山智代（2004）「住民主体型閉じこもり予防事業のボランティアが活動を通じて得ているもの」『保健師ジャーナル』60(4)，376-383頁。

安村誠司（2005）「地域における介護予防事業の評価と展望」『公衆衛生』69(9)，696-700頁。

矢冨直美・宇良千秋（2008）『「地域型認知症予防プログラム」実践ガイド——地域で行う認知症予防の新しいカタチ』中央法規出版。

山川正信・上島弘嗣・嘉村里美・角野文彦・岡山明・喜多義邦（1995）「健診受診群と未受診群の日常生活動作能力，受療状況，血圧値の比較——某山村における在宅高齢者の場合」『日本公衆衛生雑誌』42(9)，769-776頁。

山根洋右・塩飽邦憲・阿部顕治・尾崎米厚・岡本傳男（1988）「健康増進に関するオタワ憲章」『島根医科大学紀要』11，139-143頁。

Hikichi, H., Kondo, N., Kondo, K., Aida, J., Takeda, T., Kawachi, I. (2015) "Effect of a community intervention programme promoting social interactions on functional disability prevention for older adults: propensity score matching and instrumental variable analyses JAGES Taketoyo study" *Journal of epidemiology and community health* 69(9), pp. 905-910.

Ichida, Y., Hirai, H., Kondo, K., Kawachi, I., Takeda, T., Endo, H. (2013) "Does social-participation improve self-rated health in the older population? A quasi-experimental intervention study" *Social Science & Medicine* 94, pp. 83-90.

Rossi, P. H., Lipsey, M. W., Freeman, H. E. (2003) *Evaluation: A Systematic Approach*, SAGE Publications. (＝2005，大島巌・平岡公一・森俊夫・元永拓郎監訳『プログ

ラム評価の理論と方法――システマティックな対人サービス・政策評価の実践ガイド』日本評論社。）

Stuck, A. E., Walthert, J. M., Nikolaus, T., Büla, C. J., Hohmann, C., Beck, J. C. (1999) "Risk factors for functional status decline in community-living elderly people: a systematic literature review" *Soc Sci Med* 48, pp. 445-469.

（平井　寛）

<table>
<tr><td>第5章</td><td>地域づくりによる介護予防の理論と
評価</td></tr>
</table>

本書で紹介してきた武豊プロジェクトは，介護予防事業・政策（応用）研究と学術（基礎）研究という２つの側面を持っている。第１節では介護予防のための「憩いのサロン事業」による地域づくりの政策研究としての，第２節ではソーシャル・キャピタルの学術研究としての寄与を考える。第３節で効果評価の方法と結果を紹介する。

1　介護予防政策への寄与

　介護予防のための事業として，武豊町の「憩いのサロン事業」が，どのように着想され，町の施策として導入されたのかは，既に第２章と第３章で述べられている。本節では，国の介護予防政策において，「通いの場」づくりが2014年の見直しで導入される際に，武豊プロジェクトや日本老年学的評価研究（Japan Gerontological Evaluation Study：JAGES，コラム５参照）がどのような根拠を提供したのか，そして導入後にどの程度までプロセスや（中間）アウトカムなどのプログラム評価が進んできたのか，その到達点と残された課題を明らかにする。

　まず介入研究の必要性を確認した後，ロジックモデル（あるいは介入理論）を示す。それに沿って日本老年学的評価研究を中心とする研究経過と介護予防政策に「通いの場」づくりが導入された経緯，導入後の武豊町およびJAGESにおける介入研究の成果を紹介しよう。

（1）介入研究の必要性

　観察しているだけの研究では答えを得られない研究上の問い（リサーチ・クエスチョン）がある。例えば，ライターを持ち歩いている（喫煙する）人には

肺がんが多い。が，だからといってライターが原因で，その結果，肺がんが起きるとはいえない。つまり観察された関連だけでは，それが見かけ上の関連に留まり，真の原因は（未知のものを含む）他の要因にある可能性は残る。だから因果関係であるかどうかは断定できない。

　また因果関係であったとしても，政策や実践に応用する上では，介入からアウトカム・インパクトに至るロジックモデル（図5-1）で表現できるプログラム理論に基づき，効果が期待できる事業・政策の立案・形成と，社会的な合意プロセスを経た上での導入が必要である。例えば，タバコが肺がんの原因だとする知見は，1930年代から報告されはじめ，総括的な報告書を公的機関が出したのは1960年代である。しかし，そこからタバコなし社会の実現を目指す国際条約（たばこ規制枠組条約）の成立（2003年）までには40年以上かかっている（中村 2018）。

　さらに，意図的な政策介入によって，果たして原因を減らしたり変えたりできるのかは，導入してみないとわからない。2003年の国際条約の成立から約20年が経つが，日本男性の喫煙率（2019年）はまだ27.1％である。政策の効果が得られたかといえば，着実に前進はしているものの予想以上に時間がかかっているともいえる。

　加えて，予期せぬ副作用はないのかは，観察研究だけではわからない。例えば，アメリカで「疼痛の10年」という政策が導入され，疼痛対策が強化されたが，使用量が増えた麻薬性鎮痛薬（オピオイド）による副作用も増えて，訴訟が増える事態を招き，その余波で米国疼痛学会が突如解散するという事態まで

──── 5　武豊プロジェクトとJAGES ────

　武豊町と高浜市の2市町で，1999年度に調査を行ったのがAGES（Aichi Gerontological Evaluation Study，愛知老年学的評価研究）プロジェクトの起点である。2003年，2006年調査で徐々に参加市町村を増やし，2010年度以降は3年毎に調査を行う日本老年学的評価研究（Japan Gerontological Evaluation Study：JAGES）へと発展し，2022年度には，全国22道県75市町村との共同研究となった。武豊町における地域介入研究あるいは地域基盤型参加研究（community-based participatory research：CBPR）は，JAGESのサブプロジェクトとして位置づけることができる。

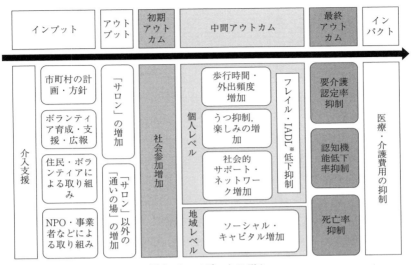

図 5-1　ロジックモデル

注：※Instrumental Activities of Daily Living（手段的日常生活動作）
出所：近藤編（2022）を一部改変。

招いている（坂口 2019）。つまり，因果関係も，政策・事業効果も，副作用も，実際に介入して評価してみなければわからない。

　さらに，政策や実践に応用し，普及するためには，以下のような疑問に答える政策評価研究も望まれる。どれくらいの資源や費用，時間をインプット（入力・投入）することで，どれくらいのアウトプット（出力・産出）が得られるのか。それらによってどのような人たちのどのような側面に，予想した，あるいは予想外の，どれくらいの大きさの初期の変化・成果（アウトカム）がみられるのか。やがて中間アウトカム，そして期待した最終アウトカムが得られるのか，さらにそれらによって介護費用の抑制など長期的なインパクト（効果・影響）がもたらされるのかなどである。このような評価をするためには，ロジックモデル（図）で表現できるプログラム理論と，そのプロセスに沿ったデータ収集が不可欠である。

（2）ロジックモデル・プログラム理論
　武豊プロジェクトの場合，介入からインパクトが確認されるに至るには，5

〜10年程度の時間がかかると予想された。となると，図に示したようなロジックモデルを想定し，左手から右手に向かって，期待した変化がみられるのかを，順を追って確認していく必要がある。

　私たちが，武豊プロジェクトを構想した2006〜07年当時に，考えていたロジックモデル（図1-8）は，プロジェクトの進行や研究による知見の蓄積に伴い，図5-1（近藤編 2022）に示すようなものへと整理されてきた。

　左端のJAGESによる介入・支援の対象は，市町村，住民・ボランティア，NPO・事業者などに及ぶ。加えて，厚生労働省や内閣府，スポーツ庁，国土交通省，経済産業省などの中央省庁にもインプットし，定期的なプレス発表を行い，NHKスペシャルや新聞の連載コラム，ラジオなどのメディアを通じて市民に情報提供することで，社会参加を促す環境づくりにも努めてきた。またJAGESに参加する市町村を中心に，行政職や専門職，そしてボランティア・住民，NPO，事業者などを対象とする講演会やワークショップを通じて，サロンなどの「通いの場」づくり，あるいは行政が把握するサロン以外のNPOや事業者によるサービスを含む広義の「通いの場」など，社会参加の場・機会の創出・拡大などを期待した。

　これらによって社会参加する人が増えることで，社会参加した人はもちろん，参加していない人を含めた地域全体で，図に示したような変化が確認され，それらが要介護認定・認知機能低下・死亡率を抑制すると期待した。公費を投入する政策として進める上では，費用とともに，長期的に介護費用が抑制されるかどうかも重要となる。

（3）研究の動向と介護予防政策の見直し（2014年）に向けた経緯

　武豊プロジェクトの構想を練っていた2006年といえば，厚生労働省が介護予防重視システムの強化を謳い，健診や基本チェックリストでハイリスク者（特定高齢者）をスクリーニングし，介護予防教室への参加を促すハイリスク戦略を中心に介護予防施策を強化した年であった。しかし，ハイリスク戦略が功を奏する4条件（近藤 2017a）——①ハイリスク者は少数，②診断方法と③予防方法が確立，④ほぼ全員に提供可能——をほとんど満たしていなかったこと，健康格差とその背景にある健康の社会的決定要因の視点からみると，この政策

がうまくいくとは思えなかった（近藤 2022の初版2005第 2 章）。そのことを当時の AGES（Aichi Gerontological Evaluation Study, 愛知老年学的評価研究）プロジェクトに参加する市町との共同研究会で話したりしていた。

　そこに参加していた自治体の一つが武豊町であった。1999年の第 1 期介護保険事業計画策定時から筆者が関わっていた武豊町の介護保険担当の岩川佳弘さんから，「効果が上がりそうな介護予防事業を武豊町で一緒にやってみませんか」と声をかけられた。それをきっかけに，武豊プロジェクトは始まった。そこからの取り組み経過は，第 2 章で紹介した通りである。ここでは，それらの評価結果の概略を要約する。

　社会参加をしていないことや社会的孤立が要介護リスクであること，逆に，社会参加を促せば介護予防につながりそうであることを縦断研究で確認し，竹田ら（2007），平井ら（2009）などで報告した。多数の文献・理論研究からハイリスク戦略よりもポピュレーション戦略に重点を置いた取り組みとしてソーシャル・キャピタル理論（第 2 節，近藤 2017a；近藤 2022；近藤編著 2020）を活用した事業が期待できると考えた。国内外の視察を経て，当時の武豊町では取り組まれていなかったサロンを，町のあちこちに多数つくる事業を構想した。

　地域福祉研究者である原田正樹氏（当時，日本福祉大学准教授，現学長）にワークショップのファシリテーターをお願いして，ボランティアの人たちと構想を練り，2007年 5 月に 3 カ所のサロンを開設した。

　開設の 8 カ月後の2008年 1 月の追跡調査で，参加者に参加前後の変化を問うプロセス評価の結果，期待した通り，社会的サポート・ネットワークの増加を認めた（竹田ら 2009）。主観的健康観を用い，擬似的な無作為化対照比較研究（randomised controlled trial：RCT）と見なされている計量経済学的な手法（操作変数法）で，背景要因を揃えた後でも，非参加群に比べ参加群において，主観的健康観が改善するものが多かった（Ichida et al. 2013，第 5 章 4 参照）。2012年度まで，サロンの拠点数もボランティア，一般参加者数も順調に伸びていた。それらの結果，厚生労働省が2012年に改訂した「介護予防マニュアル」（厚生労働省老健局老人保健課 2012）に武豊町での取り組みが紹介されるに至った。

　厚生労働科学研究費補助金（指定研究）や文部科学省の私立大学戦略的研究基盤形成支援事業，科学研究費補助金等の研究助成を受けて，2010年には全国

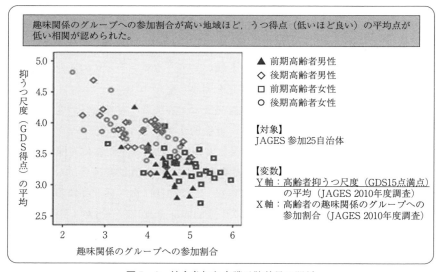

調査方法

2010年8月〜2012年1月にかけて,北海道,東北,関東,東海,関西,中国,九州,沖縄地方に分布する31自治体に居住する高齢者のうち,要介護認定を受けていない高齢者169,201人を対象に,郵送調査（一部の自治体は訪問調査）を実施。112,123人から回答。
（回収率66.3%）

【研究デザインと分析方法】
研究デザイン：横断研究
分析方法：地域相関分析

JAGES（日本老年学的評価研究）プロジェクト

趣味関係のグループへの参加割合が高い地域ほど,うつ得点（低いほど良い）の平均点が低い相関が認められた。

図5-2　社会参加と介護予防効果の関係

資料：図表については,厚生労働科学研究班（研究代表者：近藤克則氏）からの提供（http://www.mhlw.go.jp/file/05-Shingikai-12601000-Seisakutoukatsukan-Sanjikanshitsu_Shakaihoshoutantou/0000021717.pdf）。
出所：第47回社会保障審議会介護保険部会（2013.9.4）配布資料。

合が高い地域ほど，転倒や認知症やうつのリスクが低い傾向がみられる。

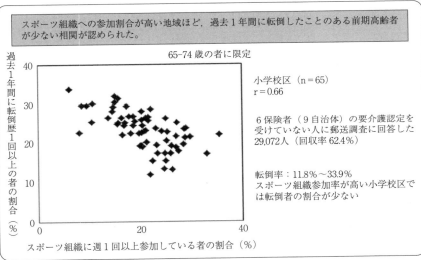

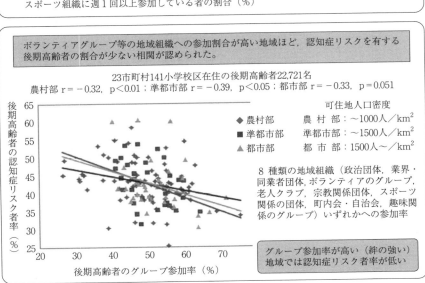

31市町村の10万人弱の高齢者に回答いただいた大規模調査を行うことができた。その結果，多くの社会参加や社会サポート・ネットワークなどソーシャル・キャピタル関連指標が豊かな市町村ほど，健康指標が良いという結果（図5-2）が得られた。それを厚生労働省老健局老人保健課（当時，鶴田真也課長補佐ら）に報告した。ちょうど厚生労働省内でも，ハイリスク戦略（2次予防）による介護予防教室の定員が埋まらないなどの限界が明らかになり，政策の見直しが検討されていた（近藤 2017b）。そのタイミングにあったことから，横断分析に留まり科学的には「逆の因果関係」が排除されないなど限界がある知見ではあったが，第47回社会保障審議会介護保険部会の資料として提出されることとなった。そして，2次予防事業は廃止され，住民主体の「通いの場」など，地域づくりによる介護予防事業へのシフトが2015年度から始まったのであった（近藤 2017b）。

　地域づくりを進めるためには，それぞれの地域の健康課題や社会資源を関係者で共有する必要がある。そこで「見える化」システムのプロトタイプも開発し老健局に報告した（図5-3）。その後，「科学技術イノベーション総合戦略——新次元日本創造への挑戦」（2013年6月7日閣議決定）に『介護・医療関連情報の「見える化」の推進』が謳われるようになり，厚生労働省の地域包括ケア「見える化」システムの開発が始まり，その検討会の座長を務めることになった。

（4）2015年以降の武豊町および JAGES における介入研究の成果

　横断研究だけでは，時間的前後関係がわからないので「逆の因果関係」を排除できない。そこで時間的前後関係を明らかにできる縦断研究によって，社会的孤立や社会参加しないことが，転倒（近藤 2019）やうつ（近藤 2017c），認知機能低下（高杉ら 2020）など要介護リスクであることについて多数の報告を重ねた。それとともに，以下のように「通いの場」づくりが健康に良いことを示唆する報告も重ねてきた。一人で行う運動や食事よりも，グループや誰かと共に運動（Kanamori et al. 2016；Hayashi et al. 2018）や食事（Tani et al. 2017；Honjo et al. 2018；谷ら 2015）をしている人の方が健康水準が高く，同じ校区の高齢者がスポーツの会などへ社会参加している割合が高い地域に暮らしている

○日本福祉大学健康社会研究センター（センター長　近藤克則）が，平成23年度厚生労働省老人保健健康増進等事業「WEB-GISを活用した客観的指標によるベンチマーク・システムの構築」において，地域診断システムを開発した。介護予防事業報告などの情報を基に，地理情報システムを活用して「見える化」し，各自治体の介護予防事業などの現状把握等を支援するものである。

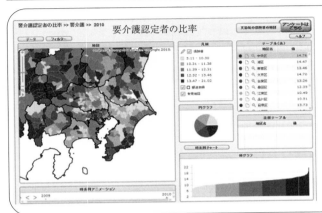

○介護予防事業報告などの情報を基に，地理情報システムを活用した「見える化」を支援するためのツールであり，WEB上から，誰でも無料で利用することができる。

○「見える化」することにより，自治体内の情報共有，他の自治体との比較，全国との比較が可能になる。

図5-3　JAGESが開発した「見える化」システム

出所：厚生労働省の説明資料（http://www.mhlw.go.jp/seisakunitsuite/bunya/hukushi_kaigo/kaigo_koureisha/osirase/hokenjigyou/06/dl/3.pdf）に加筆修正。

人では，本人が参加しているか否かにかかわらず，うつ（Yamaguchi et al. 2018；Tsuji et al. 2018），IADL低下（Fujihara et al. 2019），フレイル，認知機能低下（Tsuji et al. 2019），要介護認定（Noguchi et al. 2019）を受ける人が少ない。

　武豊プロジェクト自体の評価研究では，サロンに参加している人では，非参加群に比べ，主観的健康感の改善が多く（Ichida et al. 2013），要介護認定を受ける確率が半分に抑えられ（Hikichi et al. 2015），認知機能低下については3割抑制されていた（Hikichi et al. 2017）。

　図5-4は，サロン立ち上げの前年2006年から新型コロナ感染症の流行1年目の2020年までの武豊町の要支援・要介護認定率の推移を示したものである。前期高齢者では，全国・愛知県・武豊町でほぼ同じ水準で横ばいだが，後期高齢者では武豊町の要支援・要介護認定率は全国・愛知県よりも約3～5％ポイント低い水準で2015年まで微増傾向で，推移していた。総合事業が始まった2015年以降，全国・愛知県では微減から横ばいになったが，武豊町では，2015年の27.5％から2020年の21.7％まで5.8％ポイント，21％も減少した。武豊町

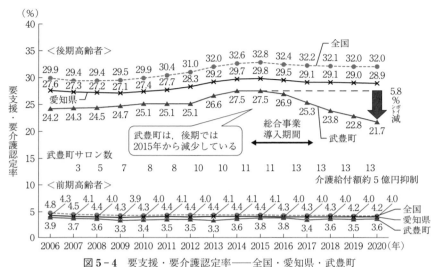

図5-4　要支援・要介護認定率——全国・愛知県・武豊町

出所：厚労省 HP「介護保険事業状況報告　月報（暫定版）各年9月報（2020年のみ7月報告）」（https://www.mhlw.go.jp/topics/0103/tp0329-1.html）と武豊町資料から作成。

によれば，総合事業利用者が急増した事実はないという。

　武豊町の後期高齢者は約5,500人だから，その5.8％（320人）の8割（256人）がサービス利用をしなかったとして，「令和2年度介護給付費等実態調査の概況」（厚生労働省）から求めた受給者1人当たりの費用額207.1万円／年をかけると，年間で約5億円の介護費用が抑制されたと粗い推計ができる。政策評価においては，効果（アウトカムやインパクト）だけでなく効率や公正・公平の視点からの評価も重要である。効率の評価の第1段階にあたる費用分析では，2010年に約600万円かかったこと，効果とそれによる費用節減額の大きさが明らかになるのを待つ必要があるが，概算では費用対効果に優れている可能性を報告した（近藤 2015）。

　公正・公平の評価では，サロン参加者割合は，低所得層で多かった（平井ら2010）。多市町村の JAGES データを用いて評価しても，スポーツの会などへの参加者は高学歴・高所得者で多く（Yamakita et al. 2015），子どもの頃に貧しかった層で少ない（Yamakita et al. 2020；Ashida et al. 2022）のに対し，サロンなどの「通いの場」への参加率には社会階層間で有意差がなく（井出ら 2021a），

図5-5　武豊町サロン開催費用の経年変化

注：人件費，運営委託費などを含む。
出所：政策基礎研究所（2017）「平成28年度　武豊町でのサロン事業の費用計算業務報告書」。

市町村レベルでみると，低学歴や低所得層の方が参加割合が高い市町村が多かった（井出ら 2019）。つまり，社会参加割合が低い社会階層が低い層における社会参加の機会となっているので，健康格差の縮小が期待でき，公正・公平の視点からも望ましい政策と考えられる。

また，サロン立ち上げの2007年から4年間と2014年の運営費用（1人当たり，1会場当たり，1開催当たりの費用）の推移は図5-5の通りである。会場や開催数が増えても，町や地域包括支援センター担当職員の人数は増えなかったため，会場や開催数が増えるにつれて，3種類の費用いずれも3年目までに大きく下がった。1会場，1開催当たりの参加者が増えたので，1人当たりの費用は，4年目にも大きく下がっている（近藤 2015）。

以上のように武豊プロジェクトでは，介入によってサロン参加者は高齢者人口の1割を超える所まで増え，今までの評価結果で効果が確認され，費用や格差縮小においても，望ましい結果が得られてきた。しかし，他の市町村で，このようなプロセスや結果が再現できるとは限らない。そこでJAGESの他の市町での「通いの場」づくりや参加についての再現性を評価してきた。その結果，以下のようなことがわかってきた。

松戸市では，住民主体の通いの場「元気応援くらぶ」やその他の地域組織への参加による，1年間の（要支援・要介護リスク点数の3点以上の悪化で評価した）要介護リスク上昇の抑制効果を約3,000人の高齢者を対象に調べた。その結果，元気応援くらぶ参加者は，いずれの組織にも参加していない者に比べ，1年後に要介護リスク上昇が女性で35％，後期高齢者で46％少なかった（p＜0.05）（阿部ら 2022）。

岩沼市でも，「通いの場」参加群では非参加群に比べ，参加人数が少なかっ

た男性では有意差がみられなかったものの，女性高齢者において要介護認定を受けるまでの期間が15.6％有意に長かった（Yamamoto et al. 2022）。さらに複数の市町村において検討した結果も増えてきている。JAGES2010に参加した25市町村を，積極介入群13市町村と対照群12市町村との2群に分けて比較した。積極介入市町村では，研究者が職員や住民リーダーなどの研修会や講演会，ワークショップ，共同研究会の開催などにより積極的に関わった。一方の対照群の市町村では，JAGES共同研究会で地域診断結果や研究によって得られた知見を共有するだけであった。この2群間において，高齢者における社会参加割合の3年間の変化を比べた研究で，対照群の47.2％から55.0％に比べ，積極介入群の男性において47.5％から57.9％と社会参加が2.5％多く増えていた（p＜0.05）（Haseda et al. 2019）。さらに，高齢者の死亡率を2群間で比べた結果，対照群よりも積極介入群で8％低かった（p＜0.05）（Haseda et al. 2022）。

　費用面については，ある市における11年間の介護費用を分析した結果，スポーツや趣味の会に週1回以上参加していた群では，全く参加していなかった群と比べて，35〜61万円低かった（Saito et al. 2019）。11市町村の約3.9万人を約5年間追跡し累積介護費用を比較した結果，外出頻度が「ほぼ毎日」の者に対して「週2〜3回」の者は4万円，「週1回以下」の者は7万円，1日の平均歩行時間が「60分以上」の者に対して「30分未満」の者では11万円介護費用が高かった（Hirai et al. 2021）。12市町村の約4.7万人の約6年間の累積介護費用は，認定を受けていなかった6年前に社会参加していなかった群に比べ，スポーツや趣味の会に月に1回以上参加していた群では，1人当たりの累積介護費用が4.2〜11.1万円，週に1回以上の群では，11.8〜12.3万円低かった。約6年間の介護給付費を13〜25％程度抑制できる可能性が示唆された（Saito et al. 2021）。要支援・要介護リスク評価尺度で評価したリスク点数（0-48点）でみても，「昨年に比べ外出の回数が減っている」などリスクが高まるにつれ，約6年間の累積介護費用が1点当たり約3.2万円高くなっていた（斉藤ら 2021）。

　健康格差の縮小については，神戸市において，2014年から2019年にかけて，健康度が低い高齢者が多く暮らす16地域をモデル地域として選び，通いの場づくりを積極的に行い変化を評価した。その結果，それらの地域に暮らす高齢者の社会参加や友人との交流，サポートが豊かになり，口腔機能，認知機能低下

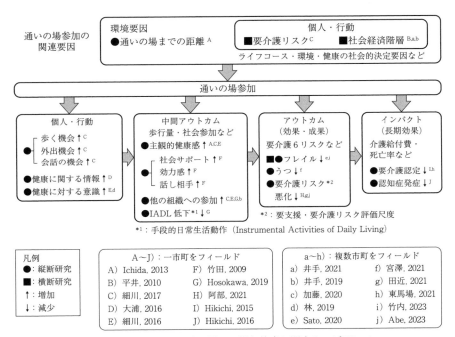

通いの場参加の
関連要因

環境要因
●通いの場までの距離 A

個人・行動
■要介護リスク C　　■社会経済階層 B,a,b
ライフコース・環境・健康の社会的決定要因など

通いの場参加

個人・行動
┌ 歩く機会↑C
●┤ 外出機会↑C
└ 会話の機会↑C
●健康に関する情報↑D
●健康に対する意識↑E,d

中間アウトカム
歩行量・社会参加など
●主観的健康感↑A,C,E
┌ 社会サポート↑↑F
┤ 効力感↑F
└ 話し相手↑F
●他の組織への参加↑C,E,G,b
●IADL低下*1↓G

アウトカム
（効果・成果）
要介護6リスクなど
■●フレイル↓e,i
●うつ↓f
●要介護リスク*2
悪化↓H,g,j

インパクト
（長期効果）
介護給付費・
死亡率など
●要介護認定↓I,h
●認知症発症↓J

*2：要支援・要介護リスク評価尺度
*1：手段的日常生活動作（Instrumental Activities of Daily Living）

凡例
●：縦断研究
■：横断研究
↑：増加
↓：減少

A～J）：一市町をフィールド
A) Ichida, 2013　　F) 竹田, 2009
B) 平井, 2010　　　G) Hosokawa, 2019
C) 細川, 2017　　　H) 阿部, 2021
D) 大浦, 2016　　　I) Hikichi, 2015
E) 細川, 2016　　　J) Hikichi, 2016

a～h）：複数市町をフィールド
a) 井手, 2021　　f) 宮澤, 2021
b) 井手, 2019　　g) 田近, 2021
c) 加藤, 2020　　h) 東馬場, 2021
d) 林, 2019　　　i) 竹内, 2023
e) Sato, 2020　　j) Abe, 2023

図5-6　JAGESにおける通いの場と健康に関するエビデンス

出所：井出ら（2021b）。

やうつのリスクを抱える高齢者の割合が減り，モデル地域以外の地域との間に
みられていた健康格差が縮小・解消した（辻ら 2022）。

　つまり，武豊町に留まらず，研究者が行政職員や住民・リーダー達とともに
「通いの場」づくりを中心に地域づくりに取り組んだ市町では，行政職員が他部
局・組織などとつながるようになり，男性高齢者の社会参加が促され，図5-
6に示したような変化を通じて，要介護認定や死亡率の抑制が観察され，介護
費用も抑制されることが再現性をもって確認されている（井出ら 2021b；2023）。

（5）一般介護予防事業等の到達点と残された課題

　2015年から住民主体の「通いの場」づくりを目指す一般介護予防事業が強化
されて5年目の2019年に，厚生労働省は「一般介護予防事業等の推進方策に関
する検討会」で，その成果と今後の課題をまとめた（一般介護予防事業等の推進

方策に関する検討会 2019)。その検討会の中では，武豊プロジェクトやJAGESでの取り組みから得られた以上のような知見を報告する機会を得た。

　その検討会の参考資料や厚生労働省の介護予防・日常生活支援総合事業等（地域支援事業）の実施状況によると，「通いの場」は，2013年度の4万3,154カ所から2019年度には12万8,758カ所へと約3倍，高齢者人口に占める参加者割合も2.6％から6.6％へと約2.5倍に増え，参加者実人数は84万718人から237万4,726人に約150万人増えている（2020年度は，コロナウイルス感染症流行に伴う自粛によって，高齢者人口の6.0％，参加者実人数は188万4,745人に減少した）。

　これらの経過から明らかなように，社会参加を増やすことは可能であった。そして，JAGES参加市町村のデータを用いた研究において，地域介護予防支援事業に熱心に取り組んでいる市町ほどフレイルの割合は低い（Sato et al. 2020）。サロンなどの介護予防を意図した「通いの場」に参加した者の約半数は，それがきっかけで，地域のスポーツや趣味の会など他の（広い意味での）「通いの場」にも通い始め（林ら 2019），2010年調査でも（伊藤ら 2013），2016年調査（図5-7）でも，スポーツや趣味の会などへの参加割合が高い市町村ほど要介護認定率は低かった。さらに2010年から16年にかけてこれらへの参加割合がより大きく伸びた市町村ほどうつの割合がより大きく減っていた（Watanabe et al. 2019）。

　以上のような一連の知見から，社会参加を促すことで参加する高齢者の健康水準は上がり要介護認定率は下がり，介護予防が進むことは，間違いないと考えられるようになった。その結果，2025年までに高齢者人口の8％という参加目標が，厚生労働省から示されるところにまで，一般介護予防事業は到達した（図5-8）。

　一方，今後の課題については，一般介護予防事業等の推進方策に関する検討会の最終とりまとめで，「一般介護予防事業等に今後求められる機能」として，「地域づくりの取組…（中略）…多様で魅力的な通いの場等の介護予防の取組が，全国で展開されるよう，取組の支援と積極的な広報を行っていく」とした。そして，それを実現するための具体的方策として，次の3つを挙げている。①地域支援事業の他事業との連携方策や効果的な実施方策・あり方，②専門職の効果的・効率的な関与の具体的方策，③PDCAサイクルに沿った推進方策で

市区町単位の地域相関分析：91市区町（n＝188,583人）

【問】参加している会やグループ，仕事についておうかがいします．
あなたは下記のような会・グループにどのくらいの頻度で参加していますか．（8種の地域組織について分析）

1. 週4回以上　2. 週2〜3回　3. 週1回　4. 月1〜3回　5. 年に数回　6. 参加していない ｜ 1〜4→参加者とした

■都市度分類：対象91市区町を可住地人口密度（人／km²）の三分位で分類
　①高群30市区（8,155.9〜16,559.1）②中群31市区（1,954.0〜8046.3）③低群30市区町（33.1〜1,801.7）

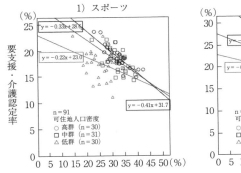
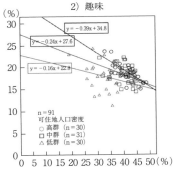

月1回以上参加している高齢者の割合（地域組織の種類別）

《重回帰分析の結果*》
1）スポーツ関係のグループやクラブ　B＝−0.22
2）趣味関係のグループ　　　　　　　B＝−0.16

*n＝91市区町．p＜0.01，B＝非標準化偏回帰係数
目的変数：要支援・介護認定率　説明変数：地域組織参加割合（地域組織の種類別）
制御変数：後期高齢者割合，単身高齢者世帯割合，高齢者有業割合，従業者1人
　　　　　あたり売上，可住地人口密度（上図はこれらを制御していない）

図5-7　社会参加割合が高いと要支援・介護認定率が低い
出所：伊藤ら（2019）のデータより作成。

ある。

　JAGESの「通いの場」ワーキンググループが，取り組んでいる課題は，「通
いの場」の普及（近藤編 2019）から，より効果的な取り組み方や効果評価およ
びポストコロナ時代への対応策（近藤編 2022）の検討である。その中で見えは
じめているのは，体操だけに参加している者に比べ，茶話会や趣味活動など多
種類のプログラムに参加している者の方が健康を保持していることや，要介護
認定率で効果評価をすると，数百人規模のサンプル数では3年程度の追跡期間
では足りないが，要支援・要介護リスク点数なら効果評価ができそうなこと，
オンライン「通いの場」なら感染リスクを抑えながら実施可能で，弱いながら
効果も期待できそうなことなどがある。さらに，全国への普及を加速する方法
として，ソーシャル・インパクト・ボンドを含む成果連動型民間委託契約方式

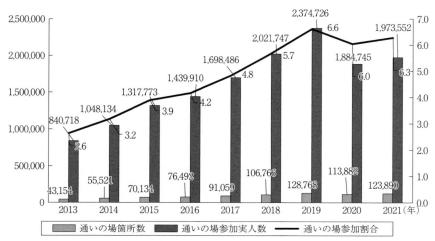

図5-8 2013-2021年通いの場参加実人数・割合の推移（参加率目標：2025年までに8.0％）
出所：厚生労働省（2020）。

（PFS：Pay For Success）があり，その第三者評価にも取り組んでいる。

（6） 第1節のまとめ

　以上，武豊プロジェクトや JAGES は，次節で紹介するソーシャル・キャピ
タルに関する理論や実証研究，および武豊プロジェクトにおけるサロンなど地

―― 6　ソーシャル・インパクト・ボンドとPFS ――

　内閣府の「成果連動型民間委託契約方式（PFS：Pay For Success）ポータル
サイト」によれば「内閣府は，社会課題の解決に対応した成果指標を設定し，成果
指標値の改善状況に連動して委託費等を支払うことにより，より高い成果の創出に
向けたインセンティブを民間事業者に強く働かせることが可能となる，新たな官民
連携の手法である成果連動型民間委託契約方式（PFS）を推進しています」。

　ソーシャル・インパクト・ボンド（SIB）は，PFS の1類型で，事業を受託し
た民間事業者が PFS 事業に必要な資金調達を金融機関等の民間資金提供者から行
い，成果に連動した地方公共団体等からの報酬額から，その返済等を行うものを指
す。内閣府は，医療・健康，介護に加え，再犯防止の3分野を重点分野とするアク
ションプラン（令和5-7年度）を公表している。

域づくりによる介護予防の実践によって，社会参加が増え，健康にも望ましい結果が得られることを示す一連の根拠を提示してきた。それらは，日本の介護予防政策が，ハイリスク戦略偏重からポピュレーション戦略を重視した地域づくり型の介護予防政策へと見直しがされる過程において，初期的な科学的根拠を提供して貢献した。そして2015年以降の導入後にも，観察研究に留まらず，ロジックモデル（図5-1，図5-6）に沿って，その複雑なプロセスや（中間）アウトカムなどにおける変化や最終アウトカム，インパクト，費用，公正の視点からのプログラム評価研究による知見を報告してきた。他の研究グループによる多くの研究成果とともに，地域づくり型の介護予防政策の妥当性を裏づけ，今後さらに全国で展開する方向が打ち出されるのに貢献した。厚生労働省の検討会で示された課題をはじめ，成果連動型民間委託契約方式（PFS）による普及まで，多くの課題克服に向けて，さらに多くの地域における多様な取り組みと，そのプログラム評価研究の蓄積が望まれる。

2　ソーシャル・キャピタル研究としての「武豊プロジェクト」

社会参加しやすいまちづくりをすることが，なぜ介護予防につながるのか。まだ疑問に思っている読者がいるかもしれない。第3章で紹介したように，武豊町憩いのサロンの各会場の開催頻度は月1〜2回程度である。毎週1回程度，筋力トレーニングを行う介護予防事業などに比べると，少ない活動頻度なのに，果たして介護予防の効果が得られるのか。私たちも当初は半信半疑であった。

第1章に示したように武豊プロジェクトでは，計画を検討した2006年頃，急速に蓄積されつつあったソーシャル・キャピタルと健康に関する先行研究の知見に基づいて，地域のソーシャル・キャピタルを豊かにすれば，その波及効果によって健康が増進され，介護予防が達成されるという仮説を立てた。そしてこの理論仮説に基づく評価計画に沿って，立ち上げから実施まで，様々な工夫をしてきた。ソーシャル・キャピタルを豊かにすると，どのようなプロセスを経て介護予防につながるのか。そのプロセスを理解してもらうため，本節ではまずソーシャル・キャピタルの定義や考え方について紹介し，これまで国内外で行われてきた研究で，どのようなプロセスがあるとわかってきたのか，さら

に武豊プロジェクトという介入研究によって，どのような知見が加えられたのかについて紹介する。

（1）ソーシャル・キャピタルとは何か

　ソーシャル・キャピタルとは何かという定義は様々である。ソーシャル・キャピタルが公衆衛生分野だけでなく，政治学，社会学，経済学等の様々な分野で扱われ，研究されていることがその理由の一つである。概ね共有されてきたと思われる要素や特徴をまとめた社会疫学のテキストでは，ソーシャル・キャピタルを「ネットワークやグループの一員である結果として個人がアクセスできる資源」と定義している（Kawachi et al. 2014＝2017）。

　社会学者コールマンは，ソーシャル・キャピタルを「社会組織のある側面から構成され，その組織の中にいる個人の特定の行動を促進する」という特徴を持つもので，「単一の構成要素ではなく多様な要素からなる」とした（Coleman 1990）。つまりソーシャル・キャピタルとは社会関係やつながりに関わる多要素で構成され，個人の行動を促進する特徴を持つ概念である。

　第1章で紹介した政治学者パットナムの定義は比較的具体的で，「信頼，互酬性の規範，ネットワーク（人と人とのつながり）」という3つの要素を示している（Putnam 1993＝2001）。パットナムはこの3つが，協調行動を促進し社会の効率を改善できる社会組織の特徴だとしている（Putnam 1993＝2001）。信頼や「お互い様」という互酬性の規範があれば疑う手間がはぶけたり，協力するかどうか迷ったりすることなくスムーズに協力・協調行動をしやすくなると考えられる。反対に，互いに不信感を持っていて，互酬性の規範が乏しく自分勝手に振る舞う人々の間では，協力が必要な仕事がうまくいかず，効率が落ちることは想像できる。ネットワークが豊か，つまり様々な人とのつながりが広ければ，有用な情報や必要なサポートを得られる機会が増えて，集団としてますます協調行動が効果的に行えるだろう。

　パットナムの定義の3つの要素のうち，信頼，互酬性の規範は認知的ソーシャル・キャピタル，ネットワークは構造的ソーシャル・キャピタルに分類され，それぞれ異なる側面を捉えていると考えられている。認知的ソーシャル・キャピタルは主観的な考え方，認識であり，構造的ソーシャル・キャピタルは客観

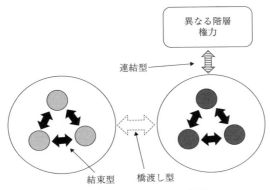

図5-9　ネットワークの分類
出所：平井寛作成。

的に計測できる人との交流の実態である。埴淵ら（2009）は地域レベルの相関
をみた研究で，この認知的ソーシャル・キャピタルと構造的ソーシャル・キャ
ピタルの間には弱い関連しかみられなかった，つまり異なる側面や要素である
ことを報告している。認知的ソーシャル・キャピタルが豊かな地域と構造的ソー
シャル・キャピタルが豊かな地域が必ずしも一致するわけではなく，それぞ
れがその地域の別の特徴を捉えていたのである。

　構造的ソーシャル・キャピタルに分類されるネットワークについては，さら
に結束型と橋渡し型，連結型という分類が行われている（図5-9）。結束型と
は属性が比較的同質な者同士のつながり，橋渡し型は属性が比較的異質なつな
がり，連結型は異なる社会的地位や権力を持つ人などとのつながりである。パッ
トナムは，水平的と垂直的なネットワークという分類を行っており
（Putnam 1993＝2001），それぞれ結束型・橋渡し型と連結型に対応するとされ
ることもある。

　結束型のネットワークは近隣や親族など利害が比較的近い者同士の強いつな
がりであるため，相互理解が深く情緒的サポート（愚痴を聞くなど）が得やす
いつながりである。強い信頼と規範があり，最適な方向性が決まっている作業
を推進する場合は効果的である。しかし内向的であり，集団内の利益を優先し
集団外の者を排除しがちな性質を持つ。また，望ましくない方向へ結束する場
合は組織犯罪や不正などにつながる可能性がある。

橋渡し型は地域や組織内のメンバーのつながりでなく，そのメンバー外の異なる価値観を持つ人とのつながり，つまり外に開かれた外向的なものである。結束型のようなつながりと比べると弱いつながりであるが，同質的な結束型のつながりにはない，多様な情報や資源をもたらす。その結果，問題解決や発展につながることがある。結束型や橋渡し型が，階層や権力などの面で同等で水平的な市民同士のつながりであるのに対し，連結型は同等でない異なる垂直的な階層へのつながりである。一般市民と行政・高い社会階層の人とのつながりなどがこれにあたる。

　これまで，これらの異なる特徴を持つソーシャル・キャピタルがもたらす健康への効果の違いを明らかにしようとする研究が行われてきたが，研究によっては結束型が健康に良く，橋渡し型は健康に悪い場合がある一方で，逆に結束型で悪く橋渡し型で良いという場合もあり知見は一致していない。一致しない理由として考えられるのが，対象地域や集団の特徴等の条件の違いである。ある研究では結束型は社会的に不利な人々にとっては健康に良い効果があり，橋渡し型は社会的に有利な人々で健康に良い効果があるという結果が報告されている（Uphoff et al. 2013）。

（2）ソーシャル・キャピタルは個人の特性か集団・地域の特性か

　ソーシャル・キャピタル研究が盛んに行われはじめた頃，多くの実証研究はパットナムの理論に基づき，ソーシャル・キャピタルは「社会組織の特徴」，集団や地域が持つ特性として扱われ，アメリカの州単位で指標を集計して他の指標との相関をみた研究が行われた。Putnam（2000）は州レベルのソーシャル・キャピタルと殺人率，Kennedy et al.（1998）は信頼と犯罪の関連を検討し，ソーシャル・キャピタルが高い州では殺人や犯罪が少ないことを示した。日本でも都道府県単位で集計したボランティア行動者率と犯罪，失業，出生率の関連があることが示されるなど（内閣府国民生活局 2003），当初は集団や地域の特性と捉える研究が多くみられた，

　これに対し，ソーシャル・キャピタルを個人の特性として捉えようとしたのが，ブルデューやリンなどのネットワーク論者といわれる研究者達であった。彼らは信頼と互酬性を重視していたパットナムに対しネットワークに注目し，

ソーシャル・キャピタルは個人のネットワークの中にある資源であると捉えた。友人のネットワークの中に情報やサポートを提供してくれる人がいることで，行動変容の機会を得られたり，愚痴をきいてもらって心理的な健康を得られたりするということである。ネットワークがある人の方が乏しい人よりも資源を利用できて有利になったり，同じ集団内でもネットワークから漏れている人が，つながっている人よりも不利になったりという具体的なメカニズムを説明しやすい考え方である。

　ソーシャル・キャピタルを個人の特性として捉えるか集団や地域の特性として捉えるかの違いのポイントは，ソーシャル・キャピタルの恩恵を受けるために個人の積極的な参加が必要かどうか，という点である。

　個人の特性として考える場合は，周囲のソーシャル・キャピタルが豊かであっても，ネットワークに入っていない個人には資源にアクセスできないという状況があると想定される。例えば，ある地域に長く居住する住民同士のつながりが強く，その人たちの間でのソーシャル・キャピタルが豊かであっても，他地域から引っ越してきた新しい住民には，その恩恵は及ばないと考えるのが個人の特性としてのソーシャル・キャピタルの捉え方である。

　一方，ソーシャル・キャピタルを集団や地域の特性として考える場合，属する集団や暮らしている地域のソーシャル・キャピタルが豊かであれば，個人としては積極的に参加していない，その集団にただ属しているだけのメンバーやその地域に暮らしているだけの住民も利益を受けられるような効果が想定される。転居してきた人のような新しく加わったメンバーにも恩恵が及ぶ，と考えるのが集団や地域の特性としてのソーシャル・キャピタルの捉え方である。後述するように，個人の特性としてのソーシャル・キャピタルの恩恵を差し引いてもなお，暮らしているだけで地域レベルのソーシャル・キャピタルの恩恵が及んでいることが，武豊町を含む国内外のデータ実証されてきている。

（3）ソーシャル・キャピタルはどうやって健康に結びつくのか

　ソーシャル・キャピタルが豊かだと，なぜ健康に良いのだろうか。第1章に記したように Kawachi et al.（2000）はソーシャル・キャピタルが健康に作用する経路として，1）健康行動の変化，2）健康に良いサービスが増える，

3）心理・社会的プロセス，4）州レベルなどの自治体レベルの政策の影響の4つを挙げている。

1）健康行動の変化

　人とのつながりが増えることで健康に良い生活をしている人に出会う機会，健康に良い情報を得たり影響を受けたりする機会が増え，健康に望ましい行動をとる人が増えやすくなるという経路である。ソーシャル・キャピタルによる望ましい効果が検証されている健康行動については，これまでの研究で喫煙（Brown et al. 2006），飲酒（Poortinga 2006），身体活動と肥満（Kim et al. 2006；Lindström et al. 2003），糖尿病コントロール，薬剤依存からの回復などで検証が進められてきた。武豊町「憩いのサロン」でも（平井 2010），武豊を含む7市町の109カ所のサロン参加者3,305人を対象にした研究でも（林ら 2019），JAGES（Japan Gerontological Evaluation Study，日本老年学的評価研究）でも次のような研究が蓄積されてきた。

　スポーツや趣味の会などに参加している者では，非参加者に比べ，要支援・要介護認定を受けることが少なく（平井ら 2009；Kanamori et al. 2014；Ide et al. 2020；東馬場ら 2021），認知症発症が少ない（竹田ら 2010；竹田ら 2016）。サロンに参加したことがきっかけで，スポーツや趣味の会など他の会への参加が増えた者が65.2%，健康情報が増えたという回答者は84%であった（林ら 2019）。サロン運営のボランティアをしている人たちには活動的な人が多く，サロン参加以前から他のスポーツや趣味の会，ボランティア，老人クラブなどに参加していることが多い。サロンはこのような広いネットワークを持っている人とのつながりや，サロンに来る専門職から健康に関する情報を得る場になっている（大浦ら 2013）。この経路は参加した場合に得られる効果，つまりネットワークに参加していないと得られない個人特性としてのソーシャル・キャピタルによる効果の経路である。

2）健康によいサービスが増える

　参加していない者にも恩恵を得られる可能性がある。例えば，地域のグループ活動が豊かになることによる影響である。地域でスポーツなどグループ活動をする者が増え，それに応じて身近に参加しやすいグループが増えた場合，それまで，そのグループのネットワークに参加していなかった個人にとっても，

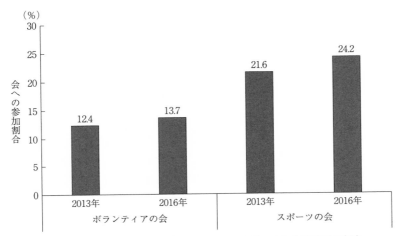

図5-10　武豊町におけるボランティア・スポーツの会参加者の割合
出所：健康とくらしの調査（2013年10月，2016年10月実施）より平井寛作成。

グループ活動というリソースへのアクセスがしやすくなる。その結果，スポーツ活動に参加する機会が増える。

　これは武豊プロジェクトでもみられた経路である。2007年に3カ所で始まった当初，参加者のほとんどはサロン会場の近くに住む人であった。そこに参加した遠方の地域の人たちの「自分の地域にも欲しい」という声に押されて，町内のあちこちにサロンができるようになった。その結果，近くに会場ができた高齢者が参加しやすくなり，サロン参加者の数は増えてきた。JAGESのデータでも，この経路を支持する結果が得られている。例えば，武豊町の高齢者（約1万人）のうち，ボランティア参加者は，2013年の12.4％から2016年の13.7％へと増えた。これは高齢者全数に換算すると約130人となる。スポーツの会参加者は21.6％から24.2％と約280人増えた（図5-10）。そして，マルチレベル分析という統計手法を用いて，参加している個人レベルの効果を差し引いても，社会参加しやすいまちづくりに取り組んでいる市町でフレイルが少なく（Sato et al. 2020），スポーツや趣味の会などへの参加者が多い市町で，認知症や要介護リスクであるIADL低下が少ないことが示されている（Fujihara et al. 2019）。

3）心理・社会的プロセス

　参加者や住民の間のつながり，信頼関係が心理的健康を通して健康に及ぼす経路で，個人レベル，集団・地域レベルの両方の影響が期待される。個人レベルでは，個人のネットワークに情緒的・手段的サポートの提供者がいれば，愚痴をきいてもらったり，ストレスの元となる問題の解決を手伝ってもらったりすることによってストレスが緩和され，うつなどのメンタルヘルスに良いことが多くの研究で報告されている（増地ら 2001；Sasaki et al. 2019）。

　武豊町のサロン参加者73人を対象にした調査で，情緒的・手段的サポートの授受がサロン参加によって増えたと回答した者は，35.0％から87.5％もいた（竹田ら 2009）。地域レベルでも，5年間にスポーツや趣味の会への参加者が増えた市町ほどうつ割合が減っていた（Watanabeら 2019）。マルチレベル分析でも，社会的サポートが豊かな地域に暮らしている高齢者で認知症の発症が少なかった（Miyaguni et al. 2021）。信頼関係がある地域ではトラブルや不安が生じても回復しやすく，ストレスが緩和されると期待され，信頼感や愛着の指標が高い地域に暮らす高齢者で要介護認定の発生も少なかった（Noguchi et al. 2019）。

4）州レベルなどの自治体レベルの政策の影響

　地域における信頼や規範の向上が地域の政策への関心につながり，より多くの住民が求める施策である保健・社会保障等の施策が必要に応じて行われやすくなるという経路である。武豊町でいえば，モデル事業で始まった「憩いのサロン事業」が，町民に歓迎され参加者数が伸び，介護予防効果も期待できそうだとわかったため，第6次（2011-2020）／第7次（2021-2030）武豊町総合計画の中に位置づけられた。そのことにより，財政的な裏づけも得て町内に整備されてきた。その結果，介護保険事業報告のデータによれば武豊町の後期高齢者の要介護認定率は2015年をピークに減りはじめ，介護給付費も2018〜20年度には前年度よりも減った（図5-4）。

　今後のさらなる研究の蓄積が待たれるが，少なくとも①健康行動の変化，②健康に良いサービスが増える，③心理・社会的プロセス，④自治体レベルの政策の影響の4つの経路で，ソーシャル・キャピタルを豊かにする介入により，健康に望ましい変化が起きることが，紹介した程度には検証されてきた。

（4）ソーシャル・キャピタルは増やせるか，健康は改善するか

　観察研究によってソーシャル・キャピタルが健康に良いという関係があると
わかっても，ソーシャル・キャピタルが乏しい地域を豊かな地域にできる保証
はなく，その結果，健康を改善できるという保証もない。他の「第3の要因」
が真の原因で，ソーシャル・キャピタルは「見かけ上の要因」だけかもしれな
いからである。ソーシャル・キャピタルを豊かにすることによって健康を改善
できるのかを確かめるためには，介入を行ってソーシャル・キャピタルが豊か
になるのか，介入前や介入しなかった対照群と比較し，介入した群で健康が良
くなることを検証しなければならない

　ソーシャル・キャピタルを豊かにすることを通じて健康づくりを進めようと
する場合，自治体レベルの政策・事業やサービスを作り出す予算獲得だけでも
数年はかかる。さらにそれが参加者や地域に波及して，健康に良い変化がみら
れるまでには，さらに数年の時間がかかる。さらに，介入しない比較対照群の
データまで，しかも介入前から何年間も継続的に集めなければ評価できない。
そのため，介入研究の重要性は明らかであるものの，その数はきわめて少ない
のが実情である。それでも，少しずつ研究が蓄積されてきている。

　ソーシャル・キャピタルが，多くの構成要素からなることを紹介したが，こ
れらの構成要素のうち，介入によって変化が観察されている要素とされていな
い要素とがある。まず，信頼，規範という認知的ソーシャル・キャピタルを扱
った報告は少ない。数少ない報告例のうち，Verduin et al.（2014），Fujiwara
et al.（2012）では認知的ソーシャル・キャピタルには介入による変化がみられ
なかったことを報告している。ニカラグアで行われた介入　（Brune & Bossert
2009）は信頼を向上させたが，紛争後の地域であり，介入前における信頼を持
つ者の割合が13％とかなり低い状態からの向上であった。

　社会的孤立に対する介入研究で，効果がみられたとするシステマティックレ
ビュー（Dickens et al. 2011）にもあるように，人々のネットワークを広げて，
健康な行動をしている人や，情緒的サポートを提供する人につなげることは，
信頼や規範を強くすることよりも比較的実現可能性が高い。Villalonga-Olives
et al.（2018）は20年間に蓄積されてきたソーシャル・キャピタルを豊かにする
介入研究を系統的に集めたシステマティックレビューを報告している。それに

よれば，ワークショップ，ミーティング，グループワーク，グループエクササイズなど共同作業でネットワークをつくる介入を行ってソーシャル・キャピタルを豊かにする事例が多く報告されている。そして，これらによってメンタルヘルスや健康行動が改善するという複数の報告がある。日本の研究としては，武豊プロジェクト（平井 2010），REPRINTS（Yasunaga et al. 2016），はまらっせん（Takahashi et al. 2015）などの取り組みがある。REPRINTS は高齢者のボランティアが児童に絵本の読み聞かせを行う活動を通じて高齢者同士の交流，世代間交流を行う事業である（村山ら 2013）。はまらっせんは，2011年の震災後の仮設団地に隣接または歩いて行ける距離の休耕地での農作業を行う取り組みである。どちらも活動を通じた交流によってソーシャル・キャピタルをつくろうとする試みで，心身機能，骨密度，精神的健康などの健康指標の改善が報告されている。

　武豊プロジェクトにおける介護予防効果については，第4章と本章第1節で紹介した。要約すれば，サロンから参加者の居住地までの距離などを用い，擬似的な無作為対照比較研究とみなされる高度な分析手法（操作変数法）で解析した。その結果，介入前の参加群と非参加群の健康状態などの違いを差し引いても，参加群において8カ月後の主観的健康感の改善が2.5倍多く（Ichida et al. 2013），5年間の要介護認定率は非参加群の14.0%に対し参加群では7.7%などと，およそ半分に抑えられていた（Hikichi ら 2015）。さらに7年間追跡して比較すると認知機能低下リスクも，参加者で約3割抑えられていた（Hikichi et al. 2017）。参加群は，むしろ教育年数の短い人や所得の低い人たちに多いため（平井ら 2010），健康格差の縮小効果が期待できる（近藤 2017）。以上，信頼，規範という認知的ソーシャル・キャピタルを変えることは簡単ではなく，これらをターゲットとしたものはあまりみられない一方で，社会的孤立を緩和し，社会参加を促し，ネットワークをつくる介入は多くみられ，それによってソーシャル・キャピタルを豊かにでき，健康指標も改善したことを示唆する研究が蓄積されてきている。

（5）ソーシャル・キャピタル研究からみた武豊プロジェクトの特徴と成果

　武豊町では事業を通じて地域住民の間のつながりを作ることを目指したが，

ソーシャル・キャピタル理論に基づいて，結束型だけではなく橋渡し型，連結型のネットワークをつくることで豊かなネットワークをつくり，社会参加を増やすことによる波及効果によって介護予防を実現しようとした。そのための工夫などについて，武豊町の従来の介護予防事業や他市町村におけるサロン事業と比較しながら整理する。

　ボランティアを集める段階から従来とは異なる方法がとられた。それまでは，町の他の活動でボランティアをやっていて，顔見知りの人を「一本釣り」することが多かった。憩いのサロンプロジェクトでは高齢者全体に行った自記式調査を通じて協力者を募ったことにより，これまでボランティアの経験がない，従来とは違う新しい人材を発掘することができた。その結果，一般には女性の割合が高かったこれまでのボランティアと異なり，男性の割合が高いボランティアグループとなった。これまで町との（垂直的な）つながりを持っていなかった人とのつながり（連結型ソーシャル・キャピタル）がつくられたのである。

　準備期では，町の職員が考えた内容をボランティアに担ってもらうのではなく，ボランティアが中心になって活動内容を作っていく過程を大切にし，町の職員は必要な準備やボランティアへの支援を行った。この共同作業を通じてボランティア同士，ボランティアと町の職員との間に少しずつ信頼関係が築かれていった。このプロセスにおいて町職員は信頼を失わないことを強く意識していた（第2章）。もし活動内容がすでに決められていてボランティアに頼むだけならこの共同作業の過程を通じた信頼関係はできなかったはずである。

　サロンがスタートした開催期では，多くの参加が得られ，参加者同士の間につながりがつくられていった。第3章に示したように武豊町の「憩いのサロン」は1カ所当たりの参加人数が多いという特徴がある。他地域の小規模のサロンに比べて様々な人とつながるチャンスが多いといえる。参加人数が多い背景の一つは，参加者が参加できるサロンが1カ所ではなく，どのサロンでも好きな場所を選んで複数箇所に参加できるということがある。立ち上げる時に住民達が作ったルールの一つに，近所の人だけが参加するのでなく，「他の地域からの参加者を拒んではいけない」があった。実際45.1%の参加者は複数のサロンに参加していた（第3章）。この複数会場参加者はサロン間の橋渡しのつながりを作っている。このような個人による橋渡しだけでなく，全サロン会場

の役員が2カ月に1回集まる連絡協議会というフォーマルな橋渡しのつながりもある。このつながりを通じて，ある1つのサロンで好評だった企画が伝播し（第3章），評判の良い講師とのつながりが共有される。1つのサロンが発見した資源（良い講師等）にすべてのサロンがアクセスできるようになる。これにより全サロンの活動内容が豊かになっている。

　複数のサロンに参加できるというルールがあっても，サロン参加者が初参加者や他地域からの参加者に対し排他的であれば，複数サロン参加者は増えにくい。一部のサロンでは，新しい参加者，他のサロンに参加している人などが参加しやすいように，常連，知り合い同士の席が固まらないような工夫をしている（第3章）。後述するソーシャル・キャピタルの影の側面（ダークサイド）である「外部者の排除」を予防し，新しいつながりができやすくするためのルールや工夫である。

　従来の介護予防事業や他市町の小規模サロンでもネットワークはできるが，筋力トレーニングや体操等の介護予防事業は講師と十数人程度の参加者のつながりに留まることが多い。武豊町以外の市町村におけるサロンは居住地の最寄りの1カ所のサロンに参加するのが一般的であり，他のサロンとのつながりはできにくい。また1カ所のボランティア人数が多いことも，武豊町サロンの特徴である。ボランティアの多くは，サロン以外にも趣味やスポーツの会など様々な他の活動に参加していることが多い。多くのボランティアが関わっていることは，他の活動へつながる可能性を高めていると考えられる。武豊町ではこのような仕組みによって，プログラム内容が豊富になり，多くの参加者を得ることができた。広いネットワークができたことで，他の社会参加増加への波及効果を生んだ。

　さらに，橋渡し型ソーシャル・キャピタルにあたる研究者とのつながりも，他の市町村や海外における類似の取り組み（斎藤ら 2007）や，ソーシャル・キャピタル理論からの示唆，閉じこもりやボランティアをする意向を持つ住民が多い地域の特定，加えてプロセスや成果の「見える化」などで PDCA サイクルを回すのに役立ったと考えられる。

　このように，計画時からソーシャル・キャピタルの考え方に基づく方針によって開始し，ボランティアと町職員が工夫を重ねながら進めた結果，介護予防

につながる成果を上げることができたと考えられる。

（6）ソーシャル・キャピタルの影の側面や課題

　様々な分野において，ソーシャル・キャピタルがもたらす良い効果を報告する研究が発表される一方で，いくつかの影の側面や課題も指摘されている。

　1つ目は，ソーシャル・キャピタルと健康の関連について，概ね良い効果があることとの検証結果が蓄積されつつあるものの，まだ結果にばらつきがある点である。結束と橋渡し，認知と構造的ソーシャル・キャピタルで結果が異なることについては，それぞれソーシャル・キャピタルの異なる要素として整理されていくと考えられる。一方，同じ結束型ソーシャル・キャピタルと健康の関連をみた研究の間でも，健康にプラスの関連がみられるものとそうでないもの，マイナスの関連があるなど，一致していない。この原因と考えられるのは，調査・測定方法，対象とする地域や集団の違いである。調査に用いる質問項目が違えば，分析結果も異なっても当然である。また現在のところ様々な地域，集団を対象にした研究が行われているが，今後の研究の蓄積によって，どのソーシャル・キャピタルがどういう地域や集団で効果をもたらすかが体系的に整理されていくことが望ましい。

　2つ目は，ソーシャル・キャピタルのダークサイドといわれる，ソーシャル・キャピタルがあることでかえって健康に良くない効果がある「影の側面」である。例として，良くない生活習慣の伝播，集団の構成員に対する度を超えた要求，自由の制限による精神的な負担（Villalonga-Olives et al. 2017）がある。また結束型ソーシャル・キャピタルは集団の外部の者を排除する場合があるため，ネットワークの内部にのみ健康に良い効果があっても，ネットワークに入っていない者に効果がないことで格差が広がる可能性もある。

　3つ目として，ソーシャル・キャピタルの概念が政府のいいように利用されているという批判もある（Kawachi 2007 = 2008）。本来，政府が行うべき仕事を住民組織に負担させて，低いコストで地域の福祉を実現しようとしているというのである。日本においても，地域福祉活動の一部は自治会・町内会や民生・児童委員といった地域住民たちに支えられてきた（全国民生委員児童委員連合会 2017）。やりがいを持って自主的に活動してきた住民もいた一方で負担

も大きく（岸本ら 2020），本来行政がコストをかけてやるべき事業を「やらされている」と考える住民もいたであろう。第3章で紹介したサロン会場の一つ（富貴市場会場）の立ち上げ時，老人会に呼びかけても当初は良い反応が得られなかった。これまで地域の組織がボランティアで様々な活動に動員されてきた経緯があり，「また利用される」という不信が感じられたとのことだった。武豊町でも町が仕掛けた事業ではあるが，強制ではなく，実施するかどうかの選択は各地域に委ねられた。これは，地域の力で福祉を実現する際に重要なポイントであると考えられる。最初は不信感を抱いていた地域の人々が協力するようになっていった富貴市場会場の事例をみても，元々，地域の福祉の向上は町だけが目指していることではなく，住民も必要だと思っており，住民の選択で行われるのは望ましいことである。介護予防の通いの場のてびき（三菱総合研究所 2015）でも，「やって下さい」ではなく「やりたい」を引き出すことの重要性が強調されている。

（7）ソーシャル・キャピタルと武豊プロジェクト

　本節では，ソーシャル・キャピタルの定義や下位分類などについて紹介し，ソーシャル・キャピタルがどのようなプロセスで健康に影響するのかについて，国内外や武豊プロジェクトにおける研究のこれまでの成果を紹介した。さらに介入研究によって，ソーシャル・キャピタルは豊かにできること，それによる健康改善効果も検証が進んでいることなどを紹介した。それらを踏まえて振り返ると，ソーシャル・キャピタル理論が，武豊プロジェクトを計画・運営する上で有用であったこと，逆に，武豊プロジェクトによって，ソーシャル・キャピタルの理論仮説が検証されてきたこと，今後も影の側面や課題の克服が期待されていることなどがわかる。

3　効果評価の方法と結果

　効果評価結果については第4章で既に主な部分を示したが，方法と結果の詳細は割愛した。ここではより詳しく知りたい読者に向けて，プロセス評価，インパクト評価の方法と結果の詳細を記述する。

（1）プロセス評価の方法と結果

　各年度のサロン開所によってどのように道路距離
1,000 m 圏が変化したかを示した１）「アクセスの
改善」という事業の方針が達成されているかの評価,
介護予防という最終的な効果に至る中間的な効果評
価として行った２）サロン参加者の外出状況や交流
状況・社会参加状況・ソーシャル・キャピタル指標

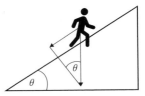

図 5 - 11　傾斜の負担の考慮
出所：筆者作成。

の変化の評価の２つについて，方法と結果の詳細を示す。

1）「アクセスの改善」という事業の方針が達成されているか

　この評価では，各年度のサロン開所によってどのように道路距離1,000 m 圏
が変化したかを示した。ここでは，道路距離の算出方法とそれにカバーされる
高齢者人口の地理的な配分方法について示す。

　道路距離を算出するにあたって，財団法人日本地図センターの数値地図（国
土基本情報）の道路中心線データを用いて ArcGIS 上で道路ネットワークデー
タを作成した。傾斜による負荷を考慮するため，標高データ（数値地図）を用
いて ArcGIS 上で平均傾斜と表面長を付加し，佐藤ら（2006）を参考に，表面
道路長に $1 + \sin\theta$（θ は傾斜角）をかけて傾斜の負担を考慮した距離を算出し
ている（図 5 - 11）。

　サロンからの一定の範囲にどれだけの高齢者がカバーされているかを算出し
たものが，第４章の1,000 m 圏高齢者人口割合である。参考までに500 m 圏に
した場合の値と，会場数も示した。高齢者人口の分布は2005年国勢調査のデー
タを用いた。人口データとして地図で見る統計（統計 GIS）「平成17年国勢調査
（国勢調査―世界測地系500 m メッシュ）」（以下，500 m メッシュ）を用いた。各
500 m メッシュの性年齢別人口構成は，当該500 m メッシュの重心点がある
「平成17年国勢調査（小地域）」と同じであるとして，性・年齢別の人口を500
m メッシュに割り当てた。当該対象地域には小規模の集落が多く含まれ，ま
た林野等の非可住地も多いため，500 m メッシュをそのまま用いると，実際に
は人口がない非可住地にも人口があると仮定することになる。メッシュが粗け
れば誤差は大きくなると考えられるため，より細かいメッシュ単位での分析が
望ましい。そのため，各500 m メッシュ内にある土地利用細分メッシュ（100

mメッシュ，国土数値情報ダウンロードサービスより）に人口を配分した。「アクセシビリティ指標活用の手引き」（案）（国土技術政策総合研究所 2014）に示されている方法と同様に500ｍメッシュ内の25の細分メッシュのうち，「建設用地」「田」「その他の農用地」「その他の用地」のメッシュに重みを付けずに均等に配分した。

２）サロン参加者の外出状況や交流状況・社会参加状況・
ソーシャル・キャピタル指標の変化

ここでは２時点の調査データを用いた外出状況・ソーシャル・キャピタル等の変化の評価に用いた分析対象と説明変数についての詳細を示す（平井 2010）。

分析には2007年５月に開始した地域サロン事業の事前事後に行った，２回の調査票調査データを用いた。１回目の調査は2006年７月，要介護状態でない65歳以上のＡ町住民全員5,759人を対象として行い，回収数は2,795票であった（回収率48.5％）。２回目の調査は2008年２月，要介護認定を受けていない65歳以上の町住民全員6,552人に自記式アンケート調査票を配布し，3,667票を回収した（回収率56.0％）。分析対象は２回の調査に回答した1,734人のうち，2006年時に歩行，入浴，排泄の３つが自立しており介助が不要な1,606人であった。各分析のケース数は用いる変数の欠損によって異なる。

サロンの参加の有無は，町から提供された参加者のIDのデータを用いて判断した。2007年５月から2008年２月の間に，１回でもサロンに参加した者を参加者とした。

地域サロン事業への参加・非参加者を比較し，外出・交流頻度，個人ソーシャル・キャピタルが向上または高い水準で維持できた者（地域の会については向上した者のみ）の割合に違いがあるどうかをみた。外出頻度，交流頻度については６択（「ほぼ毎日」「週２〜３日」「週１回程度」「月１〜２回」「年に数回」「ほとんどない」）で尋ね，頻度が増加（例えば「週１回程度」から「週２〜３日」に変化），または最も高い頻度である「ほぼ毎日」を２時点維持したかをみた。個人ソーシャル・キャピタルの信頼は「あなたの地域の人々は，一般的に信用できると思いますか」と尋ね，５択（「とても信用できる」「まあ信用できる」「どちらともいえない」「あまり信用できない」「全く信用できない」）で回答を求めた。信頼が強まる（例えば「どちらでもない」から「まあ信用できる」に変化），また

は最も高い水準である「とても信用できる」を2時点維持したかをみた。

　助け合いの規範については「あなたの地域の人々は、多くの場合、他の人の役に立とうとすると思いますか」と尋ね、5択（「とてもそう思う」「まあそう思う」「どちらともいえない」「あまりそう思わない」「全くそう思わない」）で回答を求めた。規範が強まる、または「とてもそう思う」を維持したかをみた。

　分析に際しては対象者を2006年時の生活機能状態の高低で層別化し、それぞれ同じ機能状態の者の間で、サロン参加者と不参加者の比較を行った。生活機能状態の測定には東京都老人総合研究所が作成した「老研式活動能力指標」（Koyano et al. 1991）を用いた。すべてに「はい」と回答した者を生活機能の高い者（機能高群）、それ以外の者を生活機能の低い者（機能低群）とした。個人ソーシャル・キャピタルが向上または高い水準で維持（地域の会については向上した者のみ）できた場合を1、そうでない場合を0とし、2値の目的変数に対応した一般化線形モデルを用いて年齢を共変量として年齢調整平均値を算出している。

（2）インパクト評価の方法と結果の詳細

　ここでは、インパクト評価として行ったIchida et al. (2013)、Hikichi et al. (2015) について方法と結果の詳細を記述するが、その前に両論文が調整を試みた交絡因子について、その調整方法として用いたプロペンシティスコアマッチング、操作変数法について簡単な用語説明を行う。

1）用語の説明

　交絡とは、あるリスクファクターとアウトカムの関係が、それぞれに関連する第3の因子の影響を受ける場合に生じるもので、この第3の因子のことを交絡因子という（木原ら 2008）。

　サロン事業の場合、リスクファクターがサロン事業の参加の有無、アウトカムが健康ということになるが、この場合の交絡因子の一つの例として、「うつ」が考えられる。「うつ」状態であればサロン事業に参加しにくく、健康も喪失しやすいと考えられる。元々「うつ」でない高齢者がサロンに参加し、「うつ」の高齢者がサロンに参加していないという状況であれば、追跡データによる分析の結果、サロン参加者は健康を維持しやすく、不参加者は健康を喪失しやす

いという結果が得られると予想できるが，それはサロンに参加したことによる
効果なのか，参加者群と不参加者群の特徴がそのまま反映されただけなのかわ
からない。サロンの効果を適切に評価できているとはいえない。そのため，サ
ロンの効果評価にあたっては交絡因子の影響をなるべく取り除く必要がある。

　交絡因子の影響を取り除く方法で最も優れているのは，介入群（サロン参加
群）と対照群（サロン不参加群）をランダムに割り付ける無作為化フィールド
実験法である。ランダムに割り付けることで，介入群と対照群の間で測定可能
なもの，不可能なものを含めすべての交絡因子による差がなくなることが期待
できる。しかし本事業のような実社会で行われている事業において，参加者と
不参加者をランダムで割り付けることは困難である。そのため，次善の方法と
して，通常の重回帰分析，プロペンシティスコアマッチング，操作変数法とい
った方法が採られることになる。

　交絡因子の影響を除く最も基礎的な方法は通常の重回帰分析であるが，重回
帰分析では多くの説明変数，類似する変数を同時にモデルに投入すると，正し
い結果が得られなくなるおそれがある。また，介入群，対照群のどちらにも割
り付けられ得る者以外の極端な者を分析に含んでしまう。これはサロン事業で
いえば，非常に虚弱で絶対にサロンに参加しないような高齢者にあたる。

　プロペンシティスコアとは，対象者が介入群に入る確率のことで，交絡因子
を含む対象者の特徴を表す変数を説明変数，介入群に入るかどうかを目的変数
とした多重ロジスティック回帰分析を用いて「介入群に入る確率」を計算した
ものである。プロペンシティスコアマッチングとは，介入群と対照群それぞれ
からプロペンシティスコアが等しい（近い）対象者を1人ずつ選んでペアとし
て分析対象に加えていくものである。ペアにならなかった者は分析対象から除
外される。サロン事業の例でいえば，とても健康な参加者ととても健康な非参
加者をペアとし，やや虚弱な参加者とやや虚弱な非参加者をペアとしていく。
参加者にはいないような虚弱の程度が著しい非参加者は分析から除かれること
から，重回帰分析よりもより適切な結果を得られると考えられる。サロン事業
に当てはめると図5−12のようになる。このマッチングによって介入群と対照
群の差をほぼなくすことが期待できる。無作為化フィールド実験法を疑似的に
実現しようとするものである。

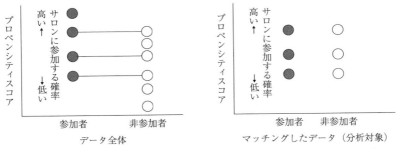

図5-12　プロペンシティスコアマッチングにおけるマッチングのイメージ
出所：筆者作成。

　この方法のデメリットは，マッチングから漏れた対象者を除外することで分析対象者数が減少することである。もともと介入群と対照群の差が大きいと，マッチできるペアが少なくなってしまう。分析対象数が減ることで統計的な検出力が小さくなる。この方法の限界は，介入群と対照群の差をほぼなくすことができるといっても，それは調査等で測定済みの因子のみであり，当然測定していない因子による差をなくせているとはいえないことである。もし大きな影響を与えうる交絡因子が測定できていないならば，この方法で介入の効果を適切に評価することはできない。

　操作変数法は，プロペンシティスコアマッチングの限界であった，測定していない因子による影響についても除くことができる方法である。この方法を用いるためには，いくつかの条件を満たす「操作変数」がなければならない。操作変数が満たすべき条件は，操作変数がサロンへの参加等（介入群に入ること）に強く関連すること，操作変数がアウトカムに関連しないことである。操作変数法では，第1段階の推定として（実際は第2段階と同時に推定されるが），目的変数をサロンへの参加等（介入群），説明変数を交絡因子を含む対象者の特徴を表す変数と操作変数としたモデルを推定し，アウトカムと相関の低いサロン参加の有無の変数を計算する。次に第2段階の推定として，本来の目的変数をアウトカムとした分析を行うが，通常の多変量回帰では，実際の介入の有無を表す変数として介入群を1，対象群を0として用いるが，操作変数法では，実際に介入したかどうかではなく，その推定した介入群に入るか否かの変数（0から1）を用いてアウトカムとの関連を検討する。サロン事業に当てはめ

ると，最寄りのサロンへの距離や，一定距離内のサロンの数などが操作変数として利用できる。サロンが近くにあればサロンへ参加しやすくなる（介入に関連する）が，サロンが近くにあること自体で直接健康が良くなったり悪くなったりということは考えにくい（アウトカムには直接関連しない）。サロンに近い者になる（近くにサロンができる）か，サロンから遠い者になる（近くにサロンができない）かは，対象者にとってはランダム（健康に関連しない）に起こることであるため，無作為化フィールド実験法のように，未測定の因子についても差がないと考えることができる。

２）サロン参加は健康に良いのか

　この分析の目的は，サロンに健康に良い効果があるかどうかを評価することである（Ichida et al. 2013）。分析対象者は武豊町在住の要介護認定を受けていない高齢者全数を対象に2006年7月，2008年2月に行った自記式調査の両方に回答しデータに欠損のない1,549人である。目的変数は2008年時点の主観的健康感である。主観的健康感は，国内外の縦断研究により生命・機能低下等の予後との関連が検証されている（杉澤ら 1995；艾ら 2005），総合的な健康についての項目である。

　主たる説明変数はサロンへの参加の有無とした。サロン参加者は158人であった。調整変数は2006年の主観的健康感，年齢，等価所得である。操作変数として対象者の居住地区から最寄りサロンまでの距離の逆数を用いた。サロンまでの距離は健康には直接関連せず，参加にも関連があると考えられた（図5-13）。サロンまでの距離は，地理情報システム上でサロンから対象者の居住地区（街区レベル）の代表点までの直線距離を算出して用いた（図5-14）。

　結果表の一部（操作変数法を用いた分析の結果）を表5-1に示す。左は第1段階として，目的変数を介入群（サロン参加）として操作変数とその他の変数を用いて介入群に入る確率を計算した分析結果，右は第2段階として，説明変数に第1段階で計算した参加確率を用い，本来の目的変数である主観的健康感を目的変数として行った分析である。似たモデルである二項プロビットモデルの参加確率の項の係数（0.578）をオッズ比に変換すると2.52（信頼区間95% CI 2.27-2.79）となる。この結果，サロン開始後の主観的健康感が良い確率は，非参加者に比べて参加者で約2.5倍高く，サロンへの参加は高齢者の健康にと

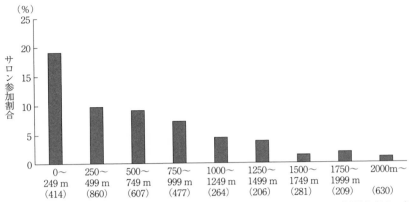

図 5 - 13 最寄りサロンまでの距離と参加割合(カッコ内は各距離帯の分析対象者人口)
出所:武豊町憩いのサロン参加者名簿,「いきがい・健康アンケート」(2008年2月実施)データより作成。

●サロン会場　◯サロン会場の500 m圏　■サロン参加者

図 5 - 14 サロン会場の500 m圏と参加者の分布
出所:Ichida et al. (2013) より作成。

表 5-1　操作変数を用いた分析の結果

	第1段階（目的変数：サロン参加）		第2段階（目的変数：2008年時主観的健康感）	
	係　数	標準誤差	係　数	標準誤差
サロン参加			0.456	0.075
サロンまでの距離の逆数（操作変数）	0.126	0.022		
主観的健康感　　2006年時	0.141	0.008	0.491	0.018
性　　別　　　　男性	−0.355	0.094	−0.019	0.027
年　　齢　　　　65-69	リファレンス			
70-74	0.248	0.066	−0.208	0.090
75-79	0.240	0.181	−0.353	0.045
80-84	0.256	0.257	−0.321	0.025
85-	−0.189	0.206	−0.410	0.037
等価所得　　　　159以下	0.232	0.166	0.004	0.053
159-225	0.066	0.044	−0.008	0.027
225-275	0.033	0.144	0.067	0.038
275より大	リファレンス			
欠損	0.119	0.097	0.032	0.040

出所：図5-13と同じ。

って良い可能性があるといえる。

3）サロン参加に介護予防効果があるのか

　本分析は，サロン参加者と非参加者を介護保険関連データで追跡し，サロン非参加者に比べて参加者で要介護になりにくいかをみたものである。評価に用いたデータは，「B．事前アンケート調査」「D．参加者名簿」「E．追跡データ」である。分析対象者は武豊町在住の要介護認定を受けていない高齢者全数を対象に2006年7月に行った自記式調査に回答し必要な項目に回答した2,421人とした。参加者名簿データより，サロンに3回以上参加した者を参加者（246人）とした。2012年まで5年間分の要介護認定データを収集・結合して，非参加者に比べて参加者で要介護状態になりにくいか，つまり介護予防効果があるかをみた。この分析でも，参加者と非参加者の元々の健康度の差を考慮するため，通常の多変量モデル以外に，先述の操作変数法，またさらにプロペンシティスコアマッチングを用いた分析を行った。

　目的変数は要介護状態の発生である。主たる説明変数はサロンへの参加状況であるが，本節ではサロンへの参加回数が3回以上の者を参加，0から2回の

表5-2　多変量モデルとプロペンシティスコアマッチングを用いた分析の結果

変　　数		多変量モデル		プロペンシティスコアマッチング	
		ハザード比	95%信頼区間	ハザード比	95%信頼区間
サロン参加	対数変換したもの	0.49	0.26-0.66	0.52	0.33-0.83
性　　別	女性／男性	1.05	0.84-1.32		
年　　齢	75歳以上／75歳未満	4.87	3.86-6.14		
教育年数	9年以下／10年以上	0.95	0.76-1.19		
等価所得	200万未満／200万以上	1.14	0.91-1.43		
高次生活機能	12点以下／13点以上	1.32	1.02-1.73		
う　つ	うつなし うつ傾向 うつ状態	1.00 1.35 2.09	1.04-1.75 1.48-2.95		

出所：Hikichi et al.（2015）より作成。

表5-3　操作変数法を用いた分析の結果

		第1段階（目的変数：サロン参加）		第2段階（目的変数：要介護状態の発生）	
		係　　数	95%信頼区間	ハザード比	95%信頼区間
サロン参加				0.50	0.34-0.74
350 m圏内のサロン数 （操作変数）		0.04	0.01-0.06		
性　　別	女性／男性	0.15	0.12-0.18	9.00	3.62-22.41
年　　齢	75歳以上／75歳未満	0.03	−0.01-0.06	7.29	5.48-9.70
教育年数	9年以下／10年以上	0.02	−0.01-0.05	1.18	0.93-1.51
等価所得	200万未満／200万以上	0.05	0.02-0.08	2.21	1.55-3.16
ADL	12点以下／13点以上	−0.07	−0.10-−0.03	0.50	0.31-0.81
う　つ	うつなし うつ傾向 うつ状態	−0.03 0.04	−0.06-0.01 0.01-0.06	1.00 0.92 4.63	0.68-1.24 2.87-7.48

出所：表5-2と同じ。

者を不参加とした2値の変数，サロンへの参加回数を対数変換した変数の2種類の変数を用いている。ここでは，後者を用いた分析についてのみ説明する。調整変数は性，年齢，教育年数，等価所得，高次生活機能（老研式活動能力指標），うつ（GDS15）を用いている。

表5-2は，多変量モデルとプロペンシティスコアマッチングを用いた分析の結果である。両分析ともサロン参加のハザード比は0.5程度である。表5-3は，操作変数法による分析結果である。第1段階では，350ｍ圏内のサロン数を操作変数としてサロン参加を目的変数にした分析を行い。第2段階で推定された参加状況を説明変数とし，要介護状態の発生を目的変数とした分析を行っている。推定されたサロン参加のハザード比は0.5であった。

　通常の多変量モデル，操作変数法，プロペンシティスコアマッチングともにサロンの非参加者に比べて，参加者で要介護状態へのなりやすさが約半分になっていることが示された。

参考文献
・第1・2節
阿部紀之・井手一茂・辻大士・宮國康弘・櫻庭唱子・近藤克則（2022）「狭義の通いの場への1年間の参加による介護予防効果——JAGES松戸プロジェクト縦断研究」『総合リハビリテーション』50，61-67頁。
井手一茂・近藤克則（2019）「『通いの場』づくりによる介護予防施策への期待と展望」『地域保健』50，30-33頁。
井手一茂・近藤克則（2023）「介護予防の効果——医療経済学的な立場から」『老年社会科学』44(4)，392-398頁。
井手一茂・辻大士・渡邉良太・横山芽衣子・飯塚玄明・近藤克則（2021a）「高齢者における通いの場参加と社会経済階層——JAGES横断研究」『老年社会科学』43(3)，239-251頁。
井手一茂・渡邉良太・近藤克則（2021b）「通いの場づくり——日本老年学的評価研究機構（JAGES）の知見から」『総合リハビリテーション』49(12)，1163-1168頁。
一般介護予防事業等の推進方策に関する検討会（2019）「取りまとめ」（https://www.mhlw.go.jp/content/12300000/000576580.pdf，2023年8月15日アクセス）。
伊藤大介・近藤克則（2013）「要支援・介護認定率とソーシャル・キャピタル指標としての地域組織への参加割合の関連——JAGESプロジェクトによる介護保険者単位の分析」『社会福祉学』54，56-69頁。
伊藤大介・斉藤雅茂・宮國康弘・近藤克則（2019）「91市区町における地域組織参加率と要支援・介護認定率の関連——地域組織の種類・都市度別の分析：JAGESプロジェクト」『厚生の指標』66，1-8頁。
厚生労働省老健局老人保健課（2012）「介護予防マニュアル（改訂版：平成24年3

月）」（http://www.mhlw.go.jp/topics/2009/05/dl/tp0501-1_01.pdf，2023年8月15日アクセス）。

近藤克則（2015）「保健・医療・介護における効果・質・格差の評価——到達点と課題『フィナンシャル・レビュー』3，133-157頁。

近藤克則（2017a）『健康格差社会への処方箋』医学書院。

近藤克則（2017b）「政策におけるマネジメント——介護予防を例に」『医療・福祉マネジメント——福祉社会開発に向けて　第3版』ミネルヴァ書房，187-202頁。

近藤克則（2017c）「健康格差社会への早期警告から処方箋へ」『日本社会精神医学会雑誌』26(4)，307-314頁。

近藤克則（2019）「健康格差社会と転倒予防」『日本転倒予防学会誌』6，5-13頁。

近藤克則（2022）『健康格差社会——何が心と健康を蝕むのか　第2版』医学書院。

近藤克則編（2019）『住民主体の楽しい「通いの場」づくり——「地域づくりによる介護予防」進め方ガイド』日本看護協会出版会。

近藤克則編著（2020）『ソーシャル・キャピタルと健康・福祉——実証研究の手法から政策・実践への応用まで』（叢書ソーシャル・キャピタル⑥）ミネルヴァ書房。

近藤克則編（2022）『ポストコロナ時代の「通いの場」』日本看護協会出版会。

斉藤雅茂・辻大士・藤田欽也・近藤尚己・相田潤・尾島俊之・近藤克則（2021）「要支援・要介護リスク評価尺度点数別の累積介護サービス給付費——介護保険給付実績の6年間の追跡調査より」『日本公衆衛生雑誌』68(11)，743-752頁。

坂口恵（2019）「オピオイド危機で疼痛学会が突如解散。【時流◆米オピオイド危機と日本】獨協医大・山口重樹氏に聞く」（m3，https://www.m3.com/clinical/news/713407，2023年8月15日アクセス）。

高杉友・近藤克則（2020）「日本の高齢者における生物・心理・社会的な認知症関連リスク要因に関するシステマティックレビュー」『老年社会科学』42，173-187頁。

竹内寛貴・井手一茂・林يٰ弘・阿部紀之・中込敦士・近藤克則（2023）「高齢者の社会参加とフレイルとの関連——JAGES2016-2019縦断研究」『日本公衆衛生雑誌』70(9)，529-543頁。

竹田徳則・近藤克則・平井寛・村田千代栄（2007）「地域在住高齢者の認知症発症と心理・社会的側面との関連」『作業療法』26，55-65頁。

竹田徳則・近藤克則・平井寛（2009）「心理社会的因子に着目した認知症予防のための介入研究——ポピュレーション戦略に基づく介入プログラム理論と中間アウトカム評価」『作業療法』28，178-186頁。

谷友香子・近藤克則・近藤尚己（2015）「日本人高齢者の孤食と食行動およびBody Mass Indexとの関連——JAGES（日本老年学的評価研究）の分析結果」『厚生の指標』62，9-15頁。

辻大士・高木大資・近藤尚己・丸山佳子・井手一茂・LINGLING・王鶴群・近藤克則
（2022）「通いの場づくりによる介護予防は地域間の健康格差を是正するか？──8
年間のエコロジカル研究」『日本公衆衛生雑誌』69，383-393頁。

林尊弘・竹田徳則・加藤清人・近藤克則（2019）「通いの場参加後の社会参加状況と
健康情報・意識に関する変化──JAGES通いの場参加者調査」『総合リハビリテー
ション』47，1109-1115頁。

平井寛・近藤克則・尾島俊之・村田千代栄（2009）「地域在住高齢者の要介護認定の
リスク要因の検討──AGESプロジェクト3年間の追跡研究」『日本公衆衛生雑誌』
56，501-512頁。

平井寛・近藤克則（2010）「住民ボランティア運営型地域サロンによる介護予防事業
のプロジェクト評価」『季刊　社会保障研究』46，249-263頁。

平野公康・中村正和（2021）「たばこの規制に関する世界保健機関枠組条約（たばこ
規制枠組条約）」（e-ヘルスネット〔厚生労働省　生活習慣病予防のための健康情報
サイト〕）。

Abe, N., Ide, K., Watanabe, R., et al. (2023) "Social participation and incident disability
and mortality among frail older adults A JAGES longitudinal study" *J Am Geriatr
Soc* 71, pp. 1881-1890.

Ashida, T., Fujiwara, T., Kondo, K. (2022) "Childhood socioeconomic status and social
integration in later life: Results of the Japan Gerontological Evaluation Study" *SSM
Popul Health* 18, 101090.

Berkman, L. F., Kawachi, I., Glymour, M. M. (eds.) (2014 = 2017) *Social Epidemiology
2nd edtion*, Oxford University Press.

Fujihara, S., Tsuji, T., Miyaguni, Y., et al. (2019) "Does Community-Level Social
Capital Predict Decline in Instrumental Activities of Daily Living? A JAGES
Prospective Cohort Study" *Int J Environ Res Public Health* 16.

Haseda, M., Takagi, D., Kondo, K., et al. (2019) "Effectiveness of community organiz-
ing interventions on social activities among older residents in Japan: A JAGES
quasi-experimental study" *Soc Sci Med* 240, 112527.

Haseda, M., Takagi, D., Stickley, A., et al. (2022) "Effectiveness of a community
organizing intervention on mortality and its equity among older residents in Japan:
A JAGES quasi-experimental study" *Health Place* 74, 102764.

Hayashi, T., Kondo, K., Kanamori, S., et al. (2018) "Differences in Falls between Older
Adult Participants in Group Exercise and Those Who Exercise Alone: A Cross-
Sectional Study Using Japan Gerontological Evaluation Study (JAGES) Data" *Int J
Environ Res Public Health* 15.

Hikichi, H., Kondo, N., Kondo, K., et al. (2015) "Effect of a community intervention programme promoting social interactions on functional disability prevention for older adults: propensity score matching and instrumental variable analyses, JAGES Taketoyo study" *J Epidemiol Community Health* 69: 905-10, 2015.

Hikichi, H., Kondo, K., Takeda, T., et al. (2017) "Social interaction and cognitive decline: Results of a 7-year community intervention" *Alzheimers Dement (N Y)* 3, pp. 23-32.

Hirai, H., Saito, M., Kondo, N., et al. (2021) "Physical Activity and Cumulative Long-Term Care Cost among Older Japanese Adults: A Prospective Study in JAGES" *Int J Environ Res Public Health* 18, 5004.

Honjo, K., Tani, Y., Saito, M., et al. (2018) "Living alone or with others and depressive symptoms, and effect modification by residential social cohesion among older adults in Japan: JAGES longitudinal study" *Journal of Epidemiology & Community Health* 8.

Ichida, Y., Hirai, H., Kondo, K., et al. (2013) "Does social participation improve self-rated health in the older population? A quasi-experimental intervention study" *Social Science & Medicine* 94, pp. 83-90.

Kanamori, S., Kai, Y., Aida, J., Kondo, K., Kawachi, I., Hirai, H., Shirai, K., Ishikawa, Y., Suzuki, K., & JAGES Group (2014) "Social participation and the prevention of functional disability in older Japanese: the JAGES cohort study" *PloS one* 9(6), e99638.

Kanamori, S., Takamiya, T., Inoue, S., et al. (2016) "Exercising alone versus with others and associations with subjective health status in older Japanese: The JAGES Cohort Study" *Scientific Reports* 6, pp. 39151-39157.

Kawachi, I., Berkman, L. F. (2000) "Social Cohesion, Social Capital, and Health" in Berkman, L. F., Kawachi, I. (eds.) *Social Epidemiology*, Oxford University Press, pp. 174-190.

Noguchi, T., Kondo, K., Saito, M., et al. (2019) "Community social capital and the onset of functional disability among older adults in Japan: a multilevel longitudinal study using Japan Gerontological Evaluation Study (JAGES) data" *BMJ Open* 9, e029279.

Saito, M., Aida, J., Kondo, N., et al. (2019) "Reduced long-term care cost by social participation among older Japanese adults: a prospective follow-up study in JAGES" *BMJ Open* 9: e024439.

Saito, M., Kondo, N., Aida, J., et al. (2021) "Differences in Cumulative Long-Term Care Costs by Community Activities and Employment: A Prospective Follow-Up

Study of Older Japanese Adults" *Int J Environ Res Public Health* 18, 5414.

Sato, K., Ikeda, T., Watanabe, R., et al. (2020) "Intensity of community-based programs by long-term care insurers and the likelihood of frailty: Multilevel analysis of older Japanese adults" *Soc Sci Med* 245, 112701.

Tani, Y., Kondo, N., Noma, H., et al. (2017) "Eating Alone Yet Living With Others Is Associated With Mortality in Older Men: The JAGES Cohort Survey" *J Gerontol B Psychol Sci Soc Sci* pp. 1330-1334.

Tsuji, T., Miyaguni, Y., Kanamori, S., et al. (2018) "Community-Level Sports Group Participation and Older Individuals' Depressive Symptoms" *Med Sci Sports Exerc*.

Tsuji, T., Kanamori, S., Miyaguni, Y., et al. (2019) "Community-Level Sports Group Participation and the Risk of Cognitive Impairment" *Med Sci Sports Exerc* 51, pp. 2217-2223.

Watanabe, R., Kondo, K., Saito, T., et al. (2019) "Change in Municipality-Level Health-Related Social Capital and Depressive Symptoms: Ecological and 5-Year Repeated Cross-Sectional Study from the JAGES" *Int J Environ Res Public Health* 16.

Yamaguchi, M., Inoue, Y., Shinozaki, T., et al. (2018) "Community Social Capital and Depressive Symptoms Among Older People in Japan: A Multilevel Longitudinal Study" *J Epidemiol*.

Yamakita, M., Kanamori, S., Kondo, N., et al. (2015) "Correlates of Regular Participation in Sports Groups among Japanese Older Adults: JAGES Cross-Sectional Study" *PloS one* 10, e0141638.

Yamakita, M., Kanamori, S., Kondo, N., et al. (2020) "Association between childhood socioeconomic position and sports group participation among Japanese older adults: A cross-sectional study from the JAGES 2010 survey" *Prev Med Rep* 18, 101065.

Yamamoto, T., Hikichi, H., Kondo, K., et al. (2022) "Community intervention programs prolong the onset of functional disability among older Japanese" *Geriatrics & gerontology international* 22, pp. 465-470.

・第2・3節

大浦智子・竹田徳則・近藤克則・木村大介・今井あい子（2013）「調査報告『憩いのサロン』参加者の健康情報源と情報の授受——サロンは情報の授受の場になっているか？」『保健師ジャーナル』69，712-719頁。

艾斌・星旦二（2005）「高齢者における主観的健康感の有用性に関する研究——日本と中国における研究を中心に」『日本公衆衛生雑誌』52(10)，841-852頁。

岸本尚大・和気純子（2020）「都市部における民生委員のバーンアウトの構造と規定要因——高齢者への訪問活動に焦点をあてて」『社会福祉学』61(2)，90-103頁。

木原雅子・木原正博（2008）『医学的研究のための多変量解析——一般回帰モデルからマルチレベル解析まで』メディカルサイエンスインターナショナル。

古賀紀江・横山ゆりか・金光浩・李京洛（2006）「高齢期の地域生活継続を支える場としての韓国敬老堂——敬老堂の使われ方の報告と考察」『前橋工科大学研究紀要』9，93-96頁。

国土技術政策総合研究所（2014）「アクセシビリティ指標活用の手引き（案）」（http://www.mlit.go.jp/toshi/tosiko/toshi_tosiko_fr_000009.html，2019年1月31日アクセス）。

小林和美（2005）「韓国における高齢者の暮らしと福祉サービスの利用」『大阪教育大学紀要. Ⅱ，社会科学・生活科学』53(2)，1-12頁。

近藤克則（2017）『健康格差社会への処方箋』医学書院。

斎藤嘉孝・近藤克則・平井寛・市田行信（2007）「韓国における高齢者向け地域福祉施策——『敬老堂』からの示唆」『海外社会保障研究』159，76-84頁。

佐藤栄治・吉川徹・山田あすか（2006）「地形による負荷と年齢による身体能力の変化を考慮した歩行換算距離の検討」『日本建築学会計画系論文集』610，133-139頁。

杉澤秀博・杉澤あつ子（1995）「健康度自己評価に関する研究の展開——米国での研究を中心に」『日本公衆衛生雑誌』42(6)，366-378頁。

全国保健所長会ホームページ（2015）「平成26年度全国保健所長会研修会報告資料」（http://www.phcd.jp/02/kensyu/pdf/2014_temp15.pdf，2018年11月27日アクセス）。

全国民生委員児童委員連合会（2017）「民生委員制度創設100周年活動強化方策——人びとの笑顔，安全，安心のために」（https://www2.shakyo.or.jp/old/pdf/news/100_katsudokyoka_hosaku.pdf，2022年2月1日アクセス）。

損保ジャパン総合研究所（2008）「高知市における『いきいき百歳体操』の取り組み」『ディジーズ・マネジメント・レポーター』9，1-9頁（http://www.sjnk-ri.co.jp/research/healthcare_socials/pdf/dmr-9.pdf，2019年1月31日アクセス）。

竹尾吉枝（2004）「高齢者介護予防・健康づくり事業への参加——兵庫県稲美町『いきいきサロン』とチェアエクササイズ」『スポーツメディスン』16(4)，22-24頁。

竹田徳則・近藤克則・平井寛（2009）「心理社会的因子に着目した認知症予防のための介入研究——ポピュレーション戦略に基づく介入プログラム理論と中間アウトカム評価」『作業療法』28，178-186頁。

竹田徳則・近藤克則・平井寛（2010）「地域在住高齢者における認知症を伴う要介護認定の心理社会的危険因子——AGESプロジェクト3年間のコホート研究」『日本公衆衛生雑誌』57，1054-1065頁。

竹田徳則・近藤克則・平井寛・尾島俊之・村田千代栄・鈴木佳代・斉藤雅茂・三澤仁平（2016）「認知症を伴う要介護認定発生のリスクスコアの開発——5年間のAGESコホート研究」『日本認知症予防学会誌』4(1)，25-35頁。

内閣府国民生活局（2003）「ソーシャル・キャピタル　豊かな人間関係と市民活動の好循環を求めて」国立印刷局。

日本能率協会総合研究所（2016）「地域づくりによる介護予防を推進するための手引き　地域展開編」。

埴淵知哉・平井寛・近藤克則・前田小百合・相田潤・市田行信（2009）「地域レベルのソーシャル・キャピタル指標に関する研究」『厚生の指標』56(1)，26-32頁。

林尊弘・竹田徳則・加藤清人・近藤克則（2019）「通いの場参加後の社会参加状況と健康情報・意識に関する変化――JAGES 通いの場参加者調査」『総合リハビリテーション』47，1109-1115頁。

東馬場要・井手一茂・渡邉良太・飯塚玄明・近藤克則（2021）「高齢者の社会参加の種類・数と要介護認定発生の関連――JAGES2013-2016縦断研究」『総合リハ』49，897-904頁。

兵庫県稲美町（2018）「稲美町高齢者福祉計画・第7期介護保険事業計画」。

平井寛（2010）「高齢者サロン事業参加者の個人レベルのソーシャル・キャピタル指標の変化」『農村計画学会誌』28，201-206頁。

平井寛・近藤克則・尾島俊之・村田千代栄（2009）「地域在住高齢者の要介護認定のリスク要因の検討――AGES プロジェクト3年間の追跡研究」『日本公衆衛生雑誌』56，501-512頁。

平井寛・近藤克則（2010）「住民ボランティア運営型地域サロンによる介護予防事業のプロジェクト評価『季刊社会保障研究』46，249-263頁。

増地あゆみ・岸玲子（2001）「高齢者の抑うつとその関連要因についての文献的考察――ソーシャルサポート・ネットワークとの関連を中心に」『日本公衆衛生雑誌』48，435-448頁。

三菱総合研究所（2015）「地域づくりによる介護予防を推進するための手引き」。

村山洋史・近藤克則・藤原佳典（2013）「健康長寿をめざしたソーシャル・キャピタル介入」イチロー・カワチ，高尾総司，S. V. スブラマニアン編／近藤克則，白井こころ，近藤尚己監訳『ソーシャル・キャピタルと健康政策――地域で活用するために』日本評論社，257-300頁。

Brown, T. T., Scheffler, R. M., Seo, S., Reed, M.（2006）"The empirical relationship between community social capital and the demand for cigarettes" *Health Econ* 15 (11), pp. 1159-1172.

Brune, N. E., Bossert, T.（2009）"Building social capital in post-conflict communities: Evidence from Nicaragua" *Social Science & Medicine* 68, pp. 885-893.

Cho, So-Young.（2005）"A Study on Kyungrodang Function development" *Subemitted Paper to the Ministry of Health and Welfare*, Spt. 7.

Cho, So-Young. (2006) "Development of Kyunrodang senior care services in Korea" 21st Century COE Program, Nihon Fukushi University Working Paper Series.

Coleman, J. S. (1990) *Foundations of social theory*, Cambridge, MA: The Belknap Press of Harvard University Press.

Dickens, A. P., Richards, S. H., Greaves, C. J., Campbell, J. L. (2011) "Interventions targeting social isolation in older people: a systematic review" *BMC public health* 11, 7.

Fujihara, S., Tsuji, T., Miyaguni, Y., Aida, J., Saito, M., Koyama, S., Kondo, K. (2019) "Does Community-Level Social Capital Predict Decline in Instrumental Activities of Daily Living? A JAGES Prospective Cohort Study" *International journal of environmental research and public health* 16(5), 828.

Fujiwara, T., Natsume, K., Okuyama, M., Sato, T., Kawachi, I. (2012) "Do home-visit programs for mothers with infants reduce parenting stress and increase social capital in Japan?" *Journal of epidemiology and community health* 66, pp. 1167-1176.

Hikichi, H., Kondo, N., Kondo, K., Aida, J., Takeda, T., Kawachi, I. (2015) "Effect of a community intervention programme promoting social interactions on functional disability prevention for older adults: propensity score matching and instrumental variable analyses, JAGES Taketoyo study" *Journal of epidemiology and community health* 69(9).

Hikichi, H., Kondo, K., Takeda, T., Kawachi, I. (2017) "Social interaction and cognitive decline: Results of 7-years community intervention" *Alzheimer's & Dementia: Translational Research & Clinical Interventions* 3(1), pp. 23-32.

Ichida, Y., Hirai, H., Kondo, K., Kawachi, I., Takeda, T., Endo, H. (2013) "Does social-participation improve self-rated health in the older population? A quasi-experimental intervention study" *Social Science & Medicine* 94, pp. 83-90.

Ide, K., Tsuji, T., Kanamori, S., Jeong, S., Nagamine, Y., Kondo, K. (2020) "Social Participation and Functional Decline: A Comparative Study of Rural and Urban Older People, Using Japan Gerontological Evaluation Study Longitudinal Data" *Int J Environ Res Public Health* 17(2), 617.

Kanamori, S., Kai, Y., Aida, J., Kondo, K., Kawachi, I., Hirai, H., Shirai, K., Ishikawa, Y., Suzuki, K., & JAGES Group (2014) "Social participation and the prevention of functional disability in older Japanese: the JAGES cohort study" *PloS one* 9(6), e99638.

Kawachi, I., Berkman, L. F. (2000) "Social Cohesion, Social Capital, and Health" in Berkman, L. F., Kawachi, I. (eds.) *Social Epidemiology*, Oxford University Press, pp. 174-190.

Kawachi, I., Subramanian, S. V., Kim, D. (2007) *Social capital and health*, Springer. (＝ 2008, 藤澤由和・高尾総司・濱野強監訳『ソーシャル・キャピタルと健康』日本評論社。)

Kawachi, I., Berkman, L. F. (2014) "Social Capital, Social Cohesion, and Health" in Berkman, L. F., Kawachi, I., Glymour, M. M., (eds.) *Social Epidemiology 2nd ed.*, Oxford University Press. (＝2017, 高尾総司・藤原武男・近藤尚己監訳 (2017) 『社会疫学　上・下』大修館書店。)

Kennedy, B. P., Kawachi, I., Prothrow-Stith, D., Lochner, K., Gupta, V. (1998) "Social capital, income inequality, and firearm violent crime [published correction appears in Social Science & Medicine47(10):1637]" *Social Science & Medicine* 47(1), pp. 7-17.

Kim, D., Subramanian, S. V., Gortmaker, S. L., Kawachi, I. (2006) "US state- and county-level social capital in relation to obesity and physical inactivity: a multilevel, multivariable analysis" *Social Science & Medicine* 63(4), pp. 1045-1059.

Koyano, W., Shibata, H., Nakazato, K., et al. (1991) "Measurement of competence: reliability and validity of the TMIG Index of Competence" *Arch Gerontol Geriatr* 13 (2), pp. 103-116.

Lindström, M., Moghaddassi, M., Merlo, J. (2003) "Social capital and leisure time physical activity: a population based multilevel analysis in Malmö, Sweden" *Journal of epidemiology and community health* 57(1), pp. 23-28.

Miyaguni, Y., Tabuchi, T., Aida, J., Saito, M., Tsuji, T., Sasaki, Y., Kondo, K. (2021) "Community social support and onset of dementia in older Japanese individuals: a multilevel analysis using the JAGES cohort data" *BMJ open* 11(6), e044631.

Noguchi, T., Kondo, K., Saito, M., Nakagawa-Senda, H., Suzuki, S. (2019) "Community social capital and the onset of functional disability among older adults in Japan: a multilevel longitudinal study using Japan Gerontological Evaluation Study (JAGES) data" *BMJ open* 9(10), e029279.

Poortinga, W. (2006) "Do health behaviors mediate the association between social capital and health?" *Prev Med* 43(6), pp. 488-493.

Putnam, R. D. (1993) *Making Democracy Work: Civic Traditions in Modern Italy*, Princeton University Press. (＝2001, 河田潤一訳『哲学する民主主義——伝統と改革の市民的構造』NTT出版。)

Putnam, R. D. (2000) *Bowling alone: The collapse and revival of American community*, Simon and Schuster. (＝2006, 柴内康文訳『孤独なボウリング——米国コミュニティの崩壊と再生』柏書房。)

Sasaki, Y., Aida, J., Tsuji, T., Koyama, S., Tsuboya, T., Saito, T., Kondo, K., Kawachi, I.

(2019) "Pre-disaster social support is protective for onset of post-disaster depression: Prospective study from the Great East Japan Earthquake & Tsunami" *Scientific reports* 9(1), 19427.

Sato, K., Ikeda, T., Watanabe, R., Kondo, N., Kawachi, I., Kondo, K. (2020) "Intensity of community-based programs by long-term care insurers and the likelihood of frailty: Multilevel analysis of older Japanese adults" *Social Science & Medicine*, 245: 112701.

Takahashi, S., Ishiki, M., Kondo, N., Ishiki, A., Toriyama, T., Takahashi, S., Moriyama, H., Ueno, M., Shimanuki, M., Kanno, T., Oki, T., Tabata, K. (2015) "Health effects of a farming program to foster community social capital of a temporary housing complex of the 2011 great East Japan earthquake" *Disaster medicine and public health preparedness* 9(2), pp. 103-110.

Uphoff, E. P., Pickett, K. E., Cabieses, B., Small, N., Wright, J. (2013) "A systematic review of the relationships between social capital and socioeconomic inequalities in health: A contribution to understanding the psychosocial pathway of health inequalities" *International Journal for Equity in Health* 12, 54.

Verduin, F., Smid, G. E., Wind, T. R., Scholte, W. F. (2014) "In search of links between social capital, mental health and sociotherapy: a longitudinal study in Rwanda" *Social Science & Medicine* 121, pp. 1-9.

Villalonga-Olives, E., Kawachi, I. (2017) "The dark side of social capital: A systematic review of the negative health effects of social capital" *Social science & medicine* 194, pp. 105-127.

Villalonga-Olives, E., Wind, T. R., Kawachi, I. (2018) "Social capital interventions in public health: A systematic review" *Social science & medicine* 212, pp. 203-218.

Watanabe, R., Kondo, K., Saito, T., Tsuji, T., Hayashi, T., Ikeda, T., Takeda, T. (2019) "Change in Municipality-Level Health-Related Social Capital and Depressive Symptoms: Ecological and 5-Year Repeated Cross-Sectional Study from the JAGES" *International journal of environmental research and public health* 16(11), 2038.

Yasunaga, M., Murayama, Y., Takahashi, T., Ohba, H., Suzuki, H., Nonaka, K., Kuraoka, M., Sakurai, R., Nishi, M., Sakuma, N., Kobayashi, E., Shinkai, S., Fujiwara, Y. (2016) "Multiple impacts of an intergenerational program in Japan: Evidence from the Research on Productivity through Intergenerational Sympathy Project" *Geriatrics & gerontology international* 16 Suppl 1, pp. 98-109.

（近藤克則〔第1・2節〕・平井 寛〔第2・3節〕）

<table>
<tr><td>終　章</td><td>国の介護予防政策と他の自治体への
波及効果
──武豊プロジェクトの成果と課題</td></tr>
</table>

　武豊町の憩いのサロンには多くの高齢者が参加し，追跡データを用いた分析で健康に良い効果を生んでいることが示された。ここでは武豊プロジェクトのこれまでの成果を整理し，成果を生んだ背景要因について考察する。

1　サロン活動はなぜ成果を上げたのか

（1）サロン活動の成果

　憩いのサロンの参加人数が，コロナウイルス感染症流行前の2019年度実績で実人数869人，延べ人数で1万2,707人であった（第3章）。このような多くの参加を得られていた要因は，事業の方針である「アクセスの改善」「多彩なメニュー」「自主的な運営と支援」が適切に実行されていることにあると考えられる。

　「アクセスの改善」については，3会場でのスタートから徐々に町内で会場数を増やし，2016年には13カ所での開催を行い，高齢者の83.8％の1,000 m以内にサロンがある（34.2％は500 m以内にある）環境をつくれている（第4章）。「多彩なメニュー」については第3章に示したように，初期は出前ボランティア，その後は外部講師の活用によって運動，学習，音楽，工作その他の様々なプログラムを実施し，サロンを参加したくなるような魅力的な活動拠点にできたと考えられる。

　「自主的な運営と支援」は「アクセスの改善」のための13会場の運営を実現するための条件であり，また，画一的でない「多彩なメニュー」を生む背景になっている。第3章に示したように，行政の直営から自主的な運営に移行した際に，各サロンが独自に工夫を凝らして参加者を集めよう，楽しんでもらおう

表終-1　サロン参加後の変化

回答（複数回答）	割合（％）
友人が増えた	35.1
気持ちが明るくなった	29.7
知識・技術が身についた	22.3
いきがい・目標ができた	14.5
健康が増進した	9.8
よく出かけるようになった	9.8
家族関係が良くなった	0.3

出所：「いきがい・健康アンケート」（2008年2月実施）データより作成。

という機運が高まっていた。同様の動きは，高知市等でのいきいき百歳体操の事例においても，ボランティアの自主運営に移った際にみられていた。行政の広報・回覧板等による支援は参加者の増加，人材養成は会場運営を支えるボランティアの増加や活動内容の充実に貢献したと考えられる。

　サロンへの参加による健康への効果も，統計的に厳密な方法により検証された（第4章，詳しくは第5章）。しかし，「わずか月に1回サロンに参加することで健康になるものだろうか」と疑問に思う人もいるかもしれない。月1回の頻度で効果を上げている理由については，十分な検証はできていないが，いくつかの要因が考えられる。まず，実際の参加頻度が月1回以上である者が一定数いることである。第3章に示したように，1月のうち平日のほとんどで町内のどこかでサロンが開催されており，居住地区に関係なく参加することができる。このため，約4割の参加者が2カ所以上のサロンに参加し，参加サロン数が多い者は当然月当たりの参加回数も多くなっている。次に，武豊プロジェクトで想定されたソーシャル・キャピタルが豊かになることによる効果である（第1章）。第4章で示したように中間的効果として，サロン参加者で地域組織への参加が増加し，互助性の規範の向上しやすい傾向があることが示された。読売新聞がサロン参加者に行ったインタビューでも「外に出たとき，あの人はサロンにおったな，と近所で寄り道をするようになった」「この医者がおすすめだよ」など互いに健康に気を使うようになった（読売新聞生活情報部編 2008），という回答があった。これは「健康行動の変化による経路（第1章）」に分類される効果であろう。

　健康に良い効果につながる作用経路の検証はまだ十分ではないが，ほぼ期待した通りの経路をたどっていると考えられる。サロン開始8カ月後の2008年2月の調査で，サロン参加者に「サロン参加後にあなたにどんな変化がありましたか」と参加の効果を直接的に尋ねたところ，「友人が増えた」という回答が最も多く（35.1％），「気持ちが明るくなった（29.7％）」「知識が身についた

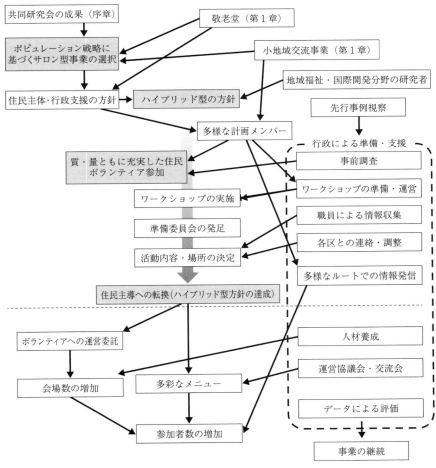

図終-1　事業の方針を反映できた背景

出所：筆者作成。

（22.3%）」が続いて多かった。新しい住民同士のつながりをつくることに成功していると考えられる（表終-1）。

（2）サロン活動が成果を上げた背景

　サロン活動が成果を上げることができたのは，事業の方針である「アクセス

の改善」「多彩なメニュー」「自主的な運営と支援」を適切に実践できたことにあると考えられる。これらの方針を実践できた背景について，図終-1に整理した。カギとなったのは，①地域支援事業の中でまだ根拠のないポピュレーション戦略に基づく事業として小地域単位のサロン事業を実施することに踏み切ることができたこと，②ハイブリッド型の方針を設定したこと，③質・量ともに充実した住民ボランティアを集められたこと，④住民主導への転換（第3章）ができたことである。

　地域支援事業の中でも，まだ根拠が十分でないポピュレーション戦略に基づく事業として小地域単位のサロン事業を実施することに踏み切ることができた要因は，まず序章に記したように特定高齢者施策（二次予防）だけでは不十分であることが，知多圏域での共同研究会の調査分析結果から明らかだったからである。次に，介護予防事業ではないが既存のサロン型の事業，つまり在宅介護支援センターが行う小地域交流事業があり，地域におけるニーズがあることがわかっていたからである。町内9カ所で事業を開催していたが，運営する人員には限りがあるため1会場当たりの開催回数は年に1回だった。各地域でもっと開催回数を増やすニーズは把握されており，サロン事業計画メンバーに参加した在宅介護支援センター担当者の目指していたことでもあった。また敬老堂やふれあい・いきいきサロンというモデルになる事業があったことも影響したと考えられる。

　住民主体の事業を行う上で，トップダウン型で開始しボトムアップ型を目指す「ハイブリッド型」を目指す方針をとれたのは，大学側からの提案によるものが大きい。発想自体は大学でなくては思いつかないというわけでもないが，理論づけ，根拠づけがあったことに意味があると考えられる。長期的にはボトムアップ型が良いと考えられても，短期的に考えれば従来のトップダウン型で事業を行う方が労力も少なく確実に実行できる。武豊町だけでは，有効だと感じていても新しい方法には中々踏み切れない場合があるが，多くの先行事例をみてきている大学の地域福祉，国際開発の専門家が理論づけを行って後ろ盾となることで，根拠をもって方針を定めることができた。

　質・量ともに充実したボランティアグループができたことの背景には，計画に多様なメンバーが参加していたことにより，多様なグループ・主体へ呼びか

けができていたことが効いている。保健センターが関わる既存のボランティア組織メンバー，社会福祉協議会ボランティアセンターに加え，民生委員協議会や老人クラブへの呼びかけを行っている。これにより経験豊富でスキルのあるボランティアを集められている。その中には，既に有志で地域でサロン事業を行っている人も含まれていた。また事前アンケート調査を用いた事業協力の呼びかけも有効に働いている。アンケートでは，これまでボランティアの経験がない男性の掘り起こしができたことが特徴的だった。

　住民主導への転換は，ワークショップの実施，準備委員会での具体的事業計画案の協議を経て，事業開催へと準備を進めていく中で達成された。ワークショップを行っていくにあたっては，保健師の小林さんはうってつけの存在ではあったが，経験も十分な研修もなかったため最初は不安であった。それを支えたのは，福祉課・健康課・地域包括支援センター，社会福祉協議会ボランティアセンター等の計画期のメンバーによるサポート体制だった。ワークショップ前後に打ち合わせと反省会を行うというサイクルをつくり，やっていけるという手ごたえを掴みつつ進めることができた。

　準備委員会での事業の具体化においては，協議のための資料が必要であったが，開催場所を決定するための資料として，十数カ所の候補地について職員が分担してスペースの広さやトイレなどの設備等のデータを収集し，公民館の場合は各区長への打診を行い利用可能かどうかを確認し整理した。また事前調査データを用いた事業の参加者ニーズや，要介護予備軍の地域分布の資料は協議でも有効に活用された。

　このようなプロセスの中で，職員（計画から関わっているメンバー）は先行事例視察において必要とされた支援，住民ボランティアから求められた支援を丁寧に行い，信頼関係を少しずつ築いていったと考えられる。第3回ワークショップの直前に，職員たちが「うちは担当ではないから」と「たらい回し」をして信頼を損なうことがないようにすることを確認したことにも，その姿勢がみえた。行政の直営からボランティアへの委託の際にあったボランティアの不安による躊躇をなんとか説得できたのも，その時期までにある程度の信頼関係があったからかもしれない。また，これらの支援は従来の介護予防事業のような「福祉課・健康課のみ」という体制よりも効果的に行えたと考えられる。重要

な支援の一つである情報発信においても，広報・回覧板など以外に，ボランティア・民生委員・サークルなどからの口コミなど，多様なルートでの呼び掛けを行えた。これらにより，これまでの介護予防事業より多くの参加者を得ることにつながったと考えられる。

（3）その他の成果と課題

　武豊町における介護予防・健康以外への効果・成果について，量的なデータでの検証はできていないが，いくつかのエピソードを紹介する。保健師によれば，サロンに使っている時間の内，従来の業務をサロンで代替できている時間は3割程度もあるという。サロンが始まってからは9カ所のサロン（2012年時）に訪問して健康に関する話などをすることがあるが，昔は老人クラブなど依頼があった所のみ，年2～3回程度しか行ってなかったという。また地域包括支援センター職員は，一人暮らしを対象に行っていた世帯訪問による状況把握がサロンである程度できてしまうとのことだった。サロンへの参加人数規模が大きいことで，1回の訪問で多数の対象者を効率よく把握できていると考えられる。

　またサロンは介護予防の場としてだけでなく，他の役割も担いつつある。武豊町の総合計画には，「地域デビューのきっかけづくり」「趣味や特技を活かせる環境づくり」「高齢者や障がい者がいきいきと暮らしているまち」というように，様々な分野でのまちづくりの拠点としてサロンを活用することが記されている。当初想定された目的である「まちづくり」にも効果が広がりつつある。

　今後の課題は，参加者の高齢化への対策である。表終-2は会場ごとの参加者（5回以上参加した者）の平均年齢を算出したものである。複数のサロンに参加する者がいるため，各サロンの計と全体の計は一致しない。2007年から2016年まで9年が経過しているが，全体でみると平均年齢は＋3歳に留まっており，比較的若い高齢者の新規参加を得ていると考えられるが，それでも平均年齢は上がっているので徐々に高齢化が進んでいくと考えられる。会場別にみると，2013年から2016年にかけての3年間で小迎会場（＋2.3歳）や中山会場（＋2.6歳）など，経過年数と同程度に平均年齢が上昇しているサロンや，みどり会場や竜宮会場のように，2016年に開所したサロンで，すでに平均年齢が75

表終 - 2　参加者の平均年齢の推移

会場名	2007年 人数	2007年 平均年齢	2010年 人数	2010年 平均年齢	2013年 人数	2013年 平均年齢	2016年 人数	2016年 平均年齢
大　足	24	72.3	71	74.0	76	76.1	81	76.2
玉　貫	32	72.6	96	74.0	84	75.7	84	77.4
上　ケ	28	72.2	64	73.0	62	75.6	57	76.5
馬　場			65	73.1	79	75.4	82	75.9
富　貴			48	73.0	50	75.8	60	76.0
東大高			53	72.4	55	75.7	56	76.5
北　山			34	73.3	44	75.4	41	77.5
下門八幡			64	73.1	77	74.0	75	76.1
小　迎					36	73.8	51	76.1
中　山					53	73.3	78	75.9
市場神宮							27	77.1
みどり							39	74.9
竜　宮							38	75.7
全　体	78	73.1	262	74.1	411	74.6	658	75.9

出所：武豊町憩いのサロン参加者名簿，「いきがい・健康アンケート」(2006年7月実施) データ，「健康とくらしの調査」(2010年8月，2013年10月，2016年10月実施) データより作成。

歳程度のサロンもみられる。

　また，高齢化に伴う虚弱化により，サロンに参加できなくなる高齢者が出てくると考えられるが，サロン事業だけではこのような高齢者をカバーできない。サロン事業によって醸成したソーシャル・キャピタルを活かし，多少虚弱になっても社会とのつながりをできるだけ維持できるように，より小地域単位，小規模のたまり場づくりや近所での交流の促進を支援していく必要が今後生じると考えられる。

2　今後の介護予防における意義

(1) 武豊町の新しいポピュレーションアプローチ

　2006年の介護予防のスタート時，特定高齢者施策は「転倒を減らせば要介護は減らせる」等，エビデンスに基づいており，成果を上げそうにみえた。しかしリスク者はみつからない，みつけても参加してくれないために期待通りの効果を上げられなかった。その背景には，社会経済的地位の低い群など，リスクの高くなりがちな人ほど健康への意識は低く，健診や予防事業へ参加しないこ

とがあると考えられた。また，このような群ほど不利な物理的・社会的環境の影響を受けやすいと考えられる。

　しかし環境を変えることができれば，改善の可能性がある。その環境を変えるポピュレーションアプローチによる事業を開発しようとするのが武豊プロジェクトの特徴の一つであった。当時のポピュレーションアプローチとして行われていたのは大人数を集めて講座を行い，啓発を行うものであった。スクリーニングをせず集団全体にアプローチするという点では，ポピュレーションアプローチに分類されると考えられるが，これもリスクの高い人には届きにくいものであったろう。

　福田（2008）は，健康情報の提供を行う普及啓発型のポピュレーションアプローチが健康格差を広げることを説明した Frohlich et al.（2008）を紹介し，健康リスクが低く，健康に関心の高い層ほどポピュレーションアプローチの恩恵を受けやすく，反対に健康リスクが高く，健康に関心が低い層ほど恩恵を受けにくいため，この種類のポピュレーションアプローチによって健康格差の傾向が強まることは理にかなっていると考察している。また参加者にとっても，講座による情報提供は知識を得ることはできるが，直接的に身体の活動性を上げるものではなく，参加者同士の交流が生まれるものでもなかった。

　憩いのサロンのような小地域単位での交流を行う事業・活動を地域全体に広げていく取り組みは，「ふれあい・いきいきサロン」や「いきいき百歳体操」のようにこれまでにも多くあった。さらに厚生労働省が「住民運営の通いの場」の普及を推進することによって，もっと増えていくと予想される。これらの地域型の事業が普及していく中で，武豊プロジェクトの特徴とは何で，どのような意義があるのだろうか。先行事例や住民運営の通いの場と比較しながら考察する。

（2）武豊プロジェクトの特徴

　武豊プロジェクトの特徴は，目的の点からいえば，ソーシャル・キャピタルを豊かにすることを目指しているということ，方法の点からいえば　事業の立ち上げ方，参加の仕方　評価の内容，結果として，多彩なメニューがある，1カ所の参加者の規模が大きい，という点である。

1）目的における特徴

　武豊プロジェクトは決められた体操をするという活動内容ではなく，実施頻度も小さいが，ソーシャル・キャピタルを豊かにすることで地域全体（非参加者も含め）の健康の向上を目指すという特徴がある。まさに地域づくりによる介護予防を狙っているのである。一方「通いの場」では，地域づくりによる介護予防が謳われているが，地域づくりができているかについて評価は行われていない。あくまでも地縁・既存の組織を活用して，エビデンスのある体操を大人数・高頻度で実施することが目的であり，地域づくり・相互支援が起こるのは副次的効果としてみているのではないだろうか。

2）方法における特徴

　武豊プロジェクトにおける「憩いのサロン」事業の立ち上げ方の特徴は，第2章で前述したように，行政主導でスタートし，住民主体に転換するというものである。「いきいき百歳体操」や厚生労働省の「住民運営の通いの場」も同様だが，武豊プロジェクトは「いきいき百歳体操」や「住民運営の通いの場」のように体操というプログラムを準備しているのではなく，プログラム内容を住民自身がつくるというより住民による選択の機会を増やす方針をとっている。決められた活動内容をする場合に比べてより住民同士の協議が必要になり，自分たちで決めて実施したという自信につながり，その過程で信頼関係が築きやすかったのではないだろうか。

　なぜ，そこまで住民主体にこだわったのか。それはこの事業が一定期間実施できればよいということではなく，地域全体のソーシャル・キャピタルを豊かにすることを目的としていたからである。住民同士だけでなく，住民と行政の間にも信頼関係があった方が良い。第3章での地域主導型の立ち上げ例からもわかるように，上にやらされるという不信は多かれ少なかれどの地域にもあるはずである。「やらされる感」がなくなれば住民自身が持っていた問題意識を解決しようと動き出す。当プロジェクトでは，行政と住民の間の信頼関係を築くため，住民の意志を引き出し，尊重し，信頼を失わないことを意識して進めてきた。

　具体的には，第2章に記したように，「参加者の自主性をつぶさないようにするためにも，はじめから町の方針を言わない」「ボランティアの要望に応じ

た情報収集」「住民ボランティアからの問い合わせに対し，たらい回しをしないようにする方針」など，労力の出し惜しみや逃げをしない方針を取ったのである。

　他のサロン型の事例と異なって町内のどのサロンにも参加できる方式になったのは，最初の立ち上げ方による影響である。最初のサロンは町内全域から集めたボランティアが協議し立ち上げた。百歳体操や稲美町の事例のように自治会や地域の老人会に依拠すれば自然に自分の地域のサロンに参加することになっていたと考えられる。

　武豊プロジェクトにおける評価の内容は心身の活動性や健康に留まらず社会参加，地域のつながりが増えているのかを捉えようとしている。他の事例では，このような評価はなされていない。他の事例の評価の例として，「いきいき百歳体操」では，運動能力，自覚的健康感，生活様式など個人の機能，健康，活動についての評価が行われたが，武豊プロジェクトの特徴は健康に関する評価に加え，ソーシャル・キャピタルに関する評価をしていること，健康格差についての視点を持っていることである。全体的なプログラム評価を行い，その一環として費用についても評価している。評価方法として居住地区からサロンまでの距離を操作変数として用いるなど厳密な方法を用いている。

3）結果における特徴

　武豊プロジェクトのサロンは，他の事例に比べて多彩なメニューを持っている。多彩なメニューを提供することでマンネリを防ぐことが期待できるが，それだけではなく，メニューを提供する住民や団体の参加の機会にもなっている。サロン当たりの参加人数が多いという特徴は，自分の居住する地区の範囲を超えて自由に参加サロンを選べることが影響していると考えられる。規模が大きいことによっていくつかのメリットがある。町からの保健，防犯，防災等の情報提供や保健師の講座などは少ない回数で多くの人に伝えることが効率的に行えている。またサロンの運営上，ボランティアの人数の規模も大きいので，何か用事ができた時に休みやすいという。ソーシャル・キャピタルの醸成の点でみても，地域の範囲を超えた様々な人や団体とのつながりがつくりやすくなっているといえる。

（3）武豊プロジェクトの意義

　武豊プロジェクトの意義の一つは，ソーシャル・キャピタルを育成・活用したポピュレーション戦略に基づいて，社会参加を進めるまちづくり型の介入事業を実施したことに留まらず，ニーズ評価から中間的評価，費用の評価を含む効率評価まで全体的な評価を行い，効果を示したことである。この成果はすでに広く普及しつつあった「いきいき百歳体操」の成果とともに，住民運営型の事業の方法が介護予防に有効であると厚生労働省に認識させることに寄与したと考えられる。「介護予防マニュアル改訂版」（厚生労働省，2012年）では，まちづくり型の介護予防の事例として，武豊町においてボランティアが地域の課題を抽出し，サロン像を議論して開所したこと，多彩なメニューを提供していることが紹介されている。これらは介護予防をどうすればよいのか悩んでいたり，住民運営の事業をやりたいが後ろ盾がなく進められなかったりした市町村が住民運営型の事業を始める助けになったと考えられる。第5章で紹介したように，武豊町の近隣でも，同じ知多圏域の南知多町がサロン事業をスタートさせ発展させている。

　今後も厚生労働省が「住民運営の通いの場」の普及を進めていくと予想されるが，これから通いの場づくりを始めようという市町村の担当者にとっては，武豊町がそうであったように初めて経験する事業である場合が多いと考えられる。本書で記述した住民の主体性を引き出していくプロセスや，どのくらいの労力や費用がかかるかを記録している武豊町のデータは事業を計画し進める上で参考になると思われる。

　先述のように，ポピュレーションアプローチは健康格差を広げる可能性があることが指摘されていた。健康日本21（第2次）に「健康格差の縮小」が盛り込まれたように，今後は健康格差を抑制することを意識した政策が望まれる。当プロジェクトのサロン事業では第3章で示したように社会経済的地位が低い高齢者の参加を得ることができており，第4章では「健診には参加しないがサロンには参加する」という者の割合が社会経済的地位の低い高齢者で高いことを示した。武豊プロジェクトはわずかではあるが，ポピュレーションアプローチによって健康格差を縮小できる可能性を示したといえる。

　その要因の一つとなったのは，「アクセスの改善」という移動距離を短縮す

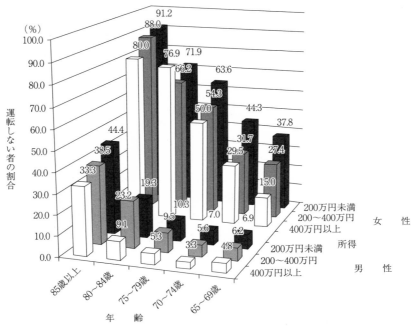

図終 - 2　年齢・所得別の運転しない者の割合

出所：健康とくらしの調査（2013年10月実施）より作成。

る方針により，移動手段のない高齢者が参加する可能性を高くしたことである。図終 - 2 は，年齢・所得別に自家用車やバイクを運転しない者の割合を示したものである。年齢層が高い群ほど運転しない者の割合は高くなっているが，各年齢層の中でも所得が低い者ほど運転しない者の割合は高くなっている。アクセスの改善は参加段階における格差を縮小する有効な方針であったと考えられる。

　しかし，それだけでは効果は限定的であったと考えられる。普及啓発型の事業を小地域単位で実施することでアクセスを改善しても，健康に対して意識が高くない人は来ないはずである。当プロジェクトでは，健康に直接関係のない楽しめるものが中心の多彩なメニューを提供することで，健康に対する意識が高くない人でも「参加してみようかな」と考えやすくなったと思われる。

　住民運営型の事業の有効性は認められつつあり，いきいき百歳体操のように

全国に普及した事例がすでにある。それらと比較した場合の武豊プロジェクトの意義はなんであろうか。

　一つは住民自身が開発した多彩なメニューが提供される体制をつくったことである。個別の会場ではマンネリになりがちな活動を，他会場との連携や研修会により豊かにしている。これは他の地域でも参考にできるはずである。

　もう一つは，住民主体を強く意識したタイプの1事例を示したことである。事業の活動内容決定の段階から住民主体にこだわったのはソーシャル・キャピタルの醸成をより進めるためである。その結果，自主的な活動となり，自主性が上記の多彩なメニューにもつながっている。まだ十分ではないがソーシャル・キャピタルについても，豊かになっていく兆しが見えてきている。

　とはいえ，百歳体操や，通いの場の方法でも，決められたメニューである体操で直接的な身体的効果を出しつつ，効率よくまちづくりができる可能性もある。つまり，まちづくりやソーシャル・キャピタルの醸成の点において，武豊プロジェクトが本当に優れているのかは今のところわからない。それを明らかにするには他の地域でも同様の評価を行い比較しなければならないだろうし，まちづくりやソーシャル・キャピタルの変化は，すぐに現れるようなものでもないため，結論が出るまでにはまた時間がかかると考えられる。

参考文献

厚生労働省（2012）「介護予防マニュアル（改訂版：平成24年3月）」（https://www.mhlw.go.jp/topics/2009/05/tp0501-1.html，2023年2月27日アクセス）。

福田吉治（2008）「ポピュレーションアプローチは健康格差を拡大させる？」『日本衛生雑誌』63(4)，735-738頁。

読売新聞生活情報部編（2008）『つながる——信頼でつくる地域コミュニティ』全国コミュニティライフサポートセンター。

Frohlich, K. L., Potvin, L. (2008) "The inequalities paradox: the population approach and vulnerable populations" *Am J Public Health* 98(2), pp. 216-221.

（平井　寛）

あ と が き

　武豊プロジェクト（以下，武豊 PJ）を始めた当時，そのプロセスや成果を，まさかこのような書籍の形でまとめられるとまでは思っていなかった。厚生労働省の介護予防マニュアルや社会保障審議会や各種検討会の資料などで紹介される先駆的な事例は多い。しかし，その18年にわたる取り組みのプロセスから要介護認定率の抑制という介護予防の成果，さらには介護給付費の抑制まで，このような書籍にまとめられる研究プロジェクトはほとんどない。

　その取り組みプロセスやアウトカム評価の成果については，本書の中ですでに紹介した。しかし，このような取り組みを，これからしたいと願う自治体職員やまちづくりに関わる人たちそして研究者が知りたいのは，どのようにして武豊プロジェクトが実現できたのか，だろう。そこで「あとがき」として，武豊プロジェクトが生まれ育ったプロセスやお世話になった人たちについて書き残しておきたい。

（1）どのように武豊プロジェクトは生まれたのか

　1997年に日本福祉大学に着任したばかりの私に，「介護保険事業計画策定に関わってみませんか」と研究課の秋田優さんが声をかけてくれた。たまたま担当として割り振られたのが武豊町であった。厚生科学研究費（代表　野口定久教授）の分担研究者として，介護保険導入前の1999年度から高齢者を追跡するAGES（Aichi Gerontological Evaluation Study，愛知老年学的評価研究）プロジェクトを久世淳子助教授（当時）・樋口京子講師（当時，岐阜大学）らと立ち上げ，「健康とくらしの調査」への協力をお願いすると武豊町は引き受けてくれた。その追跡データを使って，吉井清子助教授（当時）らと共に社会関係が豊かな人ほど要介護認定を受けないことなどを研究していた。

　2003年には，15市町村で調査をさせてもらい，『検証「健康格差社会」——介護予防に向けた社会疫学的大規模調査』（医学書院，2007）の基になる連載論文を書いたのは2005年のことであった。そこでは，最大で約 7 倍という，予想

以上に大きな健康格差が日本社会にもあり，低所得や低学歴の人ほど要介護リスクを持っているにもかかわらず，そのような人たちほど健診を受診していない実態が明らかになっていた。当時，厚生労働省では，介護保険導入後に急増した要支援者や軽度要介護者を抑制しようと，介護予防重視システムの導入に向けた論議がなされ，2006年から健診や基本チェックリストでハイリスク者（特定高齢者）をスクリーニングして，介護予防教室に誘う2次予防の考え方に基づく介護予防事業の導入が検討されていた。しかし，見えてきた健康格差や健康の社会的決定要因（social determinants of health：SDH）の影響の大きさ，ハイリスク戦略の限界などからすると，とても導入される介護予防政策だけでうまくいくとは思えなかった。そこで，2005年に出版した『健康格差社会』（医学書院，18頁）に「戦略を見直すときがいずれくる」とまで書いた。そして，そのことをAGESプロジェクトに参加する市町の職員との2005年の共同研究会で話したのである。

　その話を聞いていた一人，武豊町の岩川佳弘さんが，研究会の後に話しかけてくれた。「調査結果や先生の話を聞いていると，私もうまくいくとは思えません。先生が効果が上がりそうだと考える介護予防事業を，武豊町で一緒に取り組んでみませんか」と。私は一瞬動揺したのを覚えている。「きっとうまくいかない」などと批判するだけなら簡単である。しかし，どうすればうまくいくのか，答え，実現することは，その数十倍は難しい。その時点では，私にも答えがなかったからである。あの時，岩川さんが声をかけてくれなければ，武豊プロジェクトは始まらなかった。

　答えが見えていないのだから，手探りや試行錯誤は避けがたい。が，社会疫学と並んで（今で言う）実装研究やプログラム評価研究に関心があった私には，またとない貴重な機会だという思いの方が勝っていた。しかし，当時，学部の講義やゼミ生や院生の論文指導に追われ，学科長などの管理業務をこなしていたので，とても一人でできるとは思えなかった。そこで，本書を一緒に書いた平井寛主任研究員（当時），竹田徳則博士課程院生（当時）の2人に，それぞれ声をかけてみた。「うまく成果がでないかもしれないし，うまくいってもデータが集まり，論文を書けるのは数年後からになる。とても効率が良い研究とはいえないけれど，関心ある？」と尋ねると，面白そうだと2人が言ってくれた

のだ。平井君は，その後，1年間で50回ほど武豊町に通うことになった。一方，竹田先生は作業療法士の専門性を発揮して，多くの時間を割いてボランティア講座やサロンの運営ボランティア支援をし，星城大学に移ってからは学生を率いて追跡調査をしてくれた。社会への実装研究に価値を置く2人の参画がなければ，やはり武豊プロジェクトは生まれなかっただろう。

（2）どのようにして武豊プロジェクトは育ったのか

　当時，日本福祉大学の「福祉社会開発の政策科学形成へのアジア拠点」（拠点リーダー，二木立教授）が21世紀COEプログラムに採択され，地域福祉（平野隆之教授）や国際開発（穂坂光彦教授）などの研究者達と共同研究できたことも幸運だった。私がそれまで経験したことのなかった住民とのワークショップのやり方も，原田正樹准教授（当時，現学長）に教えてもらった。この21世紀COEプログラムの中で，NPOの取り組みや韓国の敬老堂の存在を知り，見学に行ったことがサロンの具体的なイメージづくりに役立った。また，平野教授と共同して，2006年度に武豊町を含む知多圏域の保険者での「健康とくらしの調査」をしていたことで，要介護認定を受けていない全高齢者の武豊プロジェクト介入前データが得られていたことも幸運であった。

　さらに世界のソーシャル・キャピタル研究をリードしていたハーバード大学公衆衛生大学院のイチロー・カワチ教授，スブラマニアン教授らとも共同研究ができたことも幸いであった。サロンの近くに暮らす高齢者の健康状態が先に良くなるはずだという漠然としたアイデアを，操作変数法という擬似的な無作為化対照比較研究と見なされている高度な分析手法を使えばできると教えてくれたのは彼らである。そして実際に，分析と論文執筆に取り組んでくれた市田行信君，引地博之君らの参加なしには論文の形にできなかった。

　全国社会福祉協議会が呼びかけ，全国にサロンが広がりつつあったが，たまたま武豊町にはまだサロンがなかったことも，サロンを介護予防事業として位置づけて，新たに始めることや介入前後の比較をしやすかった点で幸いであった。今から思うと，武豊町は，行政の福祉と介護と保健部門など部門間や社会福祉協議会などの職員間の仲が良かった点も好運であった。研究者と関係職員間で数回の飲み会も開き，そこには前任者も顔を出してくれる関係ができた。職員がまとまりやすい，ほどよい大きさだったこともあるが，それだけではな

い。2019年8月の懇親会で，他の市町村に比べて部門を超えて職員の仲が良い理由を職員数人に聞いてみた。そこでも岩川さんの名前が出てきた。その他，武豊町は，江戸時代から続く祭りがあるようなソーシャル・キャピタルが豊かな町であったこと，一方で，今の町民のうち子どもの頃から暮らしている旧住民は3割程度に留まり，新住民が多く，よそ者感情が少なく開かれた雰囲気も，サロン参加の広がりに寄与した可能性は高い。町としては可住地人口密度が高く，その分，サロンへのアクセスが良いことなども，サロンへの参加者が増える上で，意外に重要な要素だったのかもしれない。

　以上のような武豊プロジェクトに関わったり，育ててくれたりした人たちがいたという「人の利」，縦断調査の結果が出たタイミングで国が介護予防政策の見直しを図ったという「時の利」，武豊町が持っていたいくつかの「地の利」などがあった。これらの幸運が重なり合って，ソーシャル・キャピタル理論に基づくポピュレーション戦略というコンセプトができ，住民とのワークショップの中で「憩いのサロン」のモデルができ，データを介入前から18年も追跡でき，多くの論文にまとめることができた。そして，後期高齢者数が増えているにもかかわらず，2017年には要介護認定率が前年に比べ下がり，2018年には介護保険給付費も前年度より減るに至ったのである（図5-4）。お世話になった，すべての方々に心から感謝します。

　もう一つ，武豊プロジェクトが生まれ育ち長期にわたる追跡調査が可能となったのは，研究助成を途切れることなく得られたおかげである。記して深謝します。

2024年3月

近藤克則

付記──主な研究助成

文部科学省，平成15年度「21世紀 COE プログラム」(平成15年度採択拠点) 補助金「福祉社会開発の政策科学形成へのアジア拠点」(研究代表者　二木　立)，2003-2007年度。

日本学術振興会，科学研究費補助金「GIS (地理情報システム) を用いた高齢者の『閉じこもり』発生要因の研究」(17730347, 研究代表者　平井　寛)，2005-2007年度。

日本学術振興会，科学研究費補助金「介護予防にむけた社会疫学研究──健康寿命をエンドポイントとする大規模コホート研究」(18390200, 研究代表者　近藤克則)，2006-2009年度。

文部科学省，学術フロンティア推進事業「地域ケア推進のための政策空間の形成とボトムアップ評価に関する研究」(研究代表者　平野隆之)，2007-2009年度。

厚生労働省，厚生労働科学研究費補助金　疾病・障害対策研究分野　長寿科学総合研究「認知症予防のための心理社会面に着目した包括的支援に関する研究」(H19-長寿・一般-027, 研究代表者　竹田徳則)，2007-2009年度。

文部科学省，私立大学戦略的研究基盤形成支援事業「Well-being (幸福・健康) な社会づくりに向けた社会疫学研究とその応用」(研究代表者　近藤克則)，2009-2013年度。

厚生労働省，厚生労働科学研究費補助金　疾病・障害対策研究分野　長寿科学総合研究「介護保険の総合的政策評価ベンチマーク・システムの開発」(H22-長寿-指定-008, 研究代表者　近藤克則)，2010-2012年度。

日本学術振興会，科学研究費補助金基盤研究A「社会的排除としての well-being 格差とソーシャル・キャピタルの研究」(23243070, 研究代表者　近藤克則)，2011-2014年度。

厚生労働省，厚生労働科学研究費補助金　長寿科学総合研究推進事業・認知症対策総合研究推進事業「介護予防を推進する地域づくりを戦略的に進めるための研究」(H25-長寿-一般-003, 研究代表者　近藤克則)，2013-2015年度。

日本学術振興会，科学研究費補助金基盤研究A「高齢者の well-being 格差の生成プロセス解明とソーシャル・キャピタルの研究」(15H01972, 研究代表者　近藤克則)，2015-2018年度。

厚生労働省，厚生労働科学研究費補助金 (長寿科学政策研究事業)「介護予防を推進する地域づくりを戦略的に進めるための研究」(H28-長寿-一般-002, 研究代表者　近藤克則)，2016-年度。

日本医療研究開発機構 (AMED) 長寿科学研究開発事業「地域づくりによる介護予防を推進するための研究」(JP17dk0110017, 研究代表者　近藤克則)，2015-2017年度。

日本医療研究開発機構 (AMED) 長寿科学研究開発事業「地域づくりによる介護予防の推進のための研究」(JP19dk0110034, JP20dk0110034, 研究代表者　近藤克則)，

2019-2020年度。

日本学術振興会，科学研究費補助金基盤研究Ａ「０次予防に向けた建造環境から健康に
　　至るメカニズムの解明」（20H00557，研究代表者　近藤克則），2020-2023年度。

国立研究開発法人国立長寿医療研究センター長寿医療研究開発費「社会的処方箋として
　　の一般介護予防事業等の効果評価法の開発」（20-19，研究代表者　近藤克則），
　　2020-2022年度。

索　引

あ　行

アイスブレーキング　57,58
愛知老年学的評価研究　→AGES
アウトカム　177,209
アウトプット　177
アクセスの改善　36,144,154,205,225,227,
235
アンケート調査　51
いきいき百歳体操　85,150,152,232,233
憩いのサロン　ii,81,233
　　──運営協議会　133
　　──事業　92,103,116
一般介護予防事業等の推進方策に関する検討会
187,188
一般高齢者施策　2,5,27
岩沼市　185
インストラクター　46,151
インパクト　177
インパクト評価　141,142,144,207
インプット　177
運営協議会　94
運営費用　128
オタワ憲章　151
おぶかめの会　45
オープニングセレモニー　74

か　行

介護給付費適正化特別対策事業　6,31
介護費用　164,186
介護保険制度　i
　　──改正　I
介護予防　I,47

──・日常生活支援総合事業　103
──教室　24
──効果　200
──事業　23
──重視システムの強化　178
──政策　iv,175
──センターほのぼのプラザますお　43,
44,47,150
──の重点　9
──マニュアル　179
──に資する住民主体の通いの場　i,84
開催場所　76
開催頻度　62
会場費　127
介入研究　175,199
「外部者の排除」の予防　202
可住地人口密度　22
活動プログラム　34
通いの場　103,107,109,182,189
　　──づくり　175
　　──と健康　187
カワチ・イチロー　241
感染予防　135
機能訓練事業　24
規範　27
基本チェックリスト　67,89
共同研究会　6
緊急事態宣言　133
グループワーク　57
ケアマネジャー　24
形成的評価　140
敬老堂　31,32,57,93,150,152
研究助成　242

健康格差　89,185,186
『健康格差社会』　240
健康行動の変化　196
　　──による経路　28
健康寿命喪失　11
健康日本21　151,235
健康に良いサービスが増えることによる経路
　28
講師費用　127
公正・公平　184
厚生労働省　iii
交通弱者　144
効率評価　141,142,144
国土数値情報ダウンロードサービス　18
個人の特性　194
コスト　77
コミュニケーション　117,120

　　　　　　　さ　行

財政力指数　19
在宅介護支援センター　23,25,30,38,45,47,
　228
作業療法士　117,122
サポート　145
参加者名簿　87,169
自記式調査データ　168
事業開催場所　13,45
事業参加者データ　168
事業評価　140
自主的な運営と支援　37,225,228
自治会　46
自治体レベルの政策の影響　198
　　──による経路　29
実施プロセスの評価　141
社会階層　184
社会経済的地位　144
社会参加　145,188
　　──と介護予防効果の関係　180

社会的孤立に対する介入研究　199
社会的役割　119
社会福祉協議会　23,30,46,71,150
　　──のサロン事業　139
　　──ボランティアセンター　47,117,229
社会保障審議会介護保険部会　180,182
重回帰分析　208
集団・地域の特性　194
縦断研究　182
住民運営型事業　235
住民運営の通いの場　233,235
住民主体　228
　　──型の事業　ii
住民説明会　53,72
住民の主体性　iii
主観的健康感　163
準備委員会　66,67,70
小地域交流事業　228
　　──「はつらつひろば」　24,38
情報発信　76
職員の労力　126
食生活改善委員　55
新型コロナウイルス感染症の感染防止に配慮し
　　て通いの場等の取り組みを実施するための
　　留意事項　131
新型コロナウイルス感染症の流行　129
新規要介護認定　4
心筋梗塞死亡率　29
人材育成　45
人材養成　76,226
新予防給付　1
信頼　27
心理・社会的プロセス　28,198
スクリーニング　3,88,144
成果連動型民間委託契約方式　189
政策研究　175
政策評価研究　177
全国社会福祉協議会　35,99

総括的評価　140
操作変数法　208, 209, 212
ソーシャル・インパクト・ボンド　189
ソーシャル・キャピタル　ii, iv, 27, 29, 30, 47,
　　49, 192, 195, 226, 231, 237
　　——が健康に作用する経路　195
　　——と健康　191
　　——の影の側面　202, 203
　　——は増やせるか　199
　　——理論　179, 201, 204
　　結束型——　193, 201, 203
　　構造的——　192
　　認知的——　161, 192, 199
　　橋渡し型——　193, 201, 202
　　連結型——　193, 201
ソーシャル・ネットワーク　145
ソーシャルワーカー　34

た　行

大学関係者　43
武豊町介護予防モデル事業介入研究会　41
武豊町介護予防モデル事業計画準備会議　41
武豊プロジェクトが生まれ育ったプロセス
　　239
多彩なメニュー　36, 93, 94, 225, 228
立ち上げプロセス　114
多変量モデル　214
男性の参加　98
地域介護予防支援事業　188
地域支援事業　1
地域組織　159
地域包括支援センター　66, 117, 229
地区説明会　114, 115
直営期間　111
出前グループ　63
出前ボランティア　93
特定高齢者　144
　　——施策　2, 27

トップダウン　55
　　——型事業　48, 49, 228
徒歩圏　38, 155

な　行

永山福祉亭　43, 44, 48
ニーズ評価　141-143, 147
2次予防　182
日本福祉大学　6, 241
日本老年学的評価研究　→JAGES
ネットワーク　27, 195
　　——の分類　193

は　行

排他的でない雰囲気　101
ハイブリッド型事業　49, 51, 228
ハイリスク者　7, 86, 88
ハイリスク戦略　2, 12, 27, 118, 178, 182
　　——が功を奏する4条件　178
波及効果　191
パットナム, R.D.　27
はっぴいひろば　57
はっぴいわん　61
ハートスタッフ　46, 151
はまらっせん　200
パンフレット　51
評価　iv
費用分析　184
ファシリテーター　55, 56
ファシリテート　58, 61
ふれあい・いきいきサロン　99, 232
　　——事業　35
ふれあいサロン　57
プログラム　4, 92-94, 96, 121, 122
プログラム評価　139
　　——研究　191, 240
プログラム理論　177
　　——仮説の評価　141-143, 147

プロセス評価　142,144

プロペンシティスコア　208

　——マッチング　163,208,212,214

ヘルスプロモーション　151

保健師　73

保健推進員　55

保健センター　71,73

保険料賦課情報データ　8,147

ボトムアップ型事業　48,50,228

ポピュレーションアプローチ　232,235

ポピュレーション戦略　2,5,12,15,27,30,86,
　117,118,191,228,235

ボランティア　103,106,109,116,119,120,
　122-124

　——委託運営　111

　——研修　117,123,124

　——交流会　94

　——コーディネーター　44

　——参加者　197

　——代表　107

　——への委託　112

　——募集　53

ま 行

松戸市　185

「見える化」システム　182

ミスマッチ　13,15

民生委員　26,66

模擬サロン　131,133

や 行

要介護認定データ　8,147

要介護認定率　189

要介護リスク　7,9,118,145

要支援認定率　189

予算　43,72,76

ら・わ行

ライオンズクラブ　26

リスクなし　11

リピーター　23,38

レクリエーション研修　94

連絡協議会　202

老人会　46

老人クラブ　46

ロジックモデル　176,178

ロゼト　29,30

ワークショップ　51,53,55,57,58,61-64,66,
　70,72,73,113

欧 文

AGES　239

JAGES　176,180,182

KJ法　56

NPO　44,48

PFS　→成果連動型民間委託契約方式

REPRINTS　200

著者紹介 (所属, 執筆分担)

平井　寛 (ひらい・ひろし) 序章〜第2章, 第3章1〜3・5・7・8, 第4章, 第5章2・3, 終章

　　1974年生。
　　1997年　京都大学農学部卒業。博士（農学）。
　　現　在　山梨大学大学院総合研究部生命環境学域准教授。
　　主　著　『検証「健康格差社会」――介護予防に向けた社会疫学的大規模調査』（共著）医学書院，
　　　　　　2007年。
　　　　　　『福祉社会開発学――理論・政策・実際』（共著）ミネルヴァ書房，2008年。
　　　　　　『ケアと健康――社会・地域・病い』（共著）ミネルヴァ書房，2016年。
　　　　　　『ジェネラリスト教育コンソーシアム　consortium vol. 10　社会疫学と総合診療』（共著）
　　　　　　カイ書林，2017年。

竹田徳則 (たけだ・とくのり) 第3章4・6

　　1955年生。
　　1978年　日本福祉大学社会福祉学部卒業。博士（社会福祉学）。
　　現　在　名古屋女子大学医療科学部教授。作業療法士。
　　主　著　『検証「健康格差社会」――介護予防に向けた社会疫学的大規模調査』（共著）医学書院，
　　　　　　2007年。
　　　　　　『認知症の作業療法　第2版』（編著）医歯薬出版，2017年。
　　　　　　『住民主体の楽しい通いの場づくり』（共著）日本看護協会出版会，2019年。
　　　　　　『ソーシャル・キャピタルと健康・福祉』（共著）ミネルヴァ書房，2020年。
　　　　　　『認知症ケアの実際Ⅱ：各論　改訂6版』（共著）ワールドプランニング，2022年。
　　　　　　『新訂　認知症介護実践者研修標準テキスト』（共著）ワールドプランニング，2022年。

近藤克則 (こんどう・かつのり) 第5章1・2

　　1958年生。
　　1983年　千葉大学医学部卒業。博士（医学・社会福祉学）。
　　現　在　千葉大学名誉教授，千葉大学予防医学センター健康まちづくり共同研究部門特任教授。国
　　　　　　立長寿医療研究センター研究所老年学・社会科学研究センター老年学評価研究部長。一般
　　　　　　社団法人日本老年学的評価研究（JAGES）機構代理事。
　　主　著　『検証「健康格差社会」――介護予防に向けた社会疫学的大規模調査』（編著）医学書院，
　　　　　　2007年。
　　　　　　『ケアと健康――社会・地域・病い』（編著）ミネルヴァ書房，2016年。
　　　　　　『健康格差社会への処方箋』医学書院，2017年。
　　　　　　『医療・福祉マネジメント――福祉社会開発に向けて　第3版』ミネルヴァ書房，2017年。
　　　　　　『健康格差社会――何が心と健康を蝕むのか　第2版』医学書院，2022年。
　　　　　　『ソーシャル・キャピタルと健康・福祉――実証研究の手法から政策・実践の応用まで』
　　　　　　（編著）ミネルヴァ書房，2020年。

まちづくりによる介護予防
──「武豊プロジェクト」の戦略から効果評価まで──

2024年4月30日　初版第1刷発行　　　　　　　　　　〈検印省略〉

定価はカバーに
表示しています

著　者	平井	寛則	
	竹田	徳則	
	近藤	克則	
発行者	杉田	啓三	
印刷者	田中	雅博	

発行所　株式会社　ミネルヴァ書房
607-8494　京都市山科区日ノ岡堤谷町1
電話代表　(075)581-5191
振替口座　01020-0-8076

ISBN978-4-623-09630-5

Printed in Japan